CREATING VALUE FOR ALL

世界とつながるビジネス

BOP市場を開拓する5つの方法

国連開発計画（UNDP）［編］
吉田 秀美（法政大学大学院環境マネジメント研究科准教授）［訳］

英治出版

CREATING VALUE FOR ALL:
Strategies for Doing Business with the Poor

世界とつながるビジネス

BOP市場を開拓する5つの方法

イントロダクション

たとえば、いま、あなたが着ている服は、どこでつくられたものだろう?
使っている家具やパソコンはどうだろう? 今日の食事の材料は?
……もとをたどれば、私たちのまわりは、世界各地から来たものであふれている。

衣・食・住、エネルギー、医療、交通、社会のしくみ、ライフスタイル。
この世界のあらゆるものは、さまざまな形で絡みあい、支えあっていて、
私たちの生活は、そんな幅広い「つながり」の上に成り立っている。

この世界には、六四億の人がいる。二六億人は、一日二〇〇円未満の収入で暮らす。
数十億人の人々が、健康を保つのに必要な食事さえ、十分に得られない。

一見、私たちの生活とは何の「つながり」もないような、大勢の人たち。
しかし彼らの「貧困」は、私たちを含む世界全体にかかわる問題だ。

同時に、そこには切実なニーズと、ビジネスチャンスと、変革への夢があり、
多くの企業や起業家が、「利益」と「問題解決」をめざして乗り出している。

成功のカギは、「つながり」をつくることだ。

「BOP」（経済階層の底辺）と呼ばれる貧困層の人々に、
ただお金を与えて助けるのではなく、ただ物やサービスを売りつけるのでもなく、
彼らをビジネスに巻き込み、仕事をつくり、彼ら自身の力を活かすこと。

人々が世界とつながるとき、市場と仕事が生まれ、貧困を乗り越える力が生まれる。

国連開発計画（UNDP）は、「包括的な市場育成（GIM）イニシアチブ」の下、
そんな「世界とつながるビジネス」（＝インクルーシブビジネス）を行う企業を研究してきた。
本書は、その報告書をベースに、豊富なケーススタディを加えてまとめたものだ。

パート1では、貧困地域におけるビジネスチャンスと五つの課題を示す。
パート2では、BOP市場での事業の成功を導く五つの方法を説明する。
パート3は、さまざまな業種における、示唆に富む一七の事例を紹介する。

ときどき、この世界では、思ってもみなかった所でイノベーションが起こる。
アイデアと行動力と情熱と、共感する心をもった人々が、
いま、手を取り合って、世界を大きく変えようとしている。

世界とつながるビジネス　目次

PART Ⅱ
BOP市場開拓の5つの戦略

■本書は国連開発計画（UNDP）が2008年に発表した報告書*Creating Value For All: Strategies for Doing Business with the Poor*の本編の邦訳をベースに、同機関が所有する多数のケーススタディから選定した17編のサマリー、訳者による注釈とあとがき、および編集部によるイントロダクションを加えて一冊にまとめたものである。

■GIMイニシアチブにおいて集められたケーススタディ（本書未掲載のものも含む）の全文（英語版）はUNDPウェブサイトにて無料で閲覧できる。
www.growinginclusivemarkets.org

■本文中、（ ）内の番号は原注を、☆は訳注を指す。

国連開発計画（ＵＮＤＰ）総裁からのメッセージ

二〇〇六年に始まった「包括的な市場育成イニシアチブ（Growing Inclusive Markets Initiative:ＧＩＭ）」は、ミレニアム開発目標（ＭＤＧｓ）の達成に必要な投資とイノベーションにおいて、民間セクターには大きな潜在資源があるという国連開発計画（ＵＮＤＰ）の強い確信を形にしたものである。

ＧＩＭイニシアチブのきっかけとなったのは、二〇〇四年、コフィ・アナン国連事務総長（当時）の要請にもとづき「民間セクターと開発に関する国連委員会」が作成した報告書『企業家精神の促進――貧困者の事業支援の成功へ向けて（*Unleashing Entrepreneurship: Making Business Work for the Poor*）』である。同委員会はＵＮＤＰに対し、貧困を多く抱えている厳しい市場環境の下、企業が貧困層のための価値をどのように創造していくのかについて、さらなる報告書を作成することを提案した。

その第一歩として作られた『貧困層を対象にしたビジネス戦略――すべての人々のために価値を創造する（*Creating Value For All: Strategies For Doing Business With The Poor*）』は、民間セクター、政府、市民社会との対話を通じてＧＩＭイニシアチブの考えと分析を実践するＵＮＤＰの取り組みを促進するものである。この報告書は、途上国の研究者ネットワークと、開発における民間セクターの役割について専門知識を持つ多彩な研究機関から成る諮問グループによる五〇の事例研究、報告、講評によって構成されている（注　本書はこれをもとに単行本として再構成したものである）。『企業家精神の促進』報告書以来UNDPは、適正な市場環境の下、民間セクターはさまざまな方法で貧困を緩和し、人間開発に寄与できると論じている。市場経済では企業と家計は互いに作用し合い、そして政府とも作用し合い、リスクを負いながら利益や収入を得て、経済成長を牽引しているのである。

経済の力がディーセント・ワーク（権利が保障され、十分な収入を得、適切な社会保護のある生産的な仕事）を生み出せるかどうかは、民間セクターの活力にかかっている。そして民間セクターも、消費財やサービスの提供を通じて、より多くの選択肢と機会を貧困層に与えることになる。

しかし、開発促進に民間セクターが活躍できるか否かは、その国の力および政治・社会・経済機構の質にかかっている。人材、資金、制度が充実している国であれば、市場経済は民間企業に生産能力の拡大とその有効利用を促すインセンティブを与えることができる。また国は公正な競争と所得の再分配を約束しなければならない。なぜなら市場がもたらす結果がいつも政治・社会的に容認できるものとは限らないからである。社会保障を与え、最も弱い立場の人々を支え、生産的な暮らしが維持できるよう彼らの能力を強化することも極めて重要である。UNDPの取り組みでは、民間セクター全体の振興に重点を置く一方、民間セクターの中でも特に貧困削減に寄与する成長を促す部分に重点を置き、財・サービスの提供や、所得創出機会とディーセント・ワーク（働きがいのある人間らしい仕事）の提供によって、貧困層の選択肢を増やしている。

ビジネスと市場からのアプローチだけでは貧困撲滅の特効薬とはならない。貧困にはさまざまな側面があり、それぞれの事情に即した、柔軟な解決策が求められる。貧困層の多くは、土地、衛生、教育という最低限の資産、あるいはその資産を築くための多少の収入があれば、市場への参加機会を増加し、その恩恵にあずかることができる。しかし、資産がほとんどなく、市場に参加できる環境が整っていない人々に対しては、彼らが持続可能な生計を築き、市場取引の恩恵を享受できるよう支援する必要がある。

民間セクターが貧困層を市場に取り込むにはどうしたらよいのか。その方法の一つはイノベーションの創造と普及である。基礎科学研究を行う企業や大手技術系企業は政府から支援を受けられるかもしれないが、競争的な経済はそれ自体が、革新的な技術やプロセスを生み出し、実用化に向けた強いインセンティブを事業家や企業に与える。こうして普及した新しいビジネスモデルや方法が生産性向上の核となるのである。

貧困層が市場活動の恩恵を受けられるかどうかは、彼らが市場に参加し、市場機会を活用する能力があるかどうかにかかっている。国はそのような能力を高めるために何ができるのだろうか。国は貧困層の人的資本（健康、教育、技能）の構築を支援できるほか、社会基盤や基本設備の整備、貧困層の法的権利を保障することができる。

本書は、貧困層が消費者、従業員、生産者としてビジネスに参加するために、民間セクターがどのような役割を果たすことができるのかということに注目する。

ＵＮＤＰは人々がよりよい生活を築けるよう、変革への啓蒙や啓発を行い、各国が知識や経験、資金を利用する機会を得られるよう支援している。その活動実績を基に、本書ではまず貧困層市場について取り上げる。情報、社会基盤、制度が不十分な市場でビジネスを行うことの難しさを示す一方で、企業と貧困層をつなぎ、すべての人に価値を創造する包括的《インクルーシブ》なビジネスモデルを構築することで、企業がこうした難題にどう対応するのかについても述べる。

これまで、この分野の活動に関しては多国籍大企業に焦点が当てられていたが、本書においては途上国の企業も等しく取り上げている。もちろん多国籍企業は模範を示すことで他を導いていくことができる。多国籍企業の影響力、国際力、資源をもってすれば、優れたビジネスモデルを効果的に強化し、普及することができる。しかし、『企業家精神の促進』でも指摘したことだが、中小企業にも多くの有効な戦略が存在する。こうした企業はＭＤＧｓの達成に必要な仕事や富の大半を生み出しているのである。

だが、企業が単独で活動することはできない。本書は、企業が政府、市民社会そして貧困層とともに新たな市場の基礎を築くことができると述べている。政府は企業の力を引き出すために、貧困層が市場経済に参加できるよう環境を改善し、経済障壁を取り除く必要がある。非営利組織、公共サービス提供者やマイクロ・ファイナンス機関など、すでに貧困層と活動している組織は、企業と協働し、貧困層がこの機会を獲得できるよう協力することができる。また、支援する援助機関は、企業と政府、その他のパートナーとの対話を促進し、社会投資家や慈善家は、このような時間集約的で不確かなベンチャー事業の実現のために資金を提供することができる。貧困層を取り込んだビジネスモデルは、広範な支援を必要とするが、その成果はすべての人々に利益をもたらすものなのである。

国連開発計画（UNDP）総裁　ケマル・デルビシュ

PART I

OPPORTUNITIES TO CREATE VALUE FOR ALL

すべての人に価値をもたらす
――利益と幸福を生むビジネスチャンス

Photo: UNICEF / Julie Pudlowski

第一章では、「貧困層のためになるビジネス」や、「貧困層とともに行うビジネス」について、その可能性について議論する。

経済活動の需要面からみると、貧困層は企業の製品やサービスを購入してくれる顧客であり、貧困層のニーズや購買力に合わせた製品やサービスを提供することが「貧困層のためになるビジネス」となる。一方、供給面では、企業の生産活動のために従業員として貧困層を雇用すること、貧しい生産者から原材料を調達すること、自社製品の販売を零細商店主や互助組織などに担ってもらうことなどが「貧困層とともに行うビジネス」である。

このようなビジネスによって、企業は収益性や柔軟性を高めることができるし、イノベーションを促進し、長期的な成長力を得られる。貧困層が得られる利益も大きい。安全な水や教育といった基本的ニーズを満たす仕事は本来、公的部門の責任領域だが、資金や能力の不足でサービスが行き渡っていない。企業が参入すれば、貧困層のニーズに応え、貧困層自身の生産性や能力や発言力を高められる可能性がある。本書では、企業と貧困層とをつなぎ、双方が利益を得られるような形で行うビジネスを「貧困層包括的《インクルーシブ》ビジネス（以下「インクルーシブビジネス」と省略）」と呼ぶ。

第二章では、インクルーシブビジネスのチャンスが大きいのにもかかわらず、まだあまり実践されていない理由を説明する。貧しい地域が貧しいままなのは、市場が機能する条件が整っていないからである。つまり、❶市場情報の不足、❷規制環境の不備、❸物的インフラの未整備、❹知識とスキルの不足、❺金融サービスの不足が制約要因となって、市場原理にもとづく経済活動が行いにくいのだ。これらの制約要因は、本書で新たに指摘されたわけではない。（開発援助業界で）なかなか解決できない貧困問題の主たる原因とみなされてきたものだ。本書を構成する下地となった「成長する包括的市場イニシアチブ」で集められた数々の事例は、これらの制約要因を克服することがインクルーシブビジネスを成功させるための重要なカギだということを示している。

CHAPTER 01

ビジネスチャンスは貧困削減のチャンス

OPPORTUNITIES FOR BUSINESS — AND FOR POOR PEOPLE

［エジプト］エコツーリズムのビジネスチャンスと地域コミュニティ発展のチャンスをもたらすSIWAオアシスの魅力。
(Photo: SIWA)

〇〇六年に国連開発計画（UNDP）の主導により開始されたGIMイニシアチブにおいて、途上国の貧困削減や生活改善につながるビジネスの事例が集められた。取り上げられた多くの企業が、事業の各段階で貧困層と接点を持つ「インクルーシブビジネス」を実践していることがわかった。貧困層は、企業の製品やサービスを購入してくれる消費者として、あるいは企業の従業員として、また原材料の生産者や製品を販売する小売業者といった供給者として、事業に参画している。これは貧困層にとっても、企業にとっても良い傾向だ。

インクルーシブビジネスの台頭は貧困問題を考える上できわめて重要だ。貧困はいまだに不治の病のように世界中に蔓延していて、小手先ではない壮大なスケールの解決策を必要としているからである。世界の総人口六四億人のうち、二六億人は一日二ドル未満の収入で暮らしており、[1] 数十億人は健康を維持するのに最低限必要な食糧や日用品さえ十分に確保できない。[2] 一〇億人以上が安全な水を利用できず、二六億人が衛生的なトイレを利用できないでいるのだ。[3]

また、貧しい国の市場システムは、地域間で仕組みが違ったり情報が行きわたらないために、先進国に比べて非効率である。そのせいで、資源（特に労働力）が豊富にあるのにもかかわらず、それを有効に活用して収入を増やす機会を得られない人々が山のようにいる。言い換えれば、市場が効率的に機能するよう政府が適切な枠組みを作って支援すれば、貧困層が持つ資源を活用する機会（雇用など）を民間部門が大量に生み出せるようになるだろう。

また、企業が社会貢献活動ではなく、ビジネスの対象として貧困層を位置づけ、事業を成り立たせているという事実は、ビジネス界にとっても朗報である。インクルーシブビジネスの成功事例が示すように、需要・供給の両側面で、企業が成長しイノベーションを起こすチャンス

1. World Bank 2007d. 6.4 billion people is the figure for 2005, 2.6 billion the figure for 2004, and less than $2 a day is in 1993 purchasing power parity dollars.
2. World Bank's World Development Indicators database (http://devdata.worldbank.org/external/CPProfile.asp?CCODE=JPN&PTYPE=CP).
3. World Bank's World Development Indicators database.

が生まれているのだ。企業はさまざまな手段でそのチャンスを生かせるし、自らがチャンスを作り出すこともできる。必要不可欠な商品やサービスを提供すれば、貧困層がよりよい暮らしを手に入れるのに役立つ。仕事や収入の機会を提供すれば、生産者や従業員のモチベーションと生産性を高められる。さらには、貧困層の収入が増え、自社製品を気に入ってくれれば、継続的に製品を買ってくれる顧客層を獲得できるのだ。つまり、貧困層を消費者や従業員として扱うビジネスは、人間開発を促進して貧困を削減するという社会的効果をあげられる一方で、その果実をビジネス上の利益として収穫できるものなのである。

このように、インクルーシブビジネスは、企業と貧困層の双方にとっての価値を生み出す。意外なようだが貧困層の実情に目をやれば当然と言えなくもない。そもそも貧困層は、商売や市場での売買といった経済活動から排除されているわけでもなく、行政や慈善団体からの施しに頼ってばかりいるわけでもないのだ。貧困層の生活の中心は民間部門で行われる経済活動である。すべての貧困層は消費者であり、彼らの大部分は、誰かに雇われているにしろ自営業を営んでいるにしろ、民間部門で収入を得ているのである[4]。

政府の手が及ばないところも含めて民間部門が貧困層のニーズに応えている地域も少なくない。インドやサハラ以南のアフリカの貧しい都市や都市近郊地区では、小学生の大部分が私立校に通っているし、インドの農村部では半数が私立校に通う。同じく私立校に通う小学生の割合は、ナイジェリアのラゴス州の貧しい都市と近郊地区では七五%、ガーナの近郊都市ガ地区では六四%、インドのハイデラバードのスラムでは六五%に上る。これらの低予算の私立校はたいていの場合、地元の起業家が地元の教師を雇って運営している[5]。

4.　See, for example, Banerjee and Duflo 2007.
5.　Tooley 2007.

これと似た傾向が、農村地域や貧しい都市のスラム地域の保健医療サービスにも見られる。民間部門が唯一の選択肢という場合が少なくない。貧困層や農村部の人々も含むさまざまな所得階層の人に対して民間部門が医療サービスを提供していることは、各種の調査結果からも明らかだ。エチオピア、ケニア、ナイジェリア、ウガンダでは、最も低い所得階層に属する人々の四〇%が、民間の営利機関で医療サービスを受けている。[6]

雇用面でも民間部門の果たす役割は大きい。多くの人々は民間部門で働き収入を得ている。民間部門は公共部門より多くの雇用を創出しているのだ。トルコでは一九八七~九二年の間に民間部門は一五〇万の仕事を創出したが、これは政府部門の一六倍以上だ。メキシコでは一九八九~九八年の間に、政府部門の八七倍に上る一二五〇万の仕事を民間部門が創出した。[7] それに加えて多くの人々が自営業を営んでいる。ペルーでは、一日二ドル未満（一人当たり）の収入で暮らす都市の貧困世帯の六九%は、非農業部門の自営業者である。インドネシア、パキスタン、ニカラグアでは、都市に住む貧困世帯のうち、非農業部門の自営業者の割合は五〇%である。農村地域では、多くの貧困層は農業を営む。パキスタンでは七五%の農村世帯が自営農だし、ペルーでは六九%、インドネシアでは五五%が自営農である。[8]

このように貧困層の生活の場は「民間部門」が中心なのだが、彼らが市場の経済活動に参加して得られる便益を、より良い方法でより多く得られるようにする余地が多分にある。総じて貧困層が市場を利用する機会は限られているし、利用できる市場は、競争がほとんどなく、非効率的で生産性も低い。革新的なモデルで貧困層の市場を開拓していけば、企業は先行者利益を得ることができるだろう。

6. IFC 2007.
7. Klein and Hadjimichael 2003.
8. Banerjee and Duflo 2007.

企業にとってのチャンス――イノベーションと成長

インクルーシブビジネスに求められるのは起業家精神《アントレプレナーシップ》だ。起業家と普通の人との違いは、同じ事柄を見たときに、起業家はビジネスチャンスの存在に気づき、それを実際に事業にしてしまう点である。彼らが起業家として活動するに至る経緯は実にさまざまで、必ずしも自分で会社を興す者ばかりが起業家というわけでもない。組織内で変化やイノベーションを引き起こす者も起業家《アントレプレナー》と言ってよいだろう。多くの会社は、事業開発部門を持っているし、ビジネスチャンスを事業化するための特別な制度を設けている場合もある。本書のケーススタディに登場する起業家には、貧困層の市場に果敢に参入しようとする途上国・先進国双方の多国籍企業や大企業が含まれている。

たとえば、バークレイ銀行は、公的な金融機関を利用したことのない貧困層を相手にガーナで事業展開するため、地元の集金業者と協力する方法をとった。また、ブラジルの食品産業の巨人サディア社は、取引先の小規模養豚農家に対し、豚のし尿から発生する温室効果ガスを減らすための設備を提供し、削減した分の二酸化炭素排出を現金化して、農家の暮らしを大きく変えた。

もちろん大企業ばかりではない。地元の中小企業や協同組合でも起業家たりうる。ポーランドのＤＴＣティツィンは、協同組合という形態で、最も不便で貧しい地域に電話通信サービスを提供している。モーリタニアのティヴィスキ・デイリー社は、アフリカ初のラクダ乳製品メーカーだし、ガイアナのデンモール社は一〇〇〇人を雇用する中規模の衣料品メーカーだ。また、非営利組織の起業家もいる。ケニアで薬局の小規模フランチャイズを展開するヘルスストア財団や、マリで子供の保健サービスを提供するペシネなどだ。これらの起業家は、程度の差こそあれ、利益と社会的効果の両方を追求している。また、財務面で持続性を確保して事業規模を拡大させるために、革新的な解決策を模索している点でも共通している。

利益を上げて、財務面でも持続させる

貧困層を相手にする事業でも利益を生むことはできるし、ときには富裕層を相手にする事業よりも儲かる場合がある。インドの病院グループ、ナラヤナ・ヒュルダヤラヤは、貧困層に心臓病治療を行っているが、二〇〇四年の利益率は二〇%で、インド最大の私立病院の利益率をほぼ四%上回った(9)。これを可能にしたのは、患者数の多さと画期的な医療費支払方法である。また、インドのNGOスラブは、低コストのトイレ事業を展開し、二〇〇五年には五〇〇万ドルの黒字を計上した。公共トイレの建設・運営と自家用トイレの設置事業とで収益を上げ、その利用者は一〇〇〇万人と推定される。フィリピンのスマート・コミュニケーションズ社は、携帯電話を使ったモバイル・バンキングで海外送金やその他のサービスを可能にし、同国の電話通信業界のトップに躍り出た。そのビジネスモデルは「できるだけ安い料金でより多くのフィリピン人が携帯電話を使えるようにする」という同社の掲げる使命にもとづいている(10)。同社の二〇〇六年の収入は、プリペイドカードの売り上げが九九%を占めた。二〇〇三年の純益は二億八八〇〇万ドルで、フィリピンの主要五〇〇〇社で最も収益が高かった(11)。

9. Profit in this example is noted as earnings before interest, depreciation and taxes.
10. See Ganchero, Elvie Grace. 2007. *Smart Communications: Lowcost Money Transfers for Overseas Filipino Workers*. UNDP
11. Loyola 2007.

［モザンビーク］ 女性たちはもう長時間かけて川まで水汲みに行かなくてもよくなった。
（Photo: Adam Rogers / UNCDF）

マイクロファイナンス機関が、一般の金融機関以上に収益性が高いことはすでによく知られている。中には株主資本利益率（ROE）が二三％を超える機関もある。(12)

もっとも、収益性は主要目的ではなく、目的達成のための一手段である。インクルーシブビジネスの多くは市民団体（CSO）や社会起業家が社会問題の解決を主目的として始めたものが多い。しかし、財務的に自立し持続できれば、規模を拡大し、より大きな効果を上げることができる。そしてこの財務的持続性は、起業家精神をもち、利益を上げる戦略があってこそ、達成できるものなのだ。

たとえば、ヘルスストア財団は非営利の国際NGOだが、医薬品を必要とする人に行きわたらせるため、小規模フランチャイズ式の流通ビジネスモデルを作り、急速な拡大に成功した。同財団の運営するCFWショップは、零細事業の既存の原則（小口売りで低単価など）と、フランチャイズ型のビジネスモデルとを組み合わせたもので、必須の医薬品と基礎的医療サービスをコミュニティに提供している。ヘルスストア財団は、ケニア全体で六六の店舗を展開し、毎年四〇万人を超える患者を診療している。(13)

イノベーションを推進する

企業が貧困層を相手に事業をするのは、必ずしも短期的な利益が目的ではな

12. Chu 2007.
13. Christensen and Hart 2002;Christensen,Craig, and Hart 2002.
14. Prahalad 2004.
15. Kahn 2008.
16. Brown and Hagel 2005.

く、長期的な成長や競争力の強化が目的である場合がある。特に多国籍企業などの大企業にこれがあてはまる。貧困層を相手に事業を行うことで、企業の競争力強化や成長に不可欠なイノベーションが促進されると考えているのだ。

大企業は、慣れ親しんだ市場とは異なる貧困層の市場に参入し、ときに地元のアクターを巻き込んで、二つの方向からイノベーションを推進することができる。まず、①企業は貧しい人々の好みやニーズに応え、買いやすくするために、商品の価格とその価格で得られる機能とを新たに考案しなければならない(14)。また、②企業が貧困層を相手に事業をする上ではさまざまな制約があり、これを克服するには、独創的な対応策を見つけなければならない。これらの制約は輸送網の不備から契約の不履行に至るまで、あらゆる分野に及び、根が深い。ここにイノベーションのチャンスが存在するわけだ。

インクルーシブビジネスで開発された製品やサービスやビジネスモデルは、先進国の市場に紹介されて消費者を引き付けているものもある。例えば、字が読めない人のためにインドで開発された指紋認証のＡＴＭは、米国で安全性や利便性を高めるために導入されている(15)。

低所得層の顧客を相手にしない大企業は、貧困市場で進んだイノベーションが先進国の市場にどのように取り入れられているかを学ばなければ、イノベーションの停滞というリスクを抱えることになる(16)。

図 1-1　世界の所得別人口分布（2002 年）

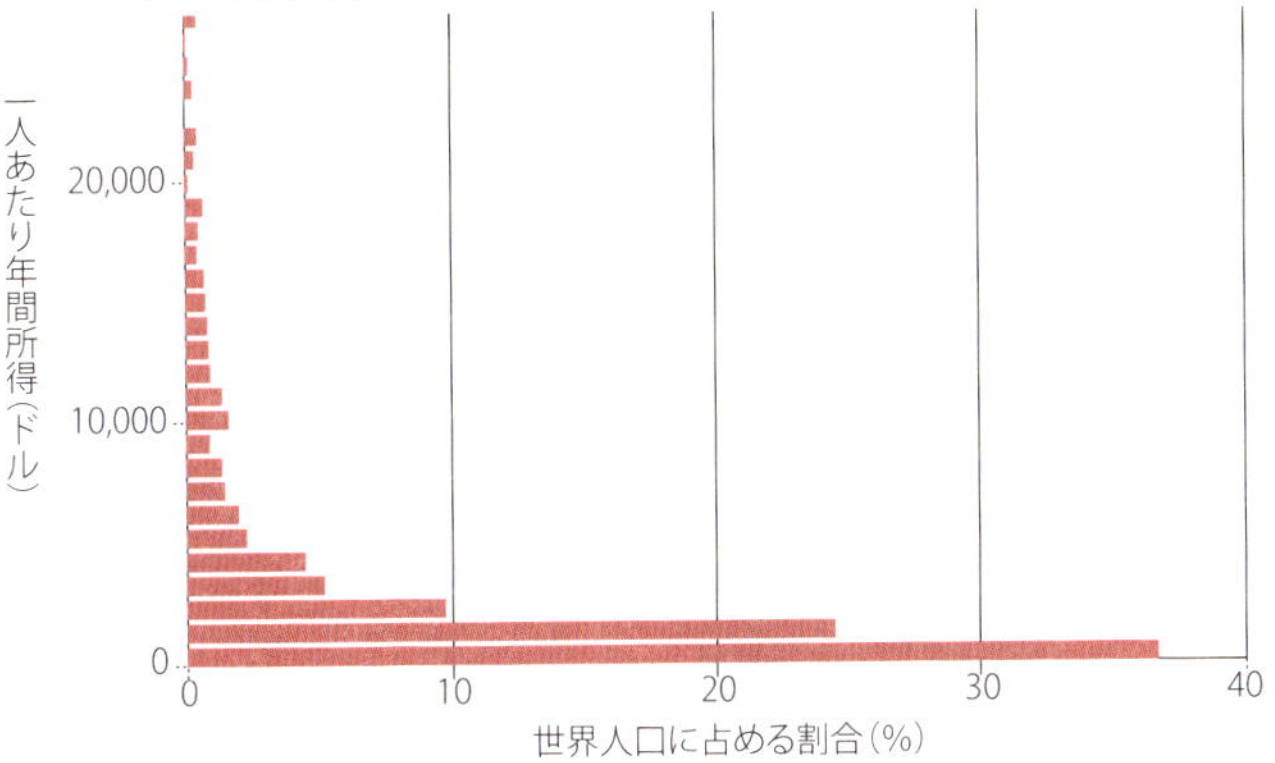

出典：Milanovic 2002.

新規市場を開拓する

「ピラミッドの底辺（Base of the Pyramid：ＢＯＰ）」に関する研究の先駆者であるＣ・Ｋ・プラハラードたち[17]は、多くの国では、貧困層が、一定の商品やサービスの巨大市場となりうると指摘している[18]。図1-1が示すように、世界の所得分配をみると、人口の大部分は低所得層に属する。「ピラミッド」と形容される所得別の人口分布は、実際は土台部分が広がりすぎた鉄塔にさえ見える。底辺の四〇億人、つまり全世界の人口の約三分の二は、一日八ドル未満で暮らしている。彼ら一人ひとりの収入は少ないけれど、合計すれば五兆ドルになり、世界第二の経済大国である日本の年間総所得に匹敵するのだ[19]。

ＢＯＰ（貧困層）市場に参入すれば、企業は成長する経済圏で市場シェアを獲得できるし、新しい顧客に企業ブランドを浸透させて、上顧客を育てることもできる。また、ＢＯＰ市場をひきつけることは、企業が地域コミュニティに受け入れられ、「事業ライセンス」を貰うようなものだ。うまくいけば全国レベルでのライセンスが得られる。それに地域の利害関係者を巻き込んでおくと、事業環境の長期的な政治・経済的安定に役立つ。

ＢＯＰ市場は、地域や分野によって大きな違いがある。世界資源研究所と国際金融公社による画期的な報告書『次なる四〇億人』では、分野、地域、国別の市場規模が詳細に記されている（図1-2参照）。ただ、どのＢＯＰ市場にも共通して言えるのは、モノやサービスの需要はあるのに、満たされていないということだ。金持ちのお金の使い道はいくらでもあるが、貧困層にはほとんどない。基本的なモノやサービスに対して、ときには市場価格より高い料金を払ってよいとさえ思っても、また実際に払えるとしても、サービスが

図 1-2　貧困層の消費者は何にお金を使っているか

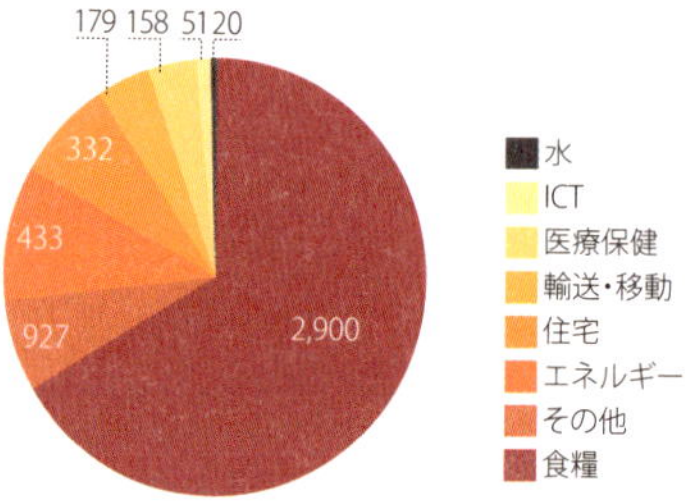

注：1日8ドル未満で生活する層が対象。

出典：Hammond and others 2007.

提供されていないのだから、払いようがないのだ。

ジャカルタで、マニラで、ナイロビで、スラムの住民は水道がないため、同じ市内の高所得地域の住民の五～一〇倍もの金額を水の購入費用に充てている。これはロンドンやニューヨークの消費者が払う金額よりも多い。[20] このような「貧しさゆえの不利益」は、クレジット、保健医療、電力などでも発生している。

インクルーシブビジネスの中には、需要を作り出し、新しい市場を育てるという長期的な戦略的利益に役立つものがある。中国の農村のコンピュータ市場で事業展開している清華同方は、九億人の中国の農民のためにソフトウェアとハードウェアを開発し、農民が必要とする気象情報や生産量を上げる栽培方法などの情報を提供している。コンピュータ開発部門の副総経理ジュン・リーはこう語る。「私たちは独自の市場調査結果から、農民が本当に必要としているのは単に安いコンピュータではなく、彼らが日々の暮らしや仕事の中で直面する問題を解決する方法だと確信しました。ですから、コンピュータをただ単に彼らに売りつけようとするのではなく、コンピュータを使って彼らの生活をどうやって楽にするかを真剣に考えなければならなかったのです」

労働力となる人材を育て、増やす

製造業は、貧しい国の安い人件費を求めて工場を移転したり、製造委託したりする。中国や他のアジア諸国は、今や世界の組み立て工場となった。貧しい人々であっても、訓練をつめば、賃金が安くてすむだけの労働力にとどまらず、質の高い製品を生産できる労

17. The distribution of wealth and the capacity to generate incomes in the world can be captured in the form of an economic pyramid. At the top of the pyramid are the wealthy, with numerous opportunities for generating high levels of income, and at the bottom people living on less than $2 a day (Prahalad 2004).
18. Hammond and others 2007; Prahalad 2004; Prahalad and Hart 2001 ; Prahalad and Hammond 2002; Hart 2004.
19. World Bank's World Development Indicators database (http://devdata.worldbank.org/external/CPProfile.asp?CCODE=JPN&PTYPE=CP).
20. UNDP 2006.

働力になる。ガイアナの衣料品メーカー、デンモールの従業員の大部分は、貧しい女性たちだ。彼らをしっかり訓練したことで、同社は高品質製品のニッチ市場で業績を伸ばし、さまざまな注文に対応できる生産ラインを築いた。

食料品、衣料品、旅行などの産業は、貧困層を従業員として雇い、彼らの文化的な技能を活用できるだろう。たとえば、国内や海外の裕福な消費者をターゲットにして、ユニークな付加価値をつけた商品を開発することが考えられる。[21] 一方で、貧しい消費者をターゲットにする事業の場合、販売や保守管理、回収などのスタッフも貧困層を雇うのがよいだろう。彼らが持つ地域に関する知識や地元とのつながりは、事業にとって有用なことが多いからだ。

サプライチェーン[☆1]を強化する

多くの企業は自社の製品やサービスに必要な原材料や資機材の大部分を他社から購入している。貧困層を農業生産者として、あるいはモノやサービスの供給者として事業のバリューチェーン[☆2]（価値連鎖）に参加させることは、途上国で活動する企業にとっては、地元で調達することを意味し、それによってコストを削減したり適応力を高めることができる。しかも、地元のビジネスが成長して、より専門的で、高い技術を必要とする部品製造やビジネス支援サービスなどができるようになれば、企業の可能性はさらに広がる。[22]

世界の貧困層の大部分が農業に従事しているので、多くの企業が小規模農家とともに、コスト削減や品質向上、農産物の多様化や生産安定などの方法を模索している。そうした企業には、世界的な巨大企業から、全国規模の大企業、小規模な地元企業までが含まれ、多種多様である。

21. Much work has been done—and is being done—on direct employment by businesses in developing countries. The literature covers public sector strategies for incentivizing investment and job creation, short- and long-term approaches to building the labour force's capacity to fill those jobs, the need for mechanisms to help workers move up the ladder into more skilled, better-paid jobs and the debate over fair wages and labour standards. While this report does not attempt an exhaustive treatment of this broad area, several of the case studies address these issues.

22. Jenkins 2007, p. 15.

南アフリカ共和国の多国籍企業SABミラーは、イーグル・ラガー（ビールの一種）の材料となるトウモロコシのシロップをウガンダの八〇〇〇人と、ザンビアの二五〇〇人の小規模農家から調達している。農業の知識とビジネスのスキルを教えるため、組合や仲買人、NGOと協働している。[23] 途上国の農民と活動すると、各国特有の利点を生かせる場合がある。たとえば、生物多様性が豊かな地域では、希少で質の高い自然資源が見つかるかもしれない。ブラジルの化粧品メーカーであるナチュラは、伝統的な暮らしを続けるコミュニティで使われている自然素材を用いた高級ブランド「エコス」を創設した。

それに、途上国の生産者を支援するために、通常の価格よりも高い値段で買ってくれる消費者もいる。規模はまだ小さいが、フェアトレードは急速に成長している。二〇〇六年のフェアトレード商品の売り上げ総額は一六億ユーロと推定され、前年比で四二％増だった。[24]

貧困層にとってのチャンス——選択肢の拡大と生活改善

インクルーシブビジネスは貧困層の生活改善にも貢献する。貧困とは、単に収入がないということではなく、有意義な選択肢がないという、もっと根本的な問題であると理解されている。一九九〇年から毎年発行されているUNDPの人間開発報告書の創案者マブーブル・ハックは、以下のように説明している。

「開発の基本的目標は、人々の選択肢を拡大することである。その選択肢は基本的には無限にあると考えられるし、時間とともに変わりうる。人間はしばしば、所得や成長といった数値に

1☆サプライチェーンとは、原材料の調達から生産・販売・物流を経て最終需要者に至る、製品・サービス提供のために行われるビジネス諸活動の一連の流れをいう。

2☆一般に商品はサプライヤからメーカー，卸や小売り，販売，サービスに至るまで，それぞれの工程で付加価値を生み出しながら流れていく。この価値の連鎖をバリューチェーンと呼ぶが、サプライチェーンと同じ意味で使われていることも多い。本書でも区別していない。

23. Jenkins and others 2007.
24. Fairtrade Labelling Organizations International 2007.

はすぐに表れないことにでも価値を感じる。知識をたくさん得られるようになること、栄養摂取が改善してより良い保健サービスを受けられるようになること、生計手段が安定すること、犯罪や暴力を受けないこと、十分に余暇が取れること、政治的文化的な自由があること、コミュニティ活動へ参加しているという意識を持てることなどに人々は価値を見出す。したがって開発の目的は、人々が健康で長生きし、創造的な生活を送れるような環境を作ることなのだ[25]」

BOX 1-1

ミレニアム開発目標

ミレニアム開発目標（ＭＤＧｓ）は、多面的な課題としての人間開発を実施可能な目標に置き換え、国連のすべての機関が世界の貧困削減状況を把握できるように、包括的枠組みを与えるものである。本書に掲載した事例は、インクルーシブビジネスがいかにＭＤＧｓ達成に向けた動きを促進しているかを示している。

目標❶極度の貧困と飢餓の撲滅

コロンビアでは、ファン・バルデスが五〇万戸を超える小規模コーヒー栽培農家の所得の向上と安定化に貢献している。フィリピンではココナッツ栽培農家は最も貧しい人々に属するが、ココテック社によって六〇〇〇戸以上の栽培農家がココナッツ繊維製品の生産に参加している。

25. UNDP Website "The Human Development Concept" (http://hdr.undp.org/en/humandev/)

目標❷普遍的初等教育の達成

清華同方は中国の農村住民にコンピュータを販売している。コンピュータには初等・中等教育と少数言語教育の遠隔教育のためのソフトウエアが組み込まれている。少数民族の中学生が通う学校で録画された少数言語によるビデオ授業は、農村住民の母語での学習に役立てられている。

目標❸ジェンダーの平等推進と女性の地位向上

金融機関は、女性への融資を容易にすることでジェンダー平等と女性の地位向上を促進することができる。特に途上国の多くの女性零細事業家にとって融資は重要である。ロシアではフォルス銀行の顧客の八割以上が女性であり、その大半は小売業を営んでいる。二〇〇六年には四二五〇の直接雇用、一万九九五〇の間接雇用の創出を支援した。コンゴ民主共和国では、セルテル社の携帯電話のプリペイドカードの通話時間を再販することで、多くの女性が経済的に自立できるようになった。

目標❹乳幼児死亡率の削減

二〇〇〇年に乳児の二二%以上が一歳の誕生日を前に死亡していたマリでは、ＮＧＯのペシネが活動している各コミュニティで低所得者層の五歳未満児の健康状態の変化を早期に察知するシステムを導入し、効果を上げている。ペシネが設立されたセネガルのセントルイスでは、二〇〇二〜〇五年に乳幼児死亡率が九〇%以上減少し、一〇〇〇人のうち一二〇人死亡していたものが八人にまで減った。

目標❺妊産婦の健康の改善

モザンビークのカボ・デルガード州では、ヴィダガス社が供給する液化石油ガスが、出産時に使用する医療機器の消毒に効果を上げている。かつて大半の公立診療所では必要な医薬品が不足し、妊産婦は妊娠合併症による感染や出血が原因で死亡することが多かった。現在では燃料の安定供給や医薬品の冷蔵輸送システムの整備によって妊産婦の健康が改善されている。

目標❻HIV／AIDS、マラリア、その他の疾病の蔓延防止

タンザニアでは、AtoZテキスタイル社がマラリアの蔓延防止のために、殺虫効果が持続する蚊帳を低価格で提供し、死亡率の半減に貢献した。ケニアでは二〇〇六年、CFWショップ（薬局と診療所）の六六店舗で、マラリアやその他の疾病に苦しむ農村地域や都市部の患者およそ四〇万人の治療を推進した。

目標❼環境の持続可能性の確保

ウガンダの五七の小都市では、アソシエーション・オブ・プライベート・ウォーター・オペレーターズが四九万人以上の住民を対象に上下水道事業を行ってい

る。モロッコのカサブランカのスラムでは、LYDEC社の活動により、水と電気を利用できる住民が飛躍的に増加した。

目標❽開発のためのグローバル・パートナーシップの推進

フィリピンではスマート・コミュニケーションズ社が低価格のプリペイド携帯通信カードを販売し、情報格差の解消に貢献しているほか、ショートメッセージ・サービス（SMS）を利用した送金手段をオプションとして提供し、金融取引の利便性を高めている。同国で人口の九九％超を網羅するネットワークを持つ同社は、低所得者層市場を重視し、二四二〇万人の低所得者にサービスを提供している。

貧困層は、あたかも一つの均質のグループであるかのように論じられがちだが、彼らはそれぞれ別の場所に住み、別の目的やニーズを持って暮らしている。本書の事例からも貧困層の多様性がよくわかる。マニラのスラムに住んでいる人々は、自宅からずっと離れた水道パイプラインの漏れたところから水を得ている。コロンビアのコーヒー生産農家は、世界市場のコーヒー価格の変動を心配しなければならない。南アフリカ共和国の若者は、より良い仕事を得るために教育を続けたくても、お金がなくて続けられない。インドで衛生的なトイレを利用できない人々は、下痢や予防可能な病気に苦しんでいる。ガイアナの読み書きができない女性はフォーマルな分野の仕事に就けない。この多様な人々がすべて「貧困層」だ。

貧困は多面的だが、その核心は機会の不足だ。インドの経済学者アマルティア・センの言葉を借りれば、価値があると思える人生を選べないことだ(26)。機会の不足を引き起こしているのは、お金や資源の不足だけでなく、資源を使いこなす能力の不足だ。つまり、健康でないこと、知識や技術が足りないこと、差別を受けていること、社会的に排除されていること、インフラへのアクセスが限られていることなどのせいで、貧困層の人々は自分の持つ資源を活用して機会に変えたくても変えられない。自らが良いと思う選択肢を選べないのだ。

確かに、市場アプローチのみで、すべての貧困層が貧困から抜け出すのを支援できるわけではない。市場で取引するためには、人々は何らかの資源を持ち、活かす能力がなければならない。極貧層が経済活動を行って貧困から抜け出すのを支援する場合は、彼らに適した支援が必要になる。バングラデシュのNGOであるBRACは、伝統的なマイクロファイナンスの手法で極貧層のニーズに応えるのは難しいということに早くから気づいていた。そこで、極貧層に対しては、一定の期間、食糧支援と技能向上研修を行っている。これにより、極貧層は生活の保障が得られ、融資を活用する能力を身につけることができるわけだ。プログラム参加者一人あたり平均一三五ドルの補助金を使っているが、参加者の四分の三はBRACの通常のマイクロファイナンスの顧客になった。つまり、フォーマルな金融市場を活用できるようになって、補助金プログラムから卒業したのである(27)。

極端に貧しい人であっても、市場機能が改善すると、その恩恵を副次的に受けることができる。テキサス大学のロバート・ジェンセン教授の研究によると、インドのケーララ州では、漁民が携帯電話を購入して、市場の需給や価格の情報をリアルタイムで得られるようになった。その

26. Sen 2001.
27. Fazle and Matin 2007.
28. Jensen 2007.

結果、漁民の利益は八％増加した一方で、魚の価格は四％下落し、貧しい消費者に恩恵をもたらした。携帯電話を持たない、より小規模な漁民でさえ、間接的な利益を得たのである。[28]

本書掲載の事例は、こうした人間開発に大きく四つの方向から寄与したものだ。貧困層の①基本的なニーズへの対応、②生産性の向上、③収入の増大、④エンパワーメントである。

［メキシコ］アマンコは低所得の小規模レモン農家のために統合灌漑システムを提供している。
（Photo: Loretta Serrano）

❶貧困層の基本的ニーズに応える

本書の事例には、食糧、医療、水、トイレ、住居など貧困層の基本的ニーズに応えるインクルーシブビジネスが含まれている。

フィリピンでは、製薬会社ユニラブのジェネリック薬品部門として新たに創設されたライトメッド社が、ブランド薬品の二〇%から七五%も安い値段でジェネリック薬品三五種類を販売し、二〇〇六年には二〇〇〇万人の低所得層が購入した。

メキシコでは推定二五〇〇万人が雨露をしのげる満足な家を持っていないが、住宅資材の販売と融資サービスを行うコンストラメックス社は、在米メキシコ人移民一万四〇〇〇人以上に対して、母国での住宅入手を支援した。

マリでは、フランス電力公社とパートナーが合同で設立した農村電化会社が、ディーゼル発電機と太陽自家発電装置による農村の電化を進め、それまで使われていたケロシン灯による室内空気汚染や呼吸器疾患を減らすのに貢献した。

❷貧困層の生産性を向上させる

インクルーシブビジネスは、生産機材や金融サービス、情報通信技術を貧困層に販売することで、貧困層の生産性を向上させることができる。また、従業員や生産者や小規模事業主の能力を強化する活動も生産性の向上につながる。それに規制やインフラを改善するなどして、ビジネスをしやすい環境を整えれば、企業だけでなく貧しい生産者や小規模事業主など、すべての関係者の生産性が向上する。

メキシコのアマンコ社は、小規模のレモン栽培農家に対して、水効率の良いドリップ式の灌漑システムを販売している。このシステムを使えば、水の吸収がよく、年間八～一〇カ月間継続して栽培ができる。同社は農家の年間生産量を一ヘクタール当たり九トンから二五トンに押し上げようとしている。アマンコは社会起業家と農民組合を通じて研修を行い、農民が融資を活用できるようにして、農民の能力を高めている。

❸貧困層の収入を増やす

インクルーシブビジネスは、貧困層の生産性を高め、従業員や生産者や流通業者として新たな経済機会を提供することになるので、彼らの収入向上に貢献する。アマンコの事業で生産性を高めた農民の収入は三倍に増加する見込みである。中国では、華泰社が地元の林業農家に代替的な収入機会を与え、農村六〇〇〇世帯の収入を向上させた。

貧しい人々の収入が向上すると、コミュニティ内では乗数的な経済効果がもたらされる。間接的には他の人々の収入も向上するからだ。ポーランドでは、ＤＴＣティツィンが雇用と情報通信サービスという直接的便益をもたらしただけでなく、副次的な経済効果をコミュニティにもたらした。事業に付随して新しい事業が起こり、土地価格も五倍になったのである。

❹貧困層をエンパワーする

インクルーシブビジネスが、貧困層を個人としてもコミュニティとしてもエンパワーすることは明らかである。啓蒙したり、基礎的教育を提供したり、差別されていたグループを取り込んだり、新しい希望や自尊心を与えることで、インクルーシブビジネスは人々に自信を与え、自分自身で貧困から脱出する力を持たせる。ケニアで商業銀行としてマイクロファイナンスを行っているK-REP銀行による融資は、投資や事業運転のための資金というだけでなく、利用者に自尊心と自立心を持たせている。

本書で扱うインクルーシブビジネスの事例の中には、上記四つの方法、すなわち基本的ニーズの充足、生産性の向上、収入向上、エンパワーメントをすべて駆使して貧困層の人間開発に貢献しているものがある。たとえば、南アフリカ共和国のアマンザバンツ社は、農村の貧困層に安全な水とトイレ施設を提供し、基本的ニーズを充足させている。また、健康でいられれば働くことができるので、彼らの生産性は向上する。女性は川へ水汲みに行くために数時間も費やす必要がなくなり、空いた時間をより生産的な活動に使えるので、収入を増やすことができる。また会社の所有形態の面でも、アマンザバンツは、歴史的に差別されてきた会社（黒人系）に、株式の大部分を持たせており、エンパワーメントにも貢献している。

環境の持続性と人間開発の両立

「人間開発に貢献するビジネス」とは、貧困層や社会全体がそのビジネスの負の影響を受けないということが暗黙の前提である。残念ながらいくつかのビジネスモデルでは、受益者の緊急を要するニーズに応えるために、コミュニティの天然資源を枯渇させてしまっている。しかし、インクルーシブビジネスは、環境の犠牲の上に成り立たせる必要はない。国連環境計画（UN

EP）による持続可能な消費と生産に関する研究や、本書の事例でも示されるように、環境の持続性と人間開発とを両立させてもビジネスは成り立つのである。(29)

●マリでは、農村電化サービス会社（フランス電力公社と提携会社）が太陽光自家発電装置を採用し農村の電化を進めている。これは、従来の発電方法に比べ二酸化炭素排出量が九五％も少ない。また同社のディーゼル発電機の二酸化炭素排出量も従来型よりも八五％少ない。

●トリニダード・トバコでは、プレジールエステート・ホテルが、環境と自然の多様性（最も人気を集めている絶滅危惧種オサガメを含む）を保持しつつ、貧しい農村を活気に満ちた持続的なコミュニティへと変えた。ホテルでは、調理場から出る生ごみをホテルの経営する農場で肥料にし、果物や野菜の栽培、家畜の飼育に使っている。

●ブラジルでは、大手食品メーカーのサディアが、養豚農家に対して、豚のし尿を酵素分解して、有機肥料や魚のえさなどの資源に変える装置を提供した。さらに再生可能なエネルギーと排出権販売による現金収入までもたらした。環境の持続性と貧困削減は両立するのである。

●フィリピンのココテックは、それまで廃棄物として捨てられていたココナッツの殻を使って土壌流出を防ぐココナッツ繊維ネットを作り出した。ココテックのサプライヤーは、ココナッツ生産農家や加工業者、繊維を糸によって織る村の女性、ココナッツの殻から繊維をとる村の男性などで、大部分が農村の貧困層である。ココテックは一九九三年に事業を

29. UNEP 2001. See also initiatives such as SEED (www.seedinit.org) or AREED (www.areed.org).

開始し、二〇〇六年には年間三〇万ドルの利益を上げる中堅企業に成長した。

BOX 1-2

グアテマラの融資利用状況（一日二ドル以上／未満の世帯）

消費者のニーズとビジネスチャンスは、国レベルと地方レベルで把握できる。図は、グアテマラの融資利用状況を示したものである。この地図から、太平洋岸に最も近く政治経済の中心である南西部で融資利用率が高いことが読み取れる。しかし、国全体の傾向としては、利用者の所得の多寡にかかわらず銀行の利用率が低いことがわかる。多くの融資利用者は、友人や親類、隣人などからインフォーマルに借金をしているのである。

　ということは、既存の融資サービスや新しいサービスを市場の外にいる人々に展開するチャンスがあるのだ。ただし地図や数字は最初の第一歩にすぎない。実際に事業を行うには、このような利用状況分布の背景に何があるかをより詳しく調べなければならない。

　そこで融資の実際の使途を詳しく見ると、一日二ドル以上で暮らす都市部の融資利用者のうち、消費ではなく投資に使っているのはたっ

市場ヒートマップ——地域別に見た融資利用状況（2000年、%）

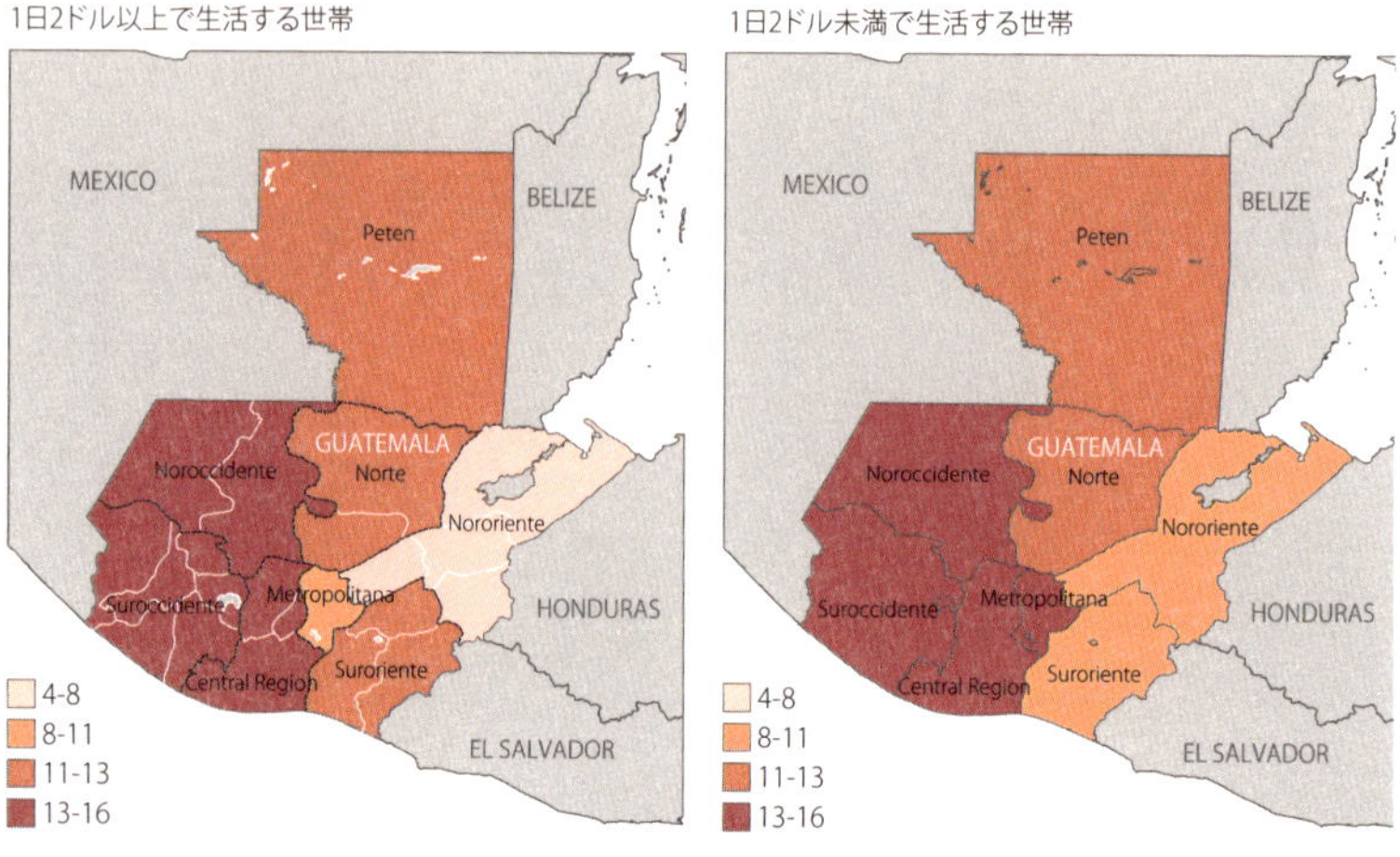

た一九％であることがわかる。一方、一日二ドル未満で暮らす農村の借り手の五五％が農業生産やほかの事業に使っている。もし、フォーマルな融資サービスが農村の貧困層に浸透していき、融資利用者の使途が変わらないと仮定すると、借り手の半数以上は消費ではなく投資を行うと考えられる。

　貧困層の需要を理解するためにはさらに、より状況に適した分析をすべきだが、市場ヒートマップが市場のよりよい理解に役立つことがわかるだろう。

借入先別融資利用状況（2000年、％）

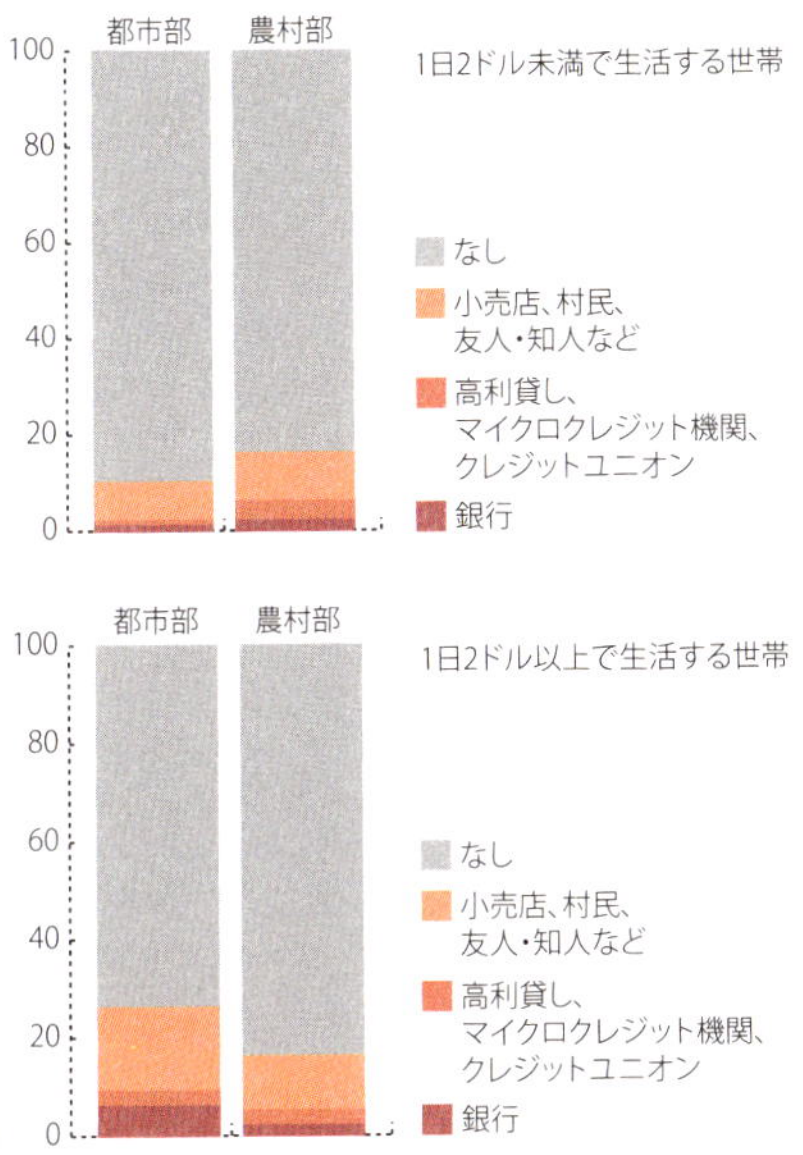

ビジネスチャンス——融資利用者の使途（2000年、％）

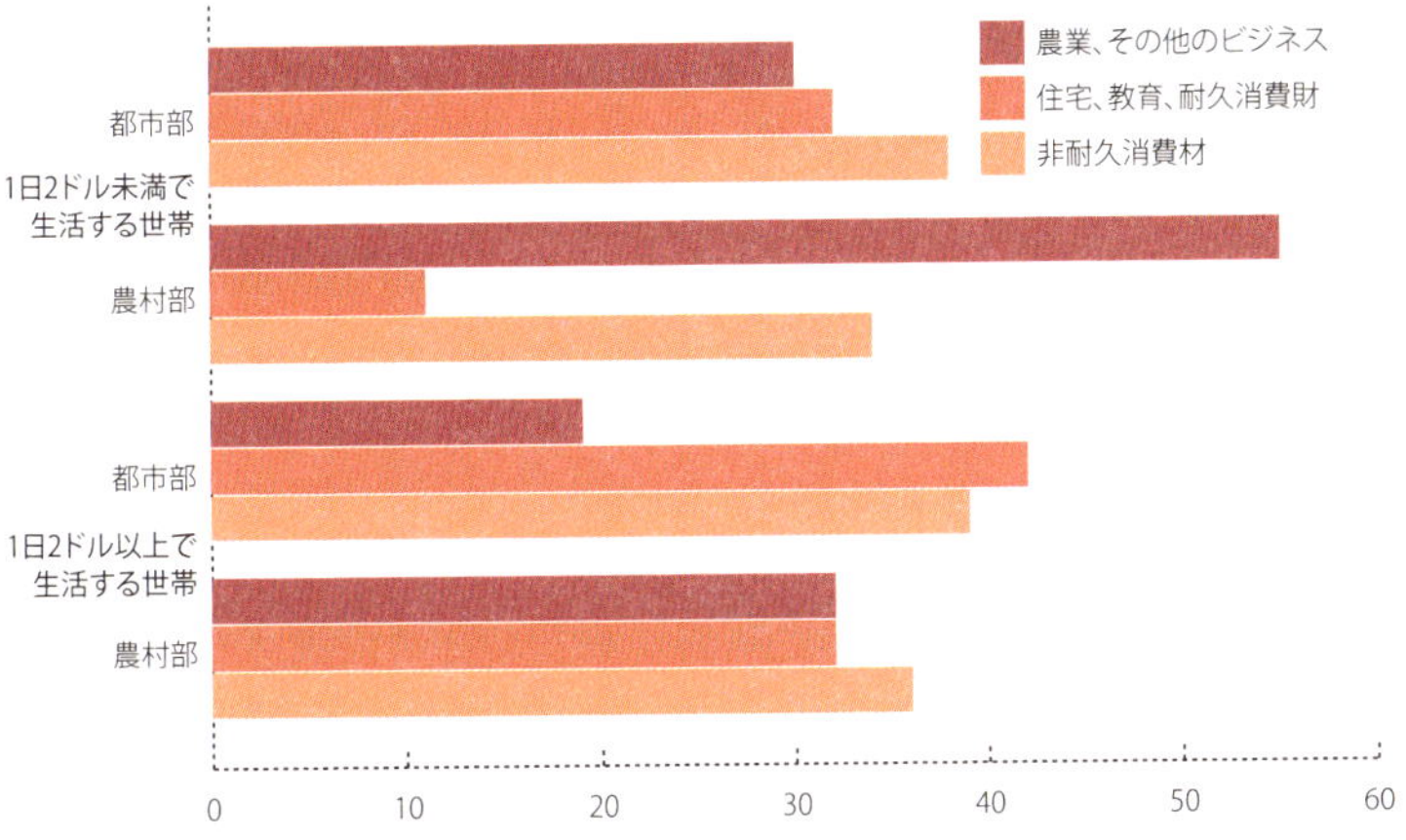

出典：Instituto nacional de Estadistica de Guatemala. Maps produced by OCHA ReliefWeb.

慣習を打ち破る——インクルーシブビジネスの成功例

インクルーシブビジネスの成功の秘訣を示す二つのよく知られた事例が、マイクロファイナンスと携帯電話である。どちらもインクルーシブビジネスがいかにして、価値ある産業を立ち上げ、人々の生活や収入を向上させ、その成果から恩恵を受けているかを示してくれる。どちらの業種も、さらに広範な、より貧しい層へ急速に拡大している。

多くの人が融資を待ち望んでいる

マイクロクレジット☆は、おそらく貧困層を相手にするビジネスが利益を生み出せると世界に示した最初のモデルだった。一昔前までは、商業銀行が貧困層に金を貸すなど考えられないことだった。グラミン銀行の創設者ムハマド・ユヌスは、一九七〇年代初頭に銀行と初めて交渉したときのことを回想する。「最初に私がしたことは、貧しい人たちをキャンパスの中にある銀行に引き合わせることだった。だがそれは失敗した。銀行は、貧しい人が借金を返せるはずがないといった(30)。グラミン銀行やほかの社会的ミッションを持つ非営利事業が始めたことは、今や商業銀行が関心を持つまでに成長した。グラミン銀行は今や二四九九の支店をもち、八万の村で七四五万人の顧客を抱えている。これはバングラデシュの農村の九七%をカバーしていることになる(31)」

今や、マイクロファイナンスを貧困層に提供することは、ビジネスを成長させ利益を生むチャンスだとみなされるようになった。二〇〇四年のラテンアメリカにおけるマイ

☆ 小規模融資に限定して言及するときは「マイクロクレジット」を使用し、貯蓄その他の金融サービスまで含めて言及するときは「マイクロファイナンス」を使用することが多い。

30. Yunus 2003b.
31. Grameen Bank Website (www.grameen-info.org).
32. Chu 2007.
33. Khander 1998.
34. Australian Bureau of Statistics n.d.
35. Associated Press 2006. See also The Microcredit Summit Campaign Phase II Goals (www.microcreditsummit.org).
36. マイクロファイナンスの分野は、資金不足が大きな制約となっている。いくつかのマイクロクレジット機関は非営利団体から商業銀行に転換するにつれ、資本市場へのアクセスや複雑な資金調達方法も増えている。商業的な投資家は一般市場への投資と同じだけの利益を求めるので、短期的にはマイクロファイナンス機関の貸付金利を上昇させるなどのネガティブな影響が出るかもしれない。しかし、投資額が増えるにつれ、金融に必要なインフラの整備も進み、アクセスの拡大につながるだろう。さらに、競争が増えれば金利は下がり、貧困層も利用しやすくなるだろう。
37. Ivatury and Pickens 2006.

クロファイナンスの収益は、伝統的な銀行の収益よりずっと高い。マイクロファイナンスでは株主収益率が三一・二%だったのに対し、商業銀行は一六・五%だった。[32] その一方で貧困層も恩恵を受ける。グラミン銀行の融資利用者のうち、五人に一人は約四年で貧困から脱した。[33]

しかし、このような進展にもかかわらず、大部分の貧困層は融資を利用できないでいる。マイクロファイナンス産業の成長は決して遅くはない。一九九七年から二〇〇三年までに全顧客数はほぼ五倍になった。[34] しかし、マイクロファイナンス業界の目標である、二〇一五年までに一億七五〇〇万世帯にクレジットを提供するという目標[35]は、途上国の人口のごく一部にすぎない。[36]

携帯電話はますます拡大する

携帯電話サービスは、目を見張るようなスピードで途上国に普及している。この産業は、加入者を先進国の二倍のスピードで増やしている。[37] アフリカの市場は、二〇〇一年から二〇〇六年にかけて、最も急速に拡大した。平均年間成長率がなんと五〇%だ。アフリカ大陸では、二〇〇六年の時点で一億九八〇〇万の加入者がいる。[38] 二〇一〇年には二億五〇〇〇万人まで増加すると予想されている。[39] このような驚くべき勢いで携帯電話が浸透しているにもかかわらず、加入者率でみると、アフリカ大陸はまだまだ低い。二〇〇六年の一〇〇人当たりの利用者は二一・六人で、全世界平均の四一人よりもはるかに少ない。エリトリアとエチオピアでは、二〇〇五年の携帯電話加入者は一〇〇〇人

図 1-3　100 人あたり携帯電話加入者数（2006 年）

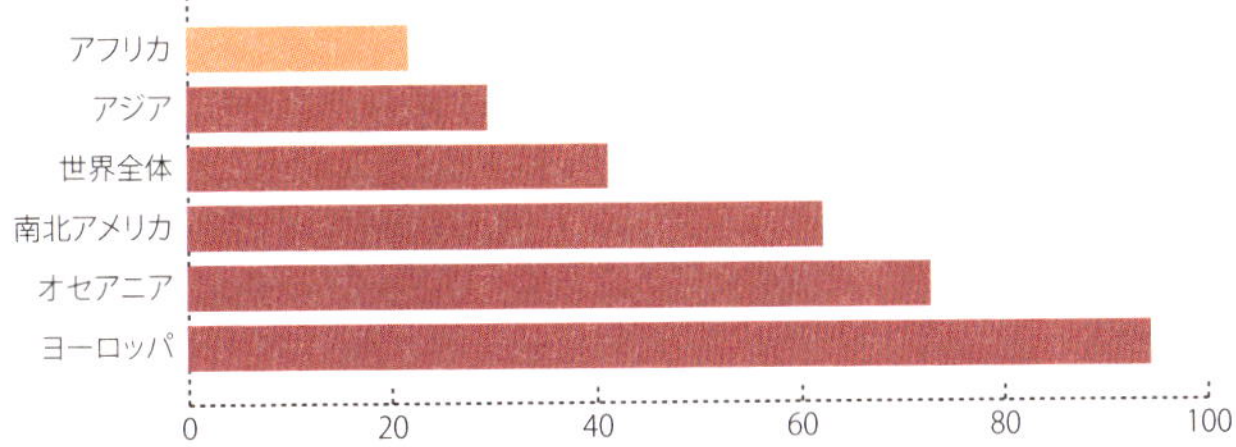

出典：ITU 2006.

38. ITU statistics n.d.
39. Ivatury and Pickens 2006.

当たりたったの一〇人である。

BOX 1-3

南アフリカ共和国で加熱する携帯電話市場

携帯電話に関しても、国レベルの詳細な分析がビジネスチャンスの把握に役立つ。南アフリカでは携帯電話の普及率が高いとはいえ、貧困層の大部分は利用できていない。都市部では、一日二ドル未満で暮らす世帯のうち四三％が携帯電話を所有しているが、農村部では三一％である。二ドル以上で暮らす少しましな暮らしをしている世帯でさえ、都市部で五六％、農村で三八％の所有率である。そして、携帯電話の浸透率は地域によって大きく異なり、西部で最も高く、中部で最も低い。フリー州では大きな格差があり、二ドル以上を稼ぐ人の少なくとも四〇％が所有しているのに対し、二ドル未満の人の所有率は二〇％以下である。なぜ地域や所得階層で所有率がこれほど異なるのか研究すれば、このギャップを埋めるためのビジネスチャンスが見えてくるだろう。

市場ヒートマップ——地域別に見た携帯電話利用状況（2006年、％）

1日2ドル以上で生活する世帯

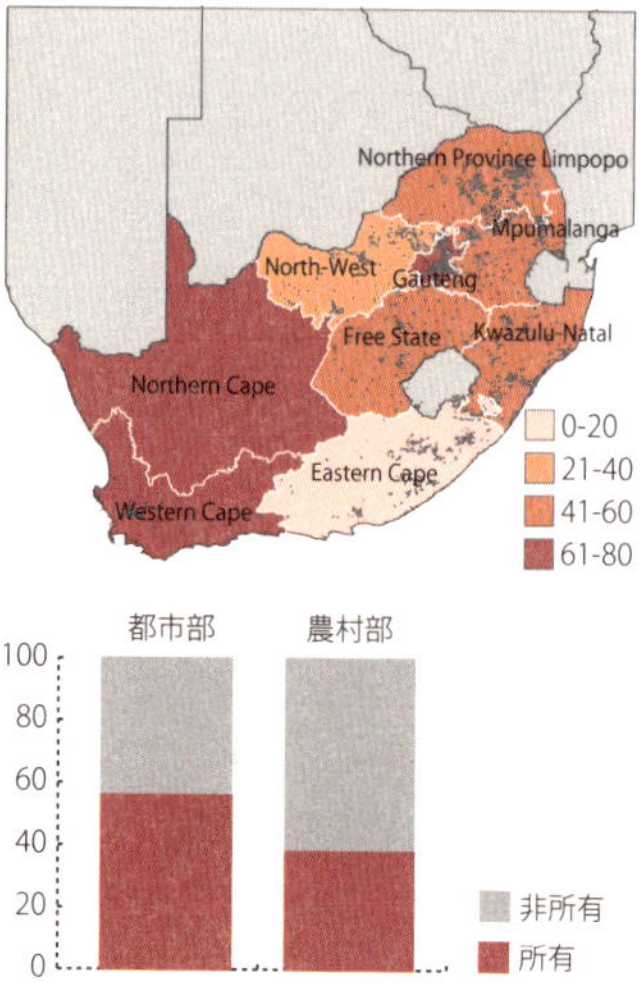

1日2ドル未満で生活する世帯

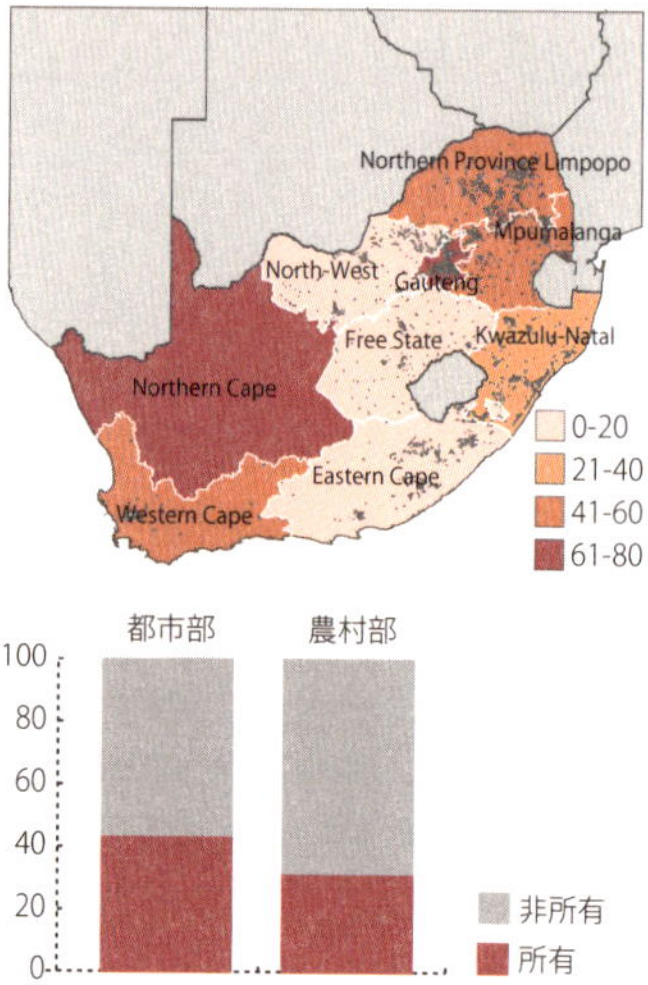

出典：FinScope 2006. Maps produced by OCHA ReliefWeb.

CHAPTER 02

インクルーシブビジネスの制約要因

CONSTRAINTS STANDING IN THE WAY

［フィリピン］フィリピン政府の水道事業を引き継いだマニラ・ウォーター社は当初、法規制の実効性不足による問題に直面した。（Photo: Manila Water）

企業が貧しい地域で事業を展開しようとすると、市場環境の悪さが目につくことがよくある。高度に発達した市場では、インフラが整い、情報がつねに流れている。法規制がビジネスをしやすい環境を提供してくれる一方で、負の側面を抑える働きをしている。市場の参加者にはスキルや知識があるし、金融商品や金融サービスも利用できる。しかし、貧困地域では、これらの要素の大部分が欠落していることが多いのが現状だ。そのため、貧困層が市場に参加しても得られるものは少ないし、企業もあえて貧困層の市場で事業を行おうとしない。

本書の事例は、貧困層を相手にビジネスをしようとする企業に、これらの制約がどのように影響を与えているかを説明する。

事例では五つの制約要因を示す。

❶市場情報の不足

企業は、途上国の貧困層についての知識を持ち合わせていない。彼らが消費者として何を好み、何なら買えるのか、あるいは従業員や生産者や事業主として、どのような製品や能力を彼らが提供できるのか、といった情報が不足しているのである。

❷規制環境の不備

貧困層市場では、ビジネスが機能するための適切な規制環境が欠如している。規則や契約が履行されず、人々も適切な法制度によって得られるはずの機会や保障されるべき保護を受けることができない。

❸物的インフラの未整備

道路やそれを支える社会基盤の不足は、輸送を制約する要因となっている。水、電気、衛生設備、通信網が未整備である。

❹知識とスキルの不足

貧困地域の消費者は、製品によっては、その使用方法や利点を知らない場合があり、また有効に利用するスキルを持ち合わせていない場合がある。サプライヤー、流通業者、小売業者についても、期限通りに一定の価格で良質の商品やサービスを安定して提供するだけの知識やスキルを持ち合わせていない場合がある。

❺金融サービスの不足

貧しい地域の生産者や消費者はクレジット（信用貸付）を利用できないので、投資や大きな買い物ができない。保険がないので、病気や旱魃《かんばつ》や盗難といった不測の事態からわずかな資産や収入を守ることができない。また、銀行やＡＴＭが身近にないため、あまり安全とはいえない割高な方法で資金を管理せざるをえない。

これらの制約が根深い貧困の主な原因だという認識は以前からあり、開発業界では広く議論されてきた[1]。では、企業にとっては、上記の制約はどのような意味をもつのだろうか。制約要

1. See, for example, the joint UK Department for International Development–Asian Development Bank workshop on Making Markets Work Better for the Poor in Manila in 2005 (www.dfid.gov.uk/news/files/trade_news/adb-workshop.asp).

因のひとつひとつは、インクルーシブビジネスの開発にどのように影響を与えるのだろうか。

二〇〇四年に国連が出版した『企業家精神の促進――貧困者の事業支援の成功へ向けて』では、次のように指摘している。

「健全な民間部門の育成のためには、グローバルなマクロ経済環境、国内のマクロ経済環境、物的インフラ、社会的インフラ、法の支配などの土台を築く必要がある。そして金融を利用できること、スキル・知識を習得できる機会があること、事業環境が一定の水準にあることなどが起業家精神を発揮させる柱となる」[2]

本報告書の事例研究でも、この指摘が再確認された。市場を機能させる条件が欠けているとき、起業家精神の発揮は大きく妨げられるのである。

農村や都市のスラムは、貧困層にとって主要な経済活動の場である。全世界の極端な貧困層（一日一ドル未満の収入）のうち、七五％近くを占めるのが農村の貧困層である。もちろん都市にも貧困は存在し、主にスラムに集中している。都市住民の三人に一人に相当する一〇億人がスラムに住んでいる[3]。

そこには構造的な問題があり、そのため貧困層と企業とが共に利益を得るチャンスを生かせないでいる。さまざまな制約要因が絡み合い、足を引っ張り合っているのが現状だ。たとえば、市場の情報は既存のインフラに乗って流れ、人々に知識やスキルがあってこそ情報の意味を理解できるが、インフラも知識も不足している場合が少なくない。金融サービスについても同じことがいえる。法や規制がきちんと整わなければ、健全な金融サービスは発達しないのだ。

2. UNDP 2004.
3. UNFPA 2007.

［モルドバ］道路やそれを支える社会的インフラの不足は市場の大きな制約要因となっている。
(Photo: UNICEF / Julie Pudlowski)

BOX
2-1

重なり合う市場の制約——道路と融資

貧富の差は地理的不均衡を一因としている。インクルーシブビジネスに際しては、貧困層のモノやサービスへのアクセスについて、地理空間的に分析しなければならない。グアテマラにおける融資利用状況の地理的分布をみると、地域の市場環境の制約要因が実際の市場へのアクセスにどのように影響をもたらしているかが分かる。同国の道路網は未発達で、一〇〇〇人あたりたった一・二キロメートルの舗装道路しかなく、多くの貧しい農村は完全に孤立している（同じ中米のコスタリカでは、人口はグアテマラの半分だが、一〇〇〇人あたり一一・一キロメートルの舗装道路がある）。一三％のグアテマラの家庭は車の通れる道へのアクセスをもっていない。この数字は北部、北西部、北東部といった最貧困地域へ行くと二〇％に跳ね上がる。

この事例は二つの制約要因が重なり合っているように見える。物理的なインフラと融資へのアクセスだ。同様のパターンは、他の制約要因、たとえば市場情報にも重なると考えられる。貧困層の市場では、制約要因が互いに重なり合い、互いにマイナスの影響を与えあっている。たとえば、経済活動が活発な地域につながる道路が整備され、道

グアテマラ——1日2ドル未満で生活する世帯の融資と道路へのアクセスは重なり合う

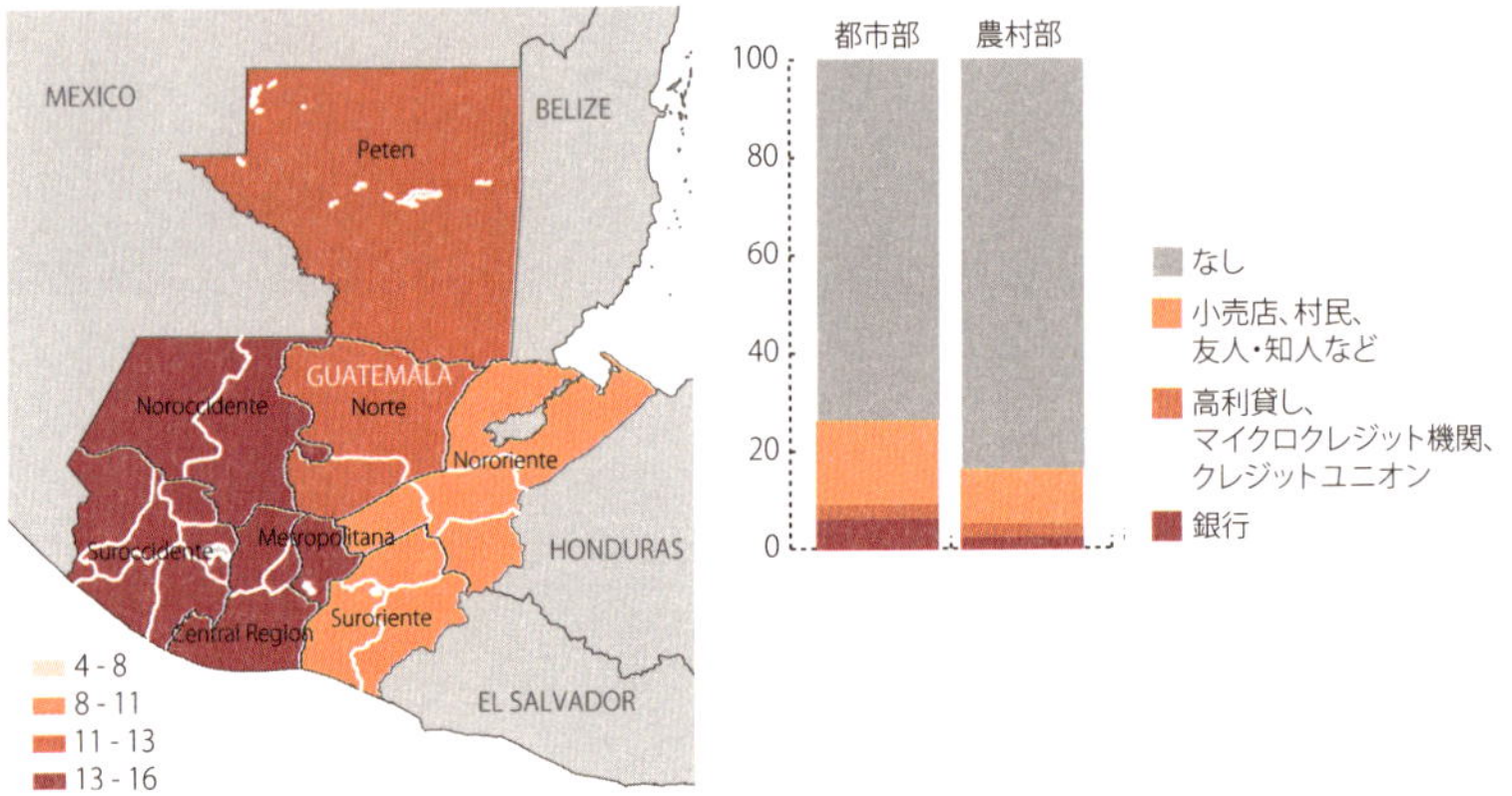

出典：Instituto nacional de Estadistica de Guatemala. Maps produced by OCHA ReliefWeb.

路がある地域は経済が成長するが、他の地域は取り残される。このように相互に絡み合った制約要因は、貧困層にとっても、インクルーシブビジネスにとっても、大きな課題となる。

市場情報

企業は、貧しい地域、特に農村の市場に関する詳細な情報をもっていないことが多い。貧しい地域には、市場調査や格付けサービスなど、情報を集めて提供してくれる媒体が存在しない場合が多いので、新規事業の将来性を評価するのが難しい。

たとえば、清華同方が農村世帯向けのコンピュータを開発しようとしたとき、消費者に最も役に立つような農業に特化したソフトウェアが見つからなかった。そこで、一括データ処理ができるウェブサイトを開発し、オープンソース・コーダー（基礎になるプログラムを公開してくれるウェブ製作者）、農民、農業の専門家からなるオンライン・コミュニティを開発した。

また、バークレイ銀行がガーナで低所得層を対象に事業を始めたとき、顧客がどのような銀行サービスを求めているのか、どれくらい貯蓄できるのか、どのような融資のニーズがあり、支払可能な料金はいくらぐらいか、といった情報を集めるのに苦労した。しかし今や顧客のニーズを把握しているので、より人気のある商品を開発できるようになり、返済不履行に備えた保険料を貸付金利に上乗せして、効果的なリスク管理ができるようになった。貧困層が求める商品の価格や質や量を把握し、「情報の非対称性」を克服することによってのみ、貧困層市場で事業を成功させることができるのだ。

BOX 2-2

市場ヒートマップ

貧困層について、そして彼らが住んでいる場所について、利用できる情報がないことが、インクルーシブビジネスの主要な制約要因のひとつになっている。政府の統計局、開発銀行、援助機関は、家計調査や市場調査を行って情報を持っているが、その情報はデータベースの中に埋もれてしまっている。そのような情報を使いやすく提供することで、企業が貧困層の市場へ参入する際の不確実性を減らすことができる。市場ヒートマップは、貧困層がどの程度市場に参加しているのかを示すために作られた。特定のセクターや国について、モノやサービスの利用状況を示し、それがどのように供給されているかを示す。このヒートマップは、貧困層がどの地域にどれだけいるかを地図化した貧困マッピングなど、これまでに蓄積された数々のデータにもとづいている。

低所得層の消費者に関する詳細なデータを収集する作業は他でも行われている。米州開発銀行は、ラテンアメリカ・カリブ海諸国で国別・所得グループ別の消費者情報を集める作業を進めている。また国際金融公社と世界資源研究所による報告書では、貧困層・低所得層に焦点をあてた市場機会を取り上げている。市場ヒートマップは、これらの作業を補完する役割という位置づけである。

市場ヒートマップは、人間開発に関連する市場の性質や構造について、細かな情報を表示する分析ツールである。情報を組み合わせて視覚的に表示してあるので説得力がある。一見して市場がどの程度包括的《インクルーシブ》であるかがわかるし、以下の三点で有用だ。

❶消費者としての貧困層の需要と、生産者としての貧困層の市場機会を示す

市場ヒートマップは、あるモノやサービスについて、どの階層の消費者（潜在的な顧客）がどれだけ利用しているのか、いないのかを示している。貧しい消費者と一般の消費者とを比較することにより、市場がどれだけ包括的《インクルーシブ》になっているか（=貧困層を顧客として扱っているか）かがわかる。この情報は、「企業が貧しい消費者のために、製品やサービスを拡大したり革新していくチャンスがどれだけあるか」と読み替えることができる。また、市場ヒートマップは、供給面すなわち生産者としての貧困層がどれだけ排除されているかをも示すが、これを「貧困層が市場に参加して収入を向上させていく余地がどれだけあるか」と読み替えることもできる。つまりは、貧困層と社会全体にとってのチャンスを示しているとも言える。

❷市場がどれだけ包括的《インクルーシブ》かを地理空間的に示す

市場ヒートマップは、地域間の比較や、都市と農村の比較、あるいは特定地域の市場チャンスなどを地図化できるので、市場がどれだけ包括的かを地理空間的に把握できる。

❸供給の構造を明らかにする

市場ヒートマップは、モノやサービスの提供者（サプライヤー）に関して、どのようなグループが存在し、市場でのシェアを占めるのかといった、供給側の構造を図示できる。サプライヤーは、所有形態（公的、ＮＧＯ、民間）、サイズ（多国籍企業、零細、中小企業）などによっても表示できる。

規制環境

貧しい地域では、企業の参入や成長を促進するような規制環境が発達していないことが多い。ポーランドでは、公共サービス会社のルバンがバイオエネルギー開発を進めているが、電力政策と農業政策の整合性が取れていないために、適切な政策支援を得られずにいる。また、モザンビークの電力会社ヴィダガスは、液化石油ガスの販売をするために適切な法的枠組みを必要としている。液化石油ガスが代替燃料として市場での地位を確立するには、消費者の安全を確保し、品質を一定水準に保つことが重要なのだが、一社の自主的対応では限界がある。法的枠組みがあれば、同業他社も安全性や品質基準を満たす努力をすることになり、結果として液化石油ガスの信頼性が高まり、販売が拡大できる。

一方で、法的枠組みがあったとしても、逆に企業活動の足かせになっている事例も数知れない。途上国の規制はひどく官僚主義的なことが多く、それを遵守しようとすればお金も時間もかかる。登録や免許取得のために支払う直接的費用も甚大だが、それに伴う労力や時間といった機会費用も相当なものだ。セネガルでは官僚的な障壁とビジネスに非協力的な環境のおかげで、チャカ・マネー・エクスプレスと関連会社は、送金免許を取得するために煩雑な法的手続きを踏まなければならなかった。

図2-1が示すように、途上国が大部分を占める地域では、事業開始にまでにかかる時間と金額が多い。ラテンアメリカ・カリブ地域では、新規事業を始めるのに平均七三日もかかり、一人当たりGDPの四八％もの費用がかかる。一方の先進国では、平均一七日で一人当たりGDPの五％の費用で済む。

多くの途上国では、免許取得や登録をしないインフォーマルな形でビジネスが行われている。というのも、法規制を順守するのは、時間も金もかかるし彼らにその余裕はないからだ。UNDPによる貧困層のリーガル・エンパワーメント・イニシアチブが指摘するように、途上国の大部分において、経済政策や商業法は主に大企業向けに作られており、大多数を占める貧しい事業主を想定したものではない。したがって、貧しい事業主が公的な法制度の恩恵を得られることはめったにないのだ(4)。

しかし、インフォーマルな事業形態のままだと、実際のビジネス取引の際に問題が生じる。法規制に則って事業を行っているフォーマルな企業（多国籍企業や地場の大規模企業など）にとっては、拘束力のある契約なしにインフォーマルな組織から製品やサービスを調達するのは困難である。また銀行や金融サービス機関にとっては、本人確認の証

図 2-1　地域別に見た起業に要する平均的な時間とコスト

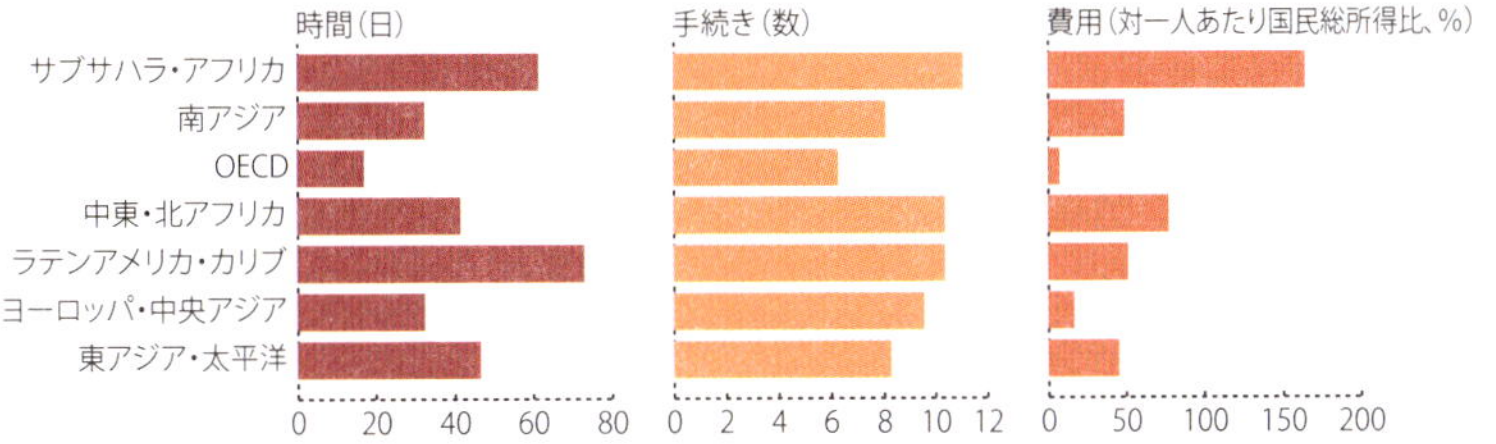

出典：World Bank Doing Business database.

4.　UNDP 2008.

明書を持たない貧しい人々との取引はしがたいものである。

適切な法規制が存在しないこと、あるいは法規制が企業活動を阻害していることに加え、さらに問題なのは、法律違反が日常茶飯事で、法が適切に執行されていないという状況である。そのような状況では、大企業でさえ、大規模な事業を展開するのが難しいと考えてしまう。マニラ・ウォーターがフィリピン政府から事業を引き継いだ当初、非常に大きな損失が発生した。というのも、水道から恒常的に水が盗まれ転売されていたからだ。言うまでもないが、企業にとって最も困難な環境とは、不安定で危機的な政治経済環境である。

物的インフラ

物的インフラが未整備だと、貧困層相手のビジネスの取引費用がとても高くなる。特に農村では、貧困層は主要な道路から離れたところに孤立して住んでいることが多い。農村ばかりでなく都市のスラムでも孤立している場合もあり、ましてやインターネットなどの通信網への接続は限られている。他にも、物流、ダム、灌漑《かんがい》、水、電気供給、衛生、ごみ回収などのインフラがない場合が多い[5]。

途上国の多くの人々は、道路が通っていない場所に住んでいる。世界銀行の分類による低所得国五三カ国の道路をすべてつなげても二三万九〇〇〇キロしかないが、高所得国六〇カ国の道路の総延長は、三六〇万キロにもなる[6]。セルテル社がコンゴ民主共和国で電話通信ネットワークを展開したとき、国内一〇県のうち、道路で県都に行くことができるのは、たった一県

5. World Bank Report on Infrastructure.
6. 2004年の一人当たり国民総所得が、低所得国は905ドル以下、高所得国は11,116ドル以上である。
7. Escribano and others 2005.

だけだった。三県は川を船で行き、残る六県は飛行機でないとたどり着けないのだった。また、EQIがエジプトの西部砂漠にシワ・サステナブル・イニシアチブを始めたとき、オアシスが孤立していてなかなか近付けないために、輸送コストが高く手間がかかるという問題に直面した。

モーリタニアでは、ラクダの乳製品会社のティヴィスキが設立されたとき、道路はなかった。暑い砂漠の気候では不可欠な物流インフラ（冷蔵設備のある回収センターなど）も当然なかった。世界銀行の投資環境評価によれば、途上国の比率が高い地域において、物的インフラの未整備が企業の活動や成長の主要な障害となっている(7)。

［コンゴ民主共和国］農村部では、貧しい人々が利用できる水・公衆衛生のインフラがないことが多い。
(Photo: UNICEF / Julie Pudlowski)

［ベトナム］物的インフラが未整備だと、貧困層相手のビジネスの取引費用はとても高くなる。
(Photo: Adam Rogers / UNCDF)

BOX 2-3

市場の制約が市場構造を動かす――ハイチの水市場

市場環境の制約は市場構造に影響を与える。小規模のインフォーマルな業者は、しばしば、大規模な公的企業が高コストのために営業しないような地域で活躍する。ハイチの水市場が好例だ。水の供給は、機能しているインフラに依存する。しかし水道網を拡大するのは高くつく。

ハイチは、世界の最貧困国五〇のうちの一つであり、UNDPの人間開発指標のランキングでは一七七カ国中、一四六位である。二〇〇一年、人口の七八%、そして農村住民の八六%が、一日二ドル未満で暮らしていた。低い経済成長率、自然災害、政治的不安定、ガバナンスの悪さのせいで、基本的な公共サービスが劣化していた。ヒートマップが示すように、水道網の利用は非常に限定されている。ハイチの都市の貧困層の三分の一が、農村ではそれ以下の人々しか水道水を利用できていない。

機能するインフラと水道水がなければ、それ以外の水市場が活性化する。少なくとも都市地域では。一日二ドル未満で暮らす人々の四五%は、トラックで運ばれる水や、ボトル水やバケツに汲んだ水を利用している。これらのサービスの供給者は、小規模でインフォーマルな業者だ。類似の傾向は、水道水の供給が限られている他の地域でも見られる。最近の推定では、一〇億人以上の人々、

市場ヒートマップ――ハイチでの水道利用率
(1日2ドル未満の世帯、%)

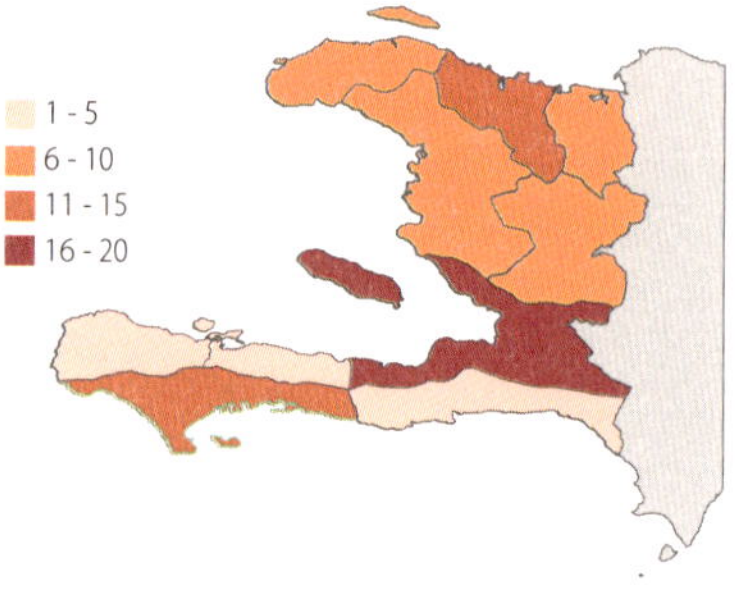

ハイチの人々の水供給源(%)

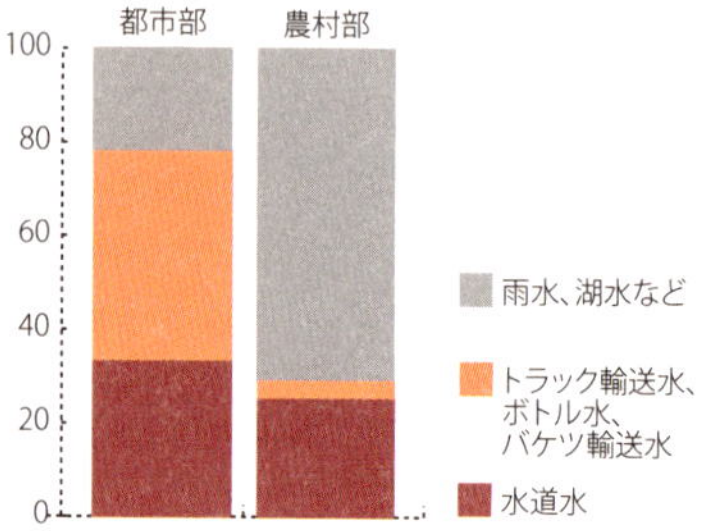

出典:Institut Haïtien de Statistique et d'Informatique 2001. Map produced by OCHA ReliefWeb.

つまり世界の人口の六人に一人は質の良い水へのアクセスをもたない。「他の」民間セクターから水を得ることが、安全な飲み水へのアクセスを改善するのに現実的な方法となりうるのだ。

知識とスキル

知識とスキルは、貧困層が消費者として、また従業員や生産者として市場に参加するのに不可欠なものである。しかし、貧困層はあまり教育を受けていないことが多いし、情報へのアクセスも限られている。特に農村の貧困層には公的教育が十分に行き届いていない。最貧国では、一五歳以上の識字率はたった五三％である[8]。就学年数は国によってばらつきがあるが、一般的にいって教育の質と量に関する数値（就学率など）は貧困層が他のグループよりも低い。さらに、デジタル・ディバイドも大きい。二〇〇五年の時点で、インターネットを利用できるアフリカ人は、たった四％だった。一方で、大部分はラジオさえ持っていない[9]。

教育水準が低く情報へのアクセスが限られている場合、貧困層は、消費者として、商品の使用方法や利点を知らない場合があり、またそれを有効に利用するスキルを持ち合わせていない場合がある。清華同方の事例が示すように、中国の農村では、人々がコンピュータなどのハイテク商品を触わったことも使ったこともないので、

図 2-2　企業は物的インフラの未整備を制約ととらえている

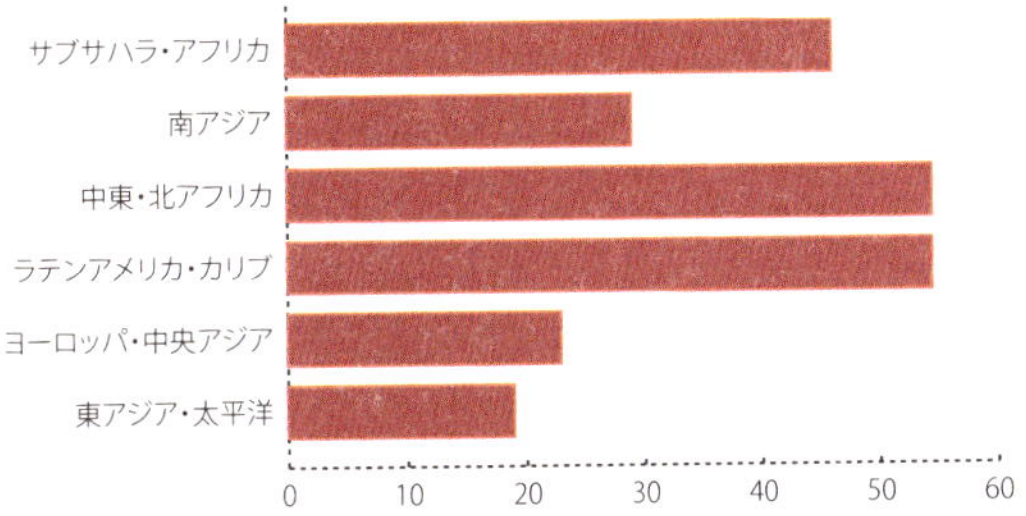

出典：Swiss Re 2007 for the United States, Sigma Insurance for emerging markets.

8. UNDP 2007. Refers to 1995–2005.
9. International Telecommunication Union's World Telecommunications Indicators database.

その利用価値を学ばないかぎり、製品への需要は伸びない。ジュン・リー服総経理は言う。「まず最初に、コンピュータが便利なものだと農民に知らせなければなりません。そのうえで使い方を教えます」

こうした格差があると、従業員としての貧困層の生産性は低くなる。また、独立した生産者として成功するのも難しい。人々に基本的なスキルや知識が不足していると、企業は製品を一定レベルに保つのが難しくなる。たとえばガーナのタマレフルーツ社は、有機栽培の認証を受けたマンゴーの生産を農家に委託しているが、事業を開始したときは農家が有機栽培の基準に慣れていなかったので、高度な品質基準を満たすものを安定的に作れるようになるまでには時間を要した。

金融サービスへのアクセス

金融商品やサービスを利用できると、企業や人々はリスクと取引費用を減らせるし、経営や家計が安定する。クレジットや保険があれば不測の事態が発生したときでも対応できるし、企業がチャンスをとらえて事業を起こすこともしやすくなる。貯蓄や銀行取引サービスがあれば、資金管理をより効率的に行うことが可能になる。

したがって、生まれたばかりの企業や潜在的な起業家にとって、基本的な金融サービスが利用しやすくなる意義は非常に大きい。さらに、実績のある大企業にとっても、新興の起業家との取引がしやすくなる。

10. Jenkins and others 2007.
11. Ruffing 2006.
12. UNDP 2004.
13. Associated Press 2006.

クレジットがあれば、中小企業が市場に参入し、生産を拡大し、技術を向上させ、製品やサービスを改善することができる。[10] たとえば、メキシコのアマンコ社は、小規模で効率のよいドリップ式の灌漑《かんがい》用機材を農民向けに販売している。これを購入すれば、年間の収量を三倍近くに増大させられるのだが、クレジットを使えなければ、農民は購入できない。

国連貿易開発会議（UNCTAD）によると、ビジネスに関する各種調査で、途上国と先進国のどちらにおいても、中小企業の成長と生き残りを決定づける最大の要因が金融だと指摘されている。[11]

途上国でのクレジット利用率は先進国に比べるとずっと低い。民間の信用貸付額がGDPにしめる割合は、高所得国で八五%なのに対し、上位中所得国では三〇%、低位中所得国で二五%、低所得国では一二%にすぎない。[12] マイクロクレジットは急成長しているものの、その利用世帯は二〇〇六年でたった八二〇〇万世帯である。[13]

保険の浸透率はさらに低い。保険料総額の対GDP比は、アメリカで九%を超えるのに対し、フィリピン、ナイジェリア、中国では三%以下である。（図2-3）

保険業は他の産業を支援する役割を果たしている。保険を購入できる人は、損失のリスクをコントロールできるわけで、長期的な投資をしやすい。銀行も保険加入者に対しては喜んで融資をするだろう。保険業の不在ゆえに、生産者は長期契約を結ぶのを躊躇してしまう。ブラジルでは、VCP社が製紙原料となる木材の生産に貧しい農家を取り込もうとした。しかし、木は植えてから七年たたないと収穫できない。自然災害に対する保険なしでは、農家は投資のすべてを失うリスクを抱え込むことになるのだ。

図 2-3　保険料総額の対 GDP 比（%）

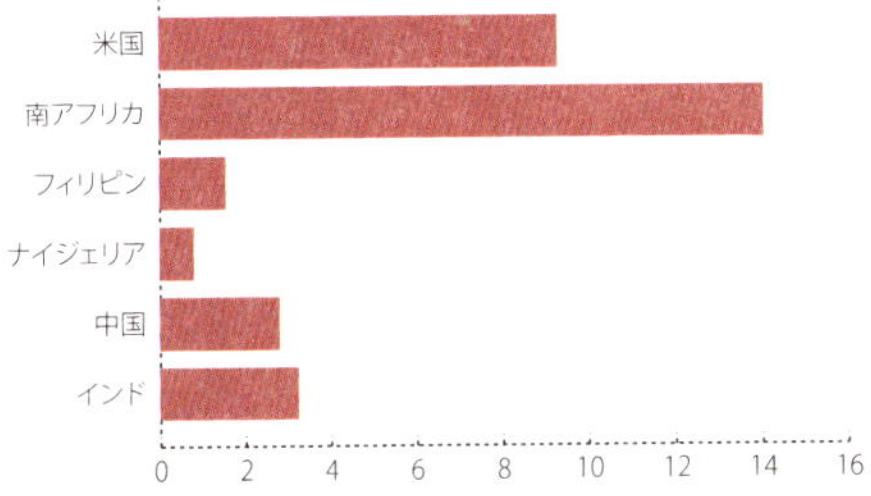

出典：Swiss Re 2007 for the United States, Sigma Insurance for emerging markets.

貯蓄や銀行取引は、人々が契約を履行するのを助け、長期的にはコストを減らし、市場を拡大することにつながる。利用できる銀行がなければ現金取引となり、貧困層相手のビジネスは大変なコストがかかるものになる。また、金融サービスが未発達だと、貧困層の収入変動の大きさが企業のリスクとなる。収入の減ったときに取り崩す貯蓄がなければ、料金不払いや買い控えにつながりかねないからである。さらに、企業の商品やサービスへの需要も抑制されてしまう。長い目で見れば、貧困層には商品を買えるだけの収入があるかもしれないが、まとまった金額を一度に用意することができないので、貯蓄やクレジットがなければ買い物ができないからである。

ウガンダでは、公的な機関に預金口座を持つ世帯はたった一五%にすぎない。ザンビアでは、公的機関に預けると、手数料が高すぎて預金金利との差し引きがマイナスになってしまう。[14]

BOX 2-4

インドの革新的な保険

制約要因を克服するとビジネス機会につながる。

貧しい人々は、保険へのアクセスがない。これは、障害を乗り越えるための方法を探そうとする企業にとっては、巨大な市場を意味する。ＵＮＤＰの人間開発報告書ユニットの最近の調査によれば、インドでは、人口の二%にあたる五〇〇〇万人しか保険に加入していないことがわかった。この調査では、市場の潜在的な規模を、一四億~一九億ドルと見

14. CGAP 2007.

積もっている（生保・損保計）。この巨大市場を手に入れようと革新的なビジネスモデルが出現している。クリシナ・ビーマ・サムルディ銀行が、世界銀行の支援を得て、降雨インデックス保険を始めた。保険金の支払いは、損失評価は行わずに気象条件のみを基準として決定されるのである。

FIVE STRATEGIES
AT WORK

PART II

BOP市場開拓の5つの戦略

Photo: Jim Holmes / UNCDF

第一部で明らかになったように、貧困層をビジネスの相手とするならば、貧困層の能力向上や生活改善と、企業の利益や長期的成長は両立しうる。しかもその可能性は大きく広がっている。だが、この可能性を実現するためには、複雑な課題に立ち向かわなければならない。大別して五つの制約要因が立ちはだかっている。すなわち①市場情報の不足、②規制環境の不備、③物的インフラの未整備、④知識やスキルの不足、⑤金融サービスの不足である。それにもかかわらず、多くのインクルーシブビジネスが成功をおさめている。

本書で扱っている成功例には、繊維産業や観光業に貧困層を従業員として雇った事例、コーヒーや綿花、カシューナッツ、ココナッツ繊維ネットやその他の作物を貧しい生産者から企業が買い付けた事例、水やトイレや保健医療などの基礎的サービスを企業が貧困層に提供した事例、電気やクレジットや電話通信サービスを提供して貧困層の生産性を向上させた事例などがある。これらの成功を可能にした解決策は、活動地域によって実に多様である。しかし、それぞれの事例が制約要因を解決した方法を分析すると、いくつかの類型化ができる。成功したインクルーシブビジネスは、市場の制約要因が非常に大きい環境で、以下に挙げる五つの戦略のうちの一つか複数の戦略を使って、制約と折り合いをつけたり、制約を取り除いたりするのに成功しているのである。

❶製品やビジネスプロセスを貧困層のニーズや環境に合わせて適応させる……例：地上回線の不足によって発生する制約を無線技術によって克服する。

❷市場の制約を取り除くために投資する……例：市場調査を実施する。貧困層を訓練したり情報提供を行う。製品やサービスと金融サービスとを組み合わせる。

❸貧困層の強みを活かす……例：貧困層が住んでいる地域で製品を輸送・販売するために貧困層を雇う。商品やサービスを貧困層と共同で開発する。貧困層の社会的ネットワークを活用して非公式な契約履行システムを形成する。

❹他のアクターの能力や資源を組み合わせる……例：農民に品質管理の訓練をするのに政府の普及組織を活用する。商品やサービスを利用する必要性を啓蒙するためにＮＧ

Oと協働する。銀行が共同で格付け機関を設立する。

❺**政府と政策対話を行う**……例：特定の制約要因を明らかにして、対処するために政策立案者との対話を行う。対話は一企業が個別に行ってもよいし、めざすアドボカシー活動のために他社と組んでもよい。あるいは、政府主催の民間セクター評議会などに参加する手もある。

これらの戦略のいくつかについては、これまでにも頻繁に取り上げられてきた。とりわけ、制約要因をうまく避けるために新しいビジネスモデルを開発したり、パートナーとなる組織や貧困層と協働する戦略については、よく紹介される[1]。一方で、市場環境の改善のために投資をしたり、政策対話に取り組む戦略は、本書で新しく提案する視点だ。

表1は、市場の制約要因と解決策となる戦略とを組み合わせて表示したものである。左側の列に市場環境の制約要因、上段に制約要因を解決する五つの戦略を並べている。

どの戦略もそれぞれの制約要因に対応しうるが、本書で取り上げた事例研究では、個々の制約要因に対してとられる戦略には、比較的共通した傾向があることがわかる。

表1　GIM 戦略マトリックス

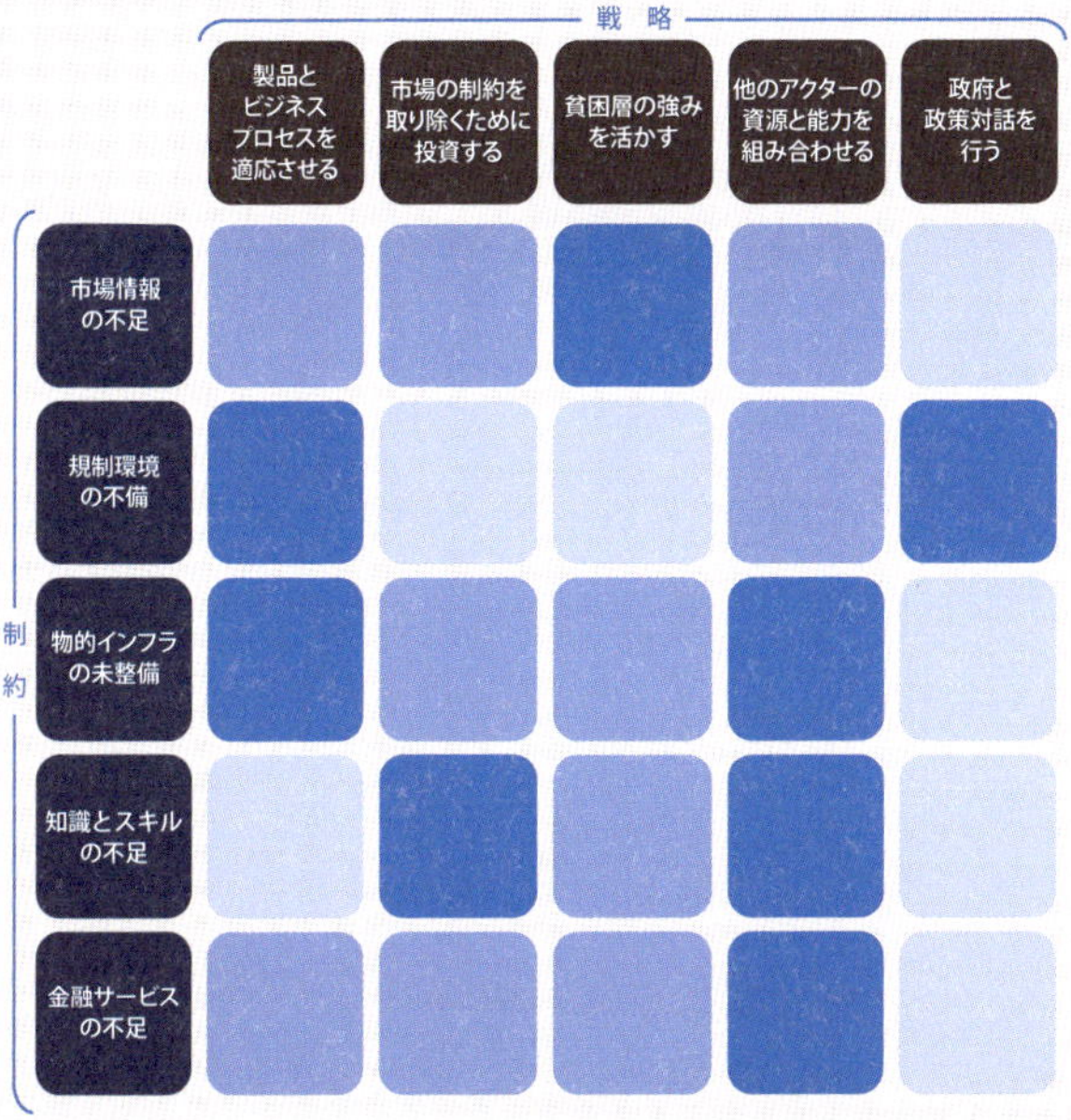

注：濃い青色は、制約が表面化した 4 例のうち 2 例以上で認められた制約・戦略の組み合わせ。中間の青色は、制約が表面化した 4 例のうち 1 例未満であったが、10 例のうち 2 例以上で認められた組み合わせ。薄い青色は、制約が表面化した 10 例のうち 1 例未満で認められた組み合わせ。

出典：本文に記載の著者のデータ分析にもとづく。

BOX II-1

スマート・コミュニケーションズ

携帯電話を使って国際送金

スマート・コミュニケーションズ社は、フィリピンの大手携帯電話会社である。同社は、「携帯電話とは金持ちのだけのためのもの」という古い考え方を捨て去ることにした。その結果、低所得層を潜在的な顧客と見なすようになり、膨大なビジネスチャンスがあることに気がついたのである。そして、この中には、海外で働くフィリピン人も含まれる。フィリピンは出稼ぎ大国で、海外からの送金受取総額は世界第三位であり、そこにも大きなビジネスチャンスがあるわけだ。スマート社は、貧しい顧客特有のニーズに応えるべく、柔軟で手頃な値段のさまざまなサービスを始めた。この中には、ごく少額のプリペイド方式の通話料パッケージや、ショートメッセージ・サービス（SMS）技術を使った送金サービスなどが含まれる。

この事業を行うにあたって、スマート社は表2で示した戦略を用いて主に三つの課題を克服した。

第一に、貧しい人々には、携帯電話の加入に必要な条件をそろえる能力がない。通常は身分証明書や銀行口座を持っていることが条件になるが、貧困層の多くはそれらを持ち合わせていない。

そこでスマート社は、フィリピンで最初に、書類がなくても利用できるプリペイド方式の携帯電話サービスと、銀行口座を持たなくても携帯電話で送金できるサービスとを開始したのだ。プリペイドカードの最低価格をごく少額にすると、利用者は一回の通話に必要な分だけの料金を払えば済む。つまり、将来の通話料金分まで含んだ高額のプリペイドカードを買うために余分なお金を用意する必要がなくなるのだ。貧困層はクレジットを利用できていないということが、このビジネスモデルを生む背景にあった。

第二に、どうやってプリペイドカードを販売・流通させるかという課題だ。フィリピンは、七一〇〇の島からなる島嶼国であり、陸路では行けない地域も少なくない。

スマート社は、小規模な店とほかのビジネスと間の既存の物流ネットワークを利用することにした。また、貧困層の強みを活用するという戦略もとった。低所得の零細事業主にプリペイドカードを小売りさせたのである。こうして、スマート社は全国的な流通ネットワークを構築し、八〇万人の零細事業主は、一五％の販売手数料を得られるようになった。そしてついにスマート社は、販売プロセスを変更した。プリペイドカードを購入しなくても、利用者はショートメール（ＳＭＳ）を使って料金チャージをできるようになったのだ。

第三の打開すべき課題は、モバイルバンキングに関する規制が不十分だったことだ。このサービスはそれまで存在しなかったので、他の携帯電話会社や銀行と協力して、スマート社は政府と政策対話を行い、モバイルバンキングに関する規制を修正した。

スマート社のサービスは、フィリピン経済に良い影響を与えた。とても便利で、料金も手ごろで、安全でしかもタイムリーなサービスができたおかげで、海外で働くフィリピン人労働者は、法に則った公式ルートで送金するようになった。このようにして、スマート社は低所得層に的を絞って急速に成長し、加入者数は一九九九年の一九万一〇〇〇人から、二〇〇六年の二四二〇万人まで成長した。同社の収益の九九％はプリペイドカードの販売によるものだ。

表2　スマート・コミュニケーションズの戦略

制約 ＼ 戦略	製品とビジネスプロセスを適応させる	市場の制約を取り除くために投資する	貧困層の強みを活かす	他のアクターの資源と能力を組み合わせる	政府と政策対話を行う
市場情報の不足					
規制環境の不備	手続きの簡素化 法的書類の欠如				政策対話で規制を修正 法規制の不備
物的インフラの未整備	SMSで再チャージ 物流上の困難		零細事業主と提携 物流上の困難	既存の物流網の活用 物流上の困難	
知識とスキルの不足					
金融サービスの不足	手続きの簡素化、少額販売 銀行口座、信用販売なし				

CHAPTER 03

製品とビジネスプロセスを貧困層に適応させる

ADAPT PRODUCTS AND PROCESSES

［ケニア］ M-PESA は金融取引をより速く、より廉価に、より安全にするため携帯電話による送金サービスを始めた。
(Photo: Vodafone)

中国の清華同方は、生まれてこのかたコンピュータなど見たことも触ったこともない農民にコンピュータをもたらした。コンピュータに慣れない彼らのために、習ったことがなくても、直感で使えるようなソフトウェアを開発した。清華同方やほかの多くの事例は、インクルーシブビジネスが、製品やビジネスプロセスを貧困層に合わせることで、どのように制約要因を克服したかを教えてくれる（BOX3-1）。

BOX 3-1

清華同方――デジタル・ディバイドを減らす

イノベーションとは、新技術を使ったものばかりを指すのではない。多くの製品の適応策は、貧困層に利用しやすくするため、一見、技術を後退させているかのようだ。しかし、今まで製品を利用していなかった層が利用できるようになれば、企業は成長し収益を上げられるようになる。

清華同方は首都北京を拠点におきコンピュータを販売するハイテク企業だが、中国の農村部のローテク分野、すなわち従事者人口の多い農業に巨大な新市場の可能性があると考えた。他国では技術発展により農業生産量が飛躍的に伸びたにもかかわらず、中国の九億人の農民は、技術発展の恩恵をまだ享受できていない。農業は、他の産業と同じく、あるいはそれ以上に、タイムリーで正確な情報が必要なのだが、情報入手に役立つパソコンやインターネットは中国の農村に普及していないし、農村居住者には見慣れない存在である。

清華同方は二〇〇三年にこの状況を見て、都市農村間の情報格差の是正を支援する一方で、巨大な手つかずの市場を手に入れる機会だと考えたのである。

清華同方は、市場調査を三回行い、いくつかの課題を発見した。二〇〇五年の段階で、基本的機能をもつパソコン一台の価格は、農民一人の三カ月分の収入に相当した。とても買える値段ではない。また、インターネットの接続業者にとって、農村部でのサービス立ち上げは費用がかさむので、毎月のインターネット接続料金がいくらになるかもわからなかった。パソコンを買う資金がある農民にしても、大方は使い方を知らなかった。おまけに、オンラインで得られる農業に関連する情報の質はまったくひどいものだった。

清華同方が考え出した解決策は、製品を農民のニーズと経済力に合わせることだった。顧客となりそうな農民にとって、最も魅力的な商品とは何かがはっきりした。それは、清華同方が「体系的な解決策《システマティックソリューション》」と呼ぶもので、多目的に使え、丈夫で、簡単に修理できるパソコンのオペレーティング・システム（ＯＳ）と、農業だけでなく子供の教育やより広い意味での能力開発に役立つ機能である。

多くのことができ、農村の過酷な環境での酷使に耐える、簡素で低コストのコンピュータが必要だった。そこで、清華同方はそれを自社で開発したのだ。清華同方のコンピュータ部の副総経理のジュン・リーは言う。

「このコンピュータは、農民の思いから生まれたのです。私たちの信条は、われわれの足を農民の靴に入れる、ということです。私たちは、農民のアイデアを目に見える製品として開発しました」

清華同方は、誰でも無料で使えるリナックスOSを用いて製品を新市場に適応させることにした。地元の販売業者と契約を結び、高価なブランド品のプログラムに似たものを作らせたのである。そして、製品が過酷な環境でも動くように、電気ケーブルをネズミ除け素材で巻くことにした。また、製品は農村の利用者向けの特別パッケージとして、農業、遠隔教育、職業技術訓練を含むプログラムを搭載した。

清華同方は、貧困層のニーズに合わせて製品を適応させた。同社の顧客は情報技術が仕事や生活にもたらす違いを目の当たりにしている。この農村コンピュータ化イニシアチブが成長して成熟し、完全に自立持続的になるまでには、もう少し時間がかかるだろう。しかし、清華同方のイノベーションと巧みな製品適応策は、貧困層市場に参入をめざすハイテク企業がとりうる有効な戦略を提示しているといえよう。

製品やビジネスプロセスを適応させる戦略は、企業にとっては、制約要因を独自の活動で克服しやすい戦略と言える。これに対して他の戦略では、市場で不足しているものを企業が補ったり、他の利害関係者と調整したりせざるをえないので、一企業の判断だけではことが進まない。したがって、非効率な規制環境や物的インフラの未整備といった、簡単には克服できない制約要因に対しては、製品やビジネスプロセスを適応させる戦略が頻繁にとられる。市場で不足しているものを企業が補うこと（たとえば、道路が未整備の地域に、企業が自社製品を販売する目的で道路や輸送網に投資することなど）は、恐ろしくコストと時間がかかり、ビジネスとして成り

［中国］通常のパソコンの価格は農家の収入の 3 カ月分に等しい。（Photo: UNDP）

立たない。だから、制約を取り除くことに力を割くのではなく、制約をうまく回避するように製品やビジネスプロセスを適応させることが、唯一の選択肢である場合が少なくない。

ただし、例外がある。貧困層の知識やスキルが制約要因である場合は、この戦略がとられることはない。なぜなら、貧困層とコミュニケーションをとって製品の認知度を高めたり、研修機会を提供するほうが、製品やビジネスプロセスを調整するより簡単だし、すぐに収益に結びつくことがわかっているからだ。もうひとつの理由は、貧困層を顧客や従業員や生産者として扱うならば、彼らにもある程度のスキルを身につけてもらう必要があるからだ。

この適応戦略は、製品の技術的適応とビジネスプロセスの適応とに区分できる。この二つは車の両輪だが、両者の違いを区別しておくのは重要である。たとえば、携帯電話の途上国での普及は技術発展なくしてはありえなかった。無線ネットワークのおかげで、地上の有線ネットワークや輸送手段に頼らずにデータ送信ができるようになったからである。しかし、携帯電話が急速に広く普及したのは、ビジネスプロセスの革新によるところが多い。プリペイドカードで通話時間を販売する方式を導入したおかげで、銀行口座を持たない顧客も取り込めたし、プロバイダーは料金徴収の後処理をしないで

すむようになった[1]。

ターゲットとする市場をよく観察してその性質を理解すれば、企業の指導者たちは効果的な適応策を開発できるだろう。フィリピンの携帯電話会社、スマート・コミュニケーションズのCEOを務めるナポレオン・ナザレノは、少額のプリペイドカードのアイデアが浮かんだときのことを回想する。

「わが社のセールスマンの一人が質問したのです。

『通話料金のプリペイドカードの最低価格をもっと安くできませんか。シャンプーや石鹸だって小分けして販売されているのですから、電話の通話料だってもっと小分けして販売してみてはどうですか』

それが正しい質問だったことは後からわかりました。当時のわが社のプリペイドカードの最低価格は三〇〇ペソ（約六ドル）でした。まあ、買えない金額ではない。だが、多くのフィリピン人にとっては高すぎる額だったのです[2]」

スマート社は、市場で他の商品で実践されている革新的な手法――小分けモデルを自分たちのビジネスに翻訳して取り込んだのである。

貧しい顧客たちは、金融サービスの利用機会がないために、たった六ドルのプリペイドカードさえ買えなかったのだが、スマート社は、通話料金の小分け販売という新しいビジネスモデルによってこの問題を克服したのである。

ターゲットとする市場で、最も難しそうな制約要因（この場合は貧困層がまとまった資金を用意できないという制約要因）を乗り越えるビジネスモデルができれば、今度は急速に規模を拡

1. An example: "The introduction of prepaid services has been one of the main contributing factors for the explosive expansion of the mobile sector in [least developed countries], where more than half of the population lives on less than one dollar a day. Prepaid cards allow subscribers more control over their mobile telephone expenditure, releasing operators from performing timeconsuming credit checks that are essential under the subscription option" (ITU 2006).
2. Quoted in Ganchero 2007.

大できる。二〇〇〇年から二〇〇五年までに、途上国の携帯電話加入者は五倍以上に成長し、一四億人を超えるまでになった。[3] フィリピン一国では、サービスが始まってまだ日が浅いのに、二〇〇六年のモバイルバンキングの利用者は四〇〇万人に上る。[4]

技術を活用する

貧困層市場のビジネスは技術の飛躍的発展《リープフロッグ》の恩恵に与ることができる。とても低いレベルの技術しかない地域に、先進国がたどった技術水準の発展段階を飛ばし、一気に最新技術を持ち込み、生産性を急上昇させることができるのだ。☆

今日、情報通信技術は、製品やビジネスプロセスを貧困層市場に適応させるのに大きな役割を果たし、インクルーシブビジネスの成功に貢献している。情報通信以外の技術もまた、日用品やヘルスケアといった基本的ニーズに関する産業で、制約要因を取り除くために活用されている。また、資源の使用量を減らす技術は、人間開発と環境の持続性という二つの目標を両立させる方法を示してくれる。

情報通信技術を活用する

情報処理・送信技術、すなわち電話やコンピュータ、インターネット、次世代データ処理技術は、多くのインクルーシブビジネスの成功のカギとなってきた。また、貧困層を相手にビジネスを成り立たせるために、企業がこれらの技術を使って行う適応策は、長期的には、より所

3. Hammond and others 2007, p. 22.
4. Porteous and Wishart 2006.

☆ たとえば、ラジカセしか普及していない地域で、音楽もダウンロードできる携帯電話を販売すれば、消費者はCDやMDプレイヤーに買い替える必要がない。企業も古い技術に愛着を持つ消費者を説得する手間が省ける。

得の高い層の市場を確保することにつながる。

情報通信技術の適応策の一つの成功例が、モバイルバンキングである。これによって、銀行の支店から遠く離れたところに住んでいる何百万もの人々が、銀行に一度も足を踏み入れずに、金融サービス（貯蓄、支払、ローンの管理、送金受取）を利用できるようになった（BOX3－2）。

BOX 3-2

モバイルバンキング――店舗も回線も不要

モバイルバンキングは、携帯電話やそれに類似した機能を持つ機器を用いて、それまで銀行の利用機会がなかった何百万もの人々に対して、金融サービスを提供している。顧客は電話クレジット（＝先払いで購入した通話時間に相当する通話料の金額）を送金や商品の仕入れ、支払いなどのサービスに利用できるし、携帯電話を預金口座がわりにも使える。モバイルバンキングの登場で、人々は銀行の店舗や回線ネットワークを使う必要がなくなった。こうしたインフラの制約から解放され、モバイルバンキングは途上国に広く普及している。

セルテル社は、モバイルバンキングが紛争後の不安定で困難な環境でどのように役立つかを実証した。セルテルは、平和協定調印直後のコンゴ民主共和国でモバイルバンキングのサービスを開始した。二〇〇三年の開始当時、治安も不安定で銀行業務に必要なインフラは疲弊していた。しかし同社の「セルペイ」というサービスは、暗号化されたショートメッセージ・サービス（SMS）技術により、国中に送金することを可能にした。セルペイは、紛争状態に近い国において、有効な支払い手段として実証された。とても効率的なので、今や政府が兵士への給与支払いに用いているほどだ。

利用者は、モバイルバンキングの恩恵をさらに広げる方法を独自に編み出している。ウガンダには、電話を持たない人がお金を払って電話をかけることができる電話キオスクがあり、これと人々の信頼ネットワークとを組み合わせた「センテ」というインフォーマルな送金・受取方法がある。送金したい相手が携帯電話や銀行口座を持っていないと、携帯電話同士で直接お金をやり取りすることができない。そこで、送金者は、受け取り者と顔見知りの電話キオスクの携帯電話あてに電話クレジットを送金する。キオスクの主人は、受け取り者に対して、電話クレジットを現金に換えて渡す。これが成り立つのは、電話キオスクの主人が送金者と受け取り者から信頼されているからで、実質的にATMの役割を果たしているわけだ。受け取り者は、一日分の労働機会と移動コストをさいて携帯電話会社の直営店まで現金を引き出しに行かないですむのだ。このシステムのおかげで、治安の悪い地域で希少な現金を持ち歩く必要がなくなった。センテは、企業の技術発展と草の根のイノベーションとが相互に促進しあっている好例である。早晩、技術プロバイダーがこのインフォーマルな方法をより安全で便利なサービスにしてくれるだろう。

もっと卑近な例としては、携帯電話が挙げられる。携帯電話は、データを使って提供されるさまざまなサービスに必要なインフラとなっている。高速データ通信は、貧相な道路や物流ネットワークを代替できる場合が少なくない。たとえば電話医療は、遠隔地に住む人々に対して、より質のよい医療サービスを提供できる。インドでは、ナラヤナ・ヒュルダヤラヤが、農村の各地に電話医療センターを設立し、衛星を使って中央の施設に接続して、離れたところにいる患者を医者が診察できるようにした。

画期的なソフトウェアと音声識別システムによって、読み書きのできない人々を顧客とするビジネスを生み出した事例もある。インドでは、ICICI銀行とシティバンクが、指紋による生体認証と音声でのやりとりができるATMを開発し、銀行に縁のなかった人々を同行の顧客に変えた。南アフリカやその他の地域では、スマートカードによる簡易な認証システムが、売り手と顧客の双方にとって便利な支払方法を提供している（BOX3－3）。

情報通信技術は、GIM戦略マトリックスに示された制約要因の四つか五つ（ほとんどすべて）を克服するのに使われていることが、本節の事例からわかる。

［セネガル］携帯電話と地理情報サービスを使って牛の群れを管理する。（Photo: IDRC / Sy, Djibril）

●生体認証……規制環境に問題がある場合、企業が安全性、法的書類、契約履行などの問題を回避する手段として有用である。
●無線ネットワーク……物的インフラと物流ネットワークを代替する。
●利用者が使いやすいソフトウェア……顧客が知識やスキルを身につけていなくても使える。
●モバイルバンキングとスマートカード……金融サービスを利用できない人々に、それに代わるサービスを提供する。

加えて、情報通信技術は市場情報を集めるのにも使われる。たとえば、インターネットによる電子調査である。現在使われているソフトウェアだけでなく、もっと多くの技術が開発されるのに伴って、インクルーシブビジネスがさらに発展していくことは間違いない。

BOX 3-3

スマートカード——ハイテクを使って貧困層に水をもたらす

南アフリカ共和国では、憲法により、水へのアクセスが人権の一つであると規定されている。これを履行するため、政府は農村と近郊都市の人々に水を供給する契約をアマンザバンツ社と結んだ。同社が参入する以前、村民、特に女性は、水汲みのために、毎日数時間をかけて川まで歩いていた。今や、村民はICチップを内蔵したスマートカードを持ち、それによって共同水道のきれいな水を使うことができる。彼らは、村内にある商店のカードリーダーで、スマートカードに入金することができる。

アマンザバンツのスマートカードのシステム導入によって、政府は、一人一日二五リットルを上限とする水を人々に無料で提供し、それ以上の使用については低価格で提供できるようになった（ウガンダでは、民間水道業者協会が、コイン式の共同水道という簡単な技術で同じ問題を解決した）。

分野に応じた解決策を用いる

情報通信技術以外でそれほど潜在力のある技術は存在するだろうか。多岐にわたる課題を一気に解決するのに情報通信技術に勝るものはないが、特定の分野でインクルーシブビジネスを可能にする技術というものは存在する。たとえば、以下のような技術が挙げられる。

エネルギー分野の新技術

エネルギー分野の新技術によって、送電線による電力供給の限界を克服できる。送電線網は建設費用が高いため、貧しい地域に住む人々にまで電力サービスが行きわたらない場合が多い。これに対し、送電線網を使わない電力供給は、各家庭やコミュニティなど、利用者に近いところで発電を行う仕組みである。したがって町と町をつなぐ大規模なインフラが必要ない。発電には再生可能資源、つまり太陽や風や水やバイオマスを利用できる。マリの南部では、フランス電力公社が、地元企業と他の国際企業との合弁により、二つの農村電化サービス会社を設立した。そして、太陽光発電機とディーゼル発電機を使って、二四村四万人に電気を供給するようになった。電力が利用できるようになると、情報通信の場合と同様、生産方法をより効率的なものに置き換えられるし、他の製品やサービスが利用できるようになる。そのため他のインクルーシブビジネスを開花させる基盤にもなる。

水質浄化システム

地域内に水があってもそれが安全ではない場合、水質浄化システムによって飲用や料理用に変えることができる。これがあれば、遠くから水をひくために上水道を整備する必要がなくなる。プロクター&ギャンブル（Ｐ&Ｇ）はハイチやベトナム、パキスタンなど途上国のいたるところで、ＰＵＲと呼ばれる水質浄化剤を小袋に入れて販売している。非営利団体が一袋四セント（製造費用）で購入し、地元の企業家に五セントで売っている。それを企業家が村民に一〇セント以下で販売する。Ｐ＆Ｇは、二〇〇六年末までに五七〇〇万袋を販売し、二億六〇〇〇万リットルの安全できれいな水を世界中に供給したことになる。Ｐ＆Ｇは、今や同じ製品をアメリカで、二・五ドルで販売している。

排泄物処理技術

排泄物処理技術は、下水道がない地域での汚物処理に有効である。インドのＮＧＯスラブ・インターナショナルは、し尿を下水に流すのではなく、タンクで乾燥させる方式の水洗トイレを開発した。便器から水で流した排泄物を地面に掘った二つのタンクに貯める仕組みで、一方のタンクを乾かしている間にもう一方を使用する。水分は、タンクの壁を染み出て、自然に濾《ろ》過され、地表水を汚染する心配がない。排泄物は、乾いて塊となり、それを取り出すという仕組みだ。これもまた、大規模な下水道システムを不要にする技術である。

医療技術とバイオテクノロジー

医療技術とバイオテクノロジーの発展も、インフラや物流などの制約要因を克服する新しい方法をもたらしている。一九八〇年代、死に至ることもある感染症（麻疹、風疹、百日咳、ジフテリア、破傷風、結核）に対するワクチンが普及したおかげで、これらの感染症に起因する途上国の子供の死亡率が劇的に低下した。また、古いタイプのワクチンには、製造段階から投与に至るまで低温で保管し続ける冷蔵輸送システムが必要だったが、新しく開発されたフリーズドライのワクチンは耐熱性が強く扱いが容易になった。さらに一回の投与で複数の感染症に対応できるワクチンも開発された。これらの革新的な製品適応策が相まって、ワクチン接種率が一気に高まったのである。(5)

環境の持続性を達成する

技術は、困難な状況下でビジネスを行う際に制約要因を克服する手段として有用だが、それだけでなく、企業が環境面で持続可能な事業をめざす際にもカギとなる。たとえば、再生可能なエネルギーは、世界の気候に新たな負荷を与えずに電気を供給できる。

ブラジルの食品メーカー、サディアは、環境の持続性を考慮した収益構造を事業に織り込

5. UNDP 2001, p. 27.

んだ。「持続可能な養豚計画」では、密閉保存容器の中でバクテリアを使って豚のし尿を分解する生物分解装置を三五〇〇の養豚業者に供給した。この装置は、し尿分解過程で生成されるメタンガスを二酸化炭素に変化させることによって、温室効果ガスの排出を削減できる（メタンガスは二酸化炭素の二一倍の温室効果を持つといわれている）。京都議定書のクリーン開発メカニズム（CDM）の枠組みでは、温室効果ガスを削減するとカーボン・クレジット（排出削減証明）を稼ぐことができる。このクレジットは他の企業と取引できるので、クレジットを他社に販売して得られる利益で、生物分解装置にかかる費用をまかなえる。さらに、生成されたメタンガスは燃料としても使えるので、生産者のコスト削減につながるという効果もある。また、し尿を発酵させる過程でできた生成物は、農業用肥料や魚のえさに使えるのだ。

ビジネスプロセスを適応させる

前節で見たとおり、技術はたしかに山積する難問の解決方法を生み出し、事業規模の拡大を後押ししてくれるのだが、すべての課題を解決する魔法というわけではない。もともとある資源や、制約を回避する能力を生かせるように、ビジネスプロセスを変更することでも同じような効果が得られる場合が少なくない。

貧困層のキャッシュフローに合わせる

インクルーシブビジネスでは、支払い方法や価格をうまく設定すれば、貧しい顧客やサプライヤーのキャッシュフローの特徴に適応させることができる。その特徴とは、収入が少なく不安定であること、そして金融サービスの利用機会がないことだ。収入が少なく不安定だからといって、消費や投資がまったくできないわけではない。将来に使う分までをまとめ買いするような大口の支出ができないのである。

預金やクレジットや保険を利用できないとなると、貧困層が資産を管理する選択肢は限られてしまう。多くの貧困層は、日銭を稼ぎ、日々必要なものを少しずつ買う暮らしをしている。一方の農民は農作物の収穫後に現金収入を得るのだが、作物の種類によっては、まとまった現金収入の機会が年に一度しかないという場合もある。

インクルーシブビジネスでは、このような貧困層のキャッシュフローの特徴にあった支払方法を設定すべきなのだ。

貧しい消費者の購買行動に合わせるため、広く石鹸から携帯電話に至るまでとられている販売方法がある。商品を小分けし低価格で販売する方法だ[6]。シャンプーから香辛料まで今やあらゆる日用品が小さな袋に入れて売られている。

このモデルは水の供給（スマートカードやコイン式）からスラブのコイン式トイレまで幅広く用いられている。プリペイド方式なので、企業は利用者に料金を踏み倒されるリスクを負わないですむ。

小袋に分けられないような大きな買い物の場合は、リースや月賦払いに似た方法が開発されている。メキシコのセメント会社セメックスは、パトリモニオ・オイという支払方法を導入した。低所得世帯は、家を分割払いで買うことができる。グループでの貯蓄活動を通じ、貯蓄額が増

6. 小分け販売は必ずしも商品の値段を下げるわけではない。むしろ、まとめ買いをする場合に比べると商品の単価は高くなることが多い。しかし、小分け販売方法は、貧困層のキャッシュフローに合わせた値段設定なので、貧困層は商品を買いやすくなるのである。

えるにしたがって、サービスやセメントやほかの建築用材を徐々に利用できるようになるのだ。

またブラジルでは、マイクロソフト社が、フレックスゴというマイクロリースの方法で、ウィンドウズのオペレーションシステムを搭載したコンピュータを提供している。[7] 消費者は、家に持って帰るために前金を支払う。残額は、地元の小売店からプリペイドカードを購入する形で支払う。このコンピュータは使用期間制限があるので、期限が切れてから再度使えるようにするためには、プリペイドカードを挿入しなければいけない仕組みになっている。全額の支払いが終わると、このメーターのプログラムは起動しなくなる。

支払方法を柔軟にすれば、消費者はまとまった金額を一度に用意しなくても、少額ずつ分割して払うという選択肢を得られる。フランス電力公社によるマリの農村電化事業では、消費者は、電気料金を毎月か年一回かの固定料金で支払うことができる。年一回の支払い方法は、収穫期が年に一度でそのときにだけ現金収入がある農民にとっては、支払いやすい選択肢となっている。

クレジット（信用貸付）についても、利用者が将来見込める収入を考慮して、それに合わせた貸付や返済条件を設定すべきである。所得の低い生産者にとっては、長期的には元が取れるとわかっていても、収益が得られるまで時間のかかる生産投資は行いにくい。成功する保証もないのに大きな支出をしてリスクをとるよりも、収益性の面では劣っても短期で利益を出せるほうを選ぶ。

インクルーシブビジネスは、こうした貧困層のキャッシュフローに合わせたクレジットのサービス方法を生み出している。たとえばガーナでは、タマレフルーツ社が、マンゴーの委託

7. For more information on Microsoft's FlexGo prepaid scheme, see www.microsoft.com/presspass/press/2006/may06/05-21EmergingMarketConsumersPR.mspx.

生産者に対し、初期投資のためのローンを提供した。融資は、マンゴーを植えてから実を結ぶまで、三～六年の猶予期間がある。ブラジルでは、VCP社が、収穫まで七年かかるユーカリの委託生産者に対して、融資の保証人となっている。融資そのものは、ABNアムロ銀行が担保なしで提供し、VCPは、借入額と支払利子を合わせた額を最低価格として、ユーカリを購入することを保証している。

要求基準を簡素化する

インクルーシブビジネスのもう一つの制約要因に、貧困層に知識やスキルが不足している場合が多いことが挙げられる。

よくある解決策としては、スキルの不要化――ビジネスプロセスを単純化したり、製品をより簡単に使えるようにするというものだ。一例としてあげられるのが、南アフリカ共和国のマイクロファイナンス会社エデュ・ローンによる高等教育のためのローンである。同社は、誰にでも利用しやすいローンをめざしており、ローン手続きを理解できるようにわかりやすく口頭で説明し、すべての書類を簡素化している。

もう一つの例が中国のコンピュータ会社、清華同方の事例（BOX3-1）で、農民の能力にソフトウェアを適応させた。たとえば、農業プログラムを最初からインストールしておき、農民が自分でインストールする手間を省いたのである。

肩書をもたない貧困層に対しては、要求する書類を簡素化することで対応できる。[8] サービスを継続的に提供するために利用者と契約を結ぶ電気・水道などの公共サービスや、銀行、電話

8. これは、顧客の把握、マネーロンダリングの防止、金融テロ抑制などに関する中央銀行の規定に準じる。

通信などは、利用者に書類を山のように準備させる業種である。しかし、貧しい人々は、身分証明書さえ持っていないし、まして所属を証明してくれるような勤務先や自宅の所有証明書なども持っていない場合が多い。そこで、ペルーのミ・バンコというマイクロクレジット機関は、一般的な融資機関が要求するような、融資を保証するための書類を顧客に求めないことにしている。融資を得ようとする者は、公的な身分証明書を持ち、住所を証明し、大きなキャッシュフローを示すものを見せるだけでよい。顧客を訪問したビジネスアドバイザーが、その信頼性を審査し、融資を承認する。今までのところ、このモデルで、三〇万人の顧客に融資を行い、融資残高は一六億三〇〇〇万ドルに上る。

負のインセンティブを避ける

いくつかのマイクロファイナンスのモデルは、担保や書類をまったく要求しない代わりに、グループ貸付を通じて形成されるインセンティブを活用している。たとえば、ロシアのフォルス銀行は、融資を踏み倒すと、そのあと自分が融資を利用できなくなるばかりでなく、同じグループの他のメンバーまで利用できなくなってしまう。返済不履行は、恥をかき、仲間から相手にされなくなるというコストを伴う制度になっているので、利用者が返済するインセンティブはとても高い。現在、グループ貸付で有名なグラミン銀行の返済率は九八%を超えている[9]（五章では、制約要因を避けるための調整手段として、ビジネスがコミュニティを活用する方法について扱う）。

インドのマイクロファイナンス機関ＢＡＳＩＸが提供する降雨インデックス保険は、負のインセンティブを避ける方法の一例である。伝統的な農作物保険では、保険会社は損失評価によっ

9. Grameen Bank website (www.grameeninfo.org/bank/atagrlance/GBGlance.htm).

て補償金を支払う方法をとるが、多くの国で失敗してきた。この方法では、加入者は作物の損失額を実際より多く申告したり、ねつ造したりして、より多くの補償金を得ようとしてしまう。つまり、保険会社にとっては負のインセンティブが加入者に働いてしまうので、保険会社はモニタリングや農村レベルの監査を高いコストをかけて行わざるをえないのである。

一方、ＢＡＳＩＸが開発した降雨インデックス保険は、どこでも入手可能な降雨量の情報にもとづいて支払金額を決定するため、加入者に負のインセンティブを与えずにすむ[10]。このため補償金支払いや事務作業を大幅に削減することができたのである。

運営をより柔軟にする

政治的不安定と治安の悪さが続くような環境でも、「スマートな微調整」によって、インクルーシブビジネスが可能になる。コートジボワールでは、政情が不安定化したとき、資本集約的経営の受けた損失が大きかったので、隣国ギニアのカシューナッツの生産者協会は、このようなビジネスの失敗を避ける方法を考えた。効率的で、さほど高度ではない技術を使って、生産者の村の近くに小規模な加工所を作ったのである。その運動のおかげで、大規模な加工施設への初期投資をせずにすみ、加工プロセスは、道路封鎖など政治的混乱の影響をあまり受けずに済んだ。加えて、最悪の事態が発生したときに資本回収するのも簡単だ。

グループに提供する

耐久消費財の購入や、水道など公共サービスに必要なインフラの敷設にかかるまとまった資

10. しかし、信頼できる気象観測所などのインフラがない場所では、このような降雨情報も入手できない。降雨インデックス保険自体も信頼できる情報などの課題を抱えている。また、地形の違いによって天候被害の大きさも変わるが、これは気象データには反映されない。

金を捻出するために、コミュニティのメンバーが共同出資をすることがよくある。共同利用すれば、トラクターから水道栓、電話、テレビネットワークまで、一人当たりの負担が減り、入手しやすくなるのだ。また、公共サービス用のインフラも、個々の世帯ではなくグループに提供すれば、各世帯が負担する接続費用も少なくなる。共同利用は、以下の二つの方法がある。

- コミュニティの一人が購入し、他の人は料金を払ってそれを利用する方法で、広く行われている。このモデルでは、コミュニティにサービスを提供している「起業家」は、販売元の会社にとっては一人の顧客にすぎない。コンゴ民主共和国の「電話マミー」が好例で、自分が購入した携帯電話と通話時間を他人に使わせ、上乗せした利用料で稼いでいる。南アフリカ共和国では、シェアードフォン社がこのような再販者のために、自分で最低料金を設定して通話時間の制限ができ、それを電話画面に正確に表示できるアプリケーションを開発した(11)。

- 利用者が使用した分だけ料金を請求する方法だが、このモデルには透明性が高くて効率的な会計・請求方法が不可欠である。ウガンダの民間水道会社が開発した技術的な解決策は、小規模な町で使われるコイン式の水キオスクだ。また、インドのNGOスラブは、公共の場所のトイレでもコイン式を採用している。フィリピンでは、マニラ・ウォーター社が、技術的な適応策とコミュニティの活用とを組み合わせる方法をとった。個々の家庭に設置されたサブメーターによって、誰がどれだけ水を利用したという情報を提供する一方

11. SharedPhone website (www.sharedphone.co.za).
12. Annamalai and Rao 2003, pp. 1–2 (www.echoupal.com).

で、利用者グループに支払い責任を持たせたのである。

　インドのインターネットキオスク、Eチョーパルは、共同資源を生産者に提供するモデルである。大豆をより効率的に計量し、支払いを行うため、インドの農業製品会社ITCが、大豆生産者の各村にインターネットキオスクを開設した。半径五キロメートル以内の一〇村六〇〇〇人の農民に一店のキオスクがある計算だ。キオスクでは、価格情報をリアルタイムで提供すると同時に、それまで遠くの市場で行われていた計量や品質チェックを行った。これにより、農民が大豆を市場や仲買業者のところまで運搬する手間を省いて農民の価格交渉力を高める一方で、ITCにとっては仲買人を介さない分だけ安く大豆を仕入れることができるようになった。キオスクを無料で提供しても元が取れるほど、ITCの収益は上がったのである。ITCは今後一〇年で一〇万の村にネットワークをつなぐ計画だ(12)。

　この章で紹介された解決策はとても創造的なので、

制約	戦略1 製品とビジネスプロセスを貧困層に適応させる	市場の制約を取り除くために投資する	貧困層の強みを活かす	他のアクターの資源と能力を組み合わせる	政府と政策対話を行う
市場情報の不足	→負のインセンティブを避ける（降雨インデックス保険）				
規制環境の不備	→情報通信技術を活用する（法的文書が不要な認証制度を設ける） →要求基準を簡素化する（法的文書の必要性を避ける） →負のインセンティブを避ける（集団の圧力の活用） →運営をより柔軟にする（少量生産で安全性リスクを低減する）				
物的インフラの未整備	→情報通信技術を活用する（ワイヤレス通信、モバイルバンキング、遠隔医療） →分野に応じた解決策を用いる（オフグリッド発電、水浄化システム、施設内下水処理システム） →グループに提供する（インフラの保守、個人負担の軽減）				
知識とスキルの不足	→情報通信技術を活用する（明快な操作法とインターフェース） →要求基準を簡素化する（ユーザーのスキルに合わせる）				
金融サービスの不足	→情報通信技術を活用する（モバイルバンキング） →貧困層のキャッシュフローに合わせる（小分け販売、柔軟な支払方法、キャッシュフローに応じたクレジット）				

貧困層を相手にしたビジネスを模索している企業の関心を集めているのもうなずける。だが、難問山積の市場と取り組む戦略は、この適応戦略だけではない。実際のところ、本書で扱った事例の中でも、この適応戦略が一番多く採用されているわけでもない。インクルーシブビジネスには、少なくとも四つの戦略が同じように重要なのだ。すなわち、制約要因を取り除くための投資、貧困層の能力の活用、他のアクターが持つ資源や能力と協力すること、政府との政策対話である。

CHAPTER 04

市場の制約を取り除くために投資する

INVEST IN REMOVING MARKET CONSTRAINTS

［モーリタニア］砂漠地帯でティヴィスキ・デイリーは、遊牧民のために設備一式とプログラムを作り、インフラ整備と教育・研修に投資した。（Photo: Tiviski）

モーリタニアのナンシー・アベイデラマンは、ビジネス環境改善のために、一般の企業が手を出さない分野にまで投資をした。乳製品事業の場合、冷蔵輸送網と冷蔵倉庫が不可欠なので企業がこれらへの投資を行うのは一般的である。だが、原乳供給者に対する技術研修や保険にまで投資する企業は珍しい。

ナンシーは、牧畜民に経営に関する研修を行い、生産量の増減や家畜の損失に対応できる効果的な保険制度を創設した。これはすなわち、知識とスキルの不足、インフラの未整備、金融サービスの欠如といった、モーリタニアにおける市場の制約要因を取り除くための投資であり、事業を成功させるために必要な下地づくりをしたのである。先進国では、このような下地はすでに整っているのが当たり前で、企業はそれを前提として活動するのだが、貧困層市場で成功するには、こうした条件整備への投資が必要な場合もあるのだ。

BOX 4-1

ティヴィスキー――お金の賢い使い方

モーリタニアでは、乾燥地帯に住む三〇〇万人の大部分が遊牧民である。地元の起業家ナンシー・アベイデラマンは、ヨーロッパの小さな乳製品工場を見学したとき、乳製品事業を始めるというアイデアが浮かんだ。モーリタニアの首都ヌアクショットでは、遊牧民がラクダの乳を各家庭に売り歩いているのだが、その売り方が原始的で不衛生なので、乳製品を加工する事業は成長すると考えたのである。ナンシーはアフリカで最初のラクダ乳の事業を始めたときのことを「誰もやっていないことを追求するチャンスだった」と言う。「NGOもやろうとしなかったし、政府もやらない。これは利益を生むと信じて取り組む人が必要だったのよ」

ナンシーはしかし多くの問題に直面した。ラクダ乳の販売には、大きな市場が必要だったし、原乳の集荷や加工、包装を大規模に行って製品当たりのコストを下げなければならなかった。だが、モーリタニアの原乳生産は遊牧民が広く点在して行っているので、まとめて集荷するのが容易ではなかった。乳製品産業に関する法も規制も存在しなかった。ミルクを保存し加工するためのインフラも存在しなかった。遊牧民とミルク生産者があちこちに散らばっているため、公的なワクチン接種支援もその他の家畜支援サービスもなかった。おまけに、砂漠では陸路の輸送設備がほとんど存在しない。

こうしたさまざまな問題を解決するために、ナンシーはインフラ不足を解消する戦略と、貧困層を巻き込む戦略をとったのである。まず、フランス開発庁という支援者を得て、原乳の集荷・販売事業の開始資金として一〇〇万フランの融資を受けた。初期投資によって集荷、加工、保存の施設を整備し、ナンシーが設立したティヴィスキ・デイリー社は、多様な生産地域で集荷を行い、市場に安全にミルクを届けることができるようになった。ティヴィスキはまた、会社の生命線とでもいうべき遊牧民に対して、研修、獣医サービス、適正価格の飼料提供などの支援プログラムを実施した。

さらに、四〇〇万フランの投資をして、超高温加工工場を建設する予定である。この資金は、プロパルコ（フランス経済協力振興投資公社）や国際金融公社や地元の銀行からの融資と自己資金で賄うことになっている。同社は今やニューヨーク市にラクダのチーズを輸出している。

　ナンシーはリスクをとって大規模な初期投資を行ったため、その報酬を手に入れることができた。同時に多くのモーリタニア人にも恩恵をもたらした。まず、ティヴィスキは利益を生んでいる。そして二〇〇人を直接雇用し、一〇〇〇世帯を間接的に支援している。家畜飼育は、前よりも社会的に受け入れられ、好んで選ばれる職業の一つとなった。より安全で入手しやすいラクダ乳のおかげで、多くの人々が以前よりも健康になった。遊牧という伝統的な生活様式は守られた。事業は環境面でも持続的である。

「私たちの経験はとても単純だし、誰でも真似できます」とナンシーは言う。「それに多くの人々に大きな変化をもたらすことで、満足が得られるわ」

　第二章で紹介したように、貧困層の市場の特徴として、①市場情報の不足、②規制環境の不備、③物的インフラの未整備、④知識やスキルの不足、⑤金融サービスの不足という大別して五つの制約要

［モーリタニア］ティヴィスキは遊牧民に研修のほか、獣医サービスや公正価格の飼料を提供している。
(Photo: Tiviski)

因がある。これらのために、企業は参入を躊躇し、成長を妨げられている。インクルーシブビジネスを成功させるためには、これらの制約要因を取り除くための投資が必要だ。

多くのインクルーシブビジネスは、めざす顧客層や生産者、従業員や零細事業主に対して、研修やマーケティングや教育などを実施して、知識とスキルを高める投資をしている。一方、戦略マトリックスからもわかるように、規制環境をより効果的にするという目的のための投資はあまり行われていない。企業には規制を作ったり履行を強制したりする義務も能力もないからである。企業ができることと言えば、現行の規制を組織内で履行することか、自分たちの活動を規定するルールを作ることくらいである。

貧困層市場の制約を取り除くために投資すれば、私的な価値と社会的な価値を新たに創造することができる。

私的な価値とは企業自身が得られる利益であり、企業は制約を除去するために投資を行うことで品質と生産性を向上させ、市場の需要を刺激することができる。また新しい技術やサービスの開発が進み、会社の知名度が上がり、競争力が高まる。[1] 社会的価値とは、一企業の利益にとどまらず社会で共有される便益のことである。たとえば、企業が従業員に対して教育や研修を行うと、労働者のスキル

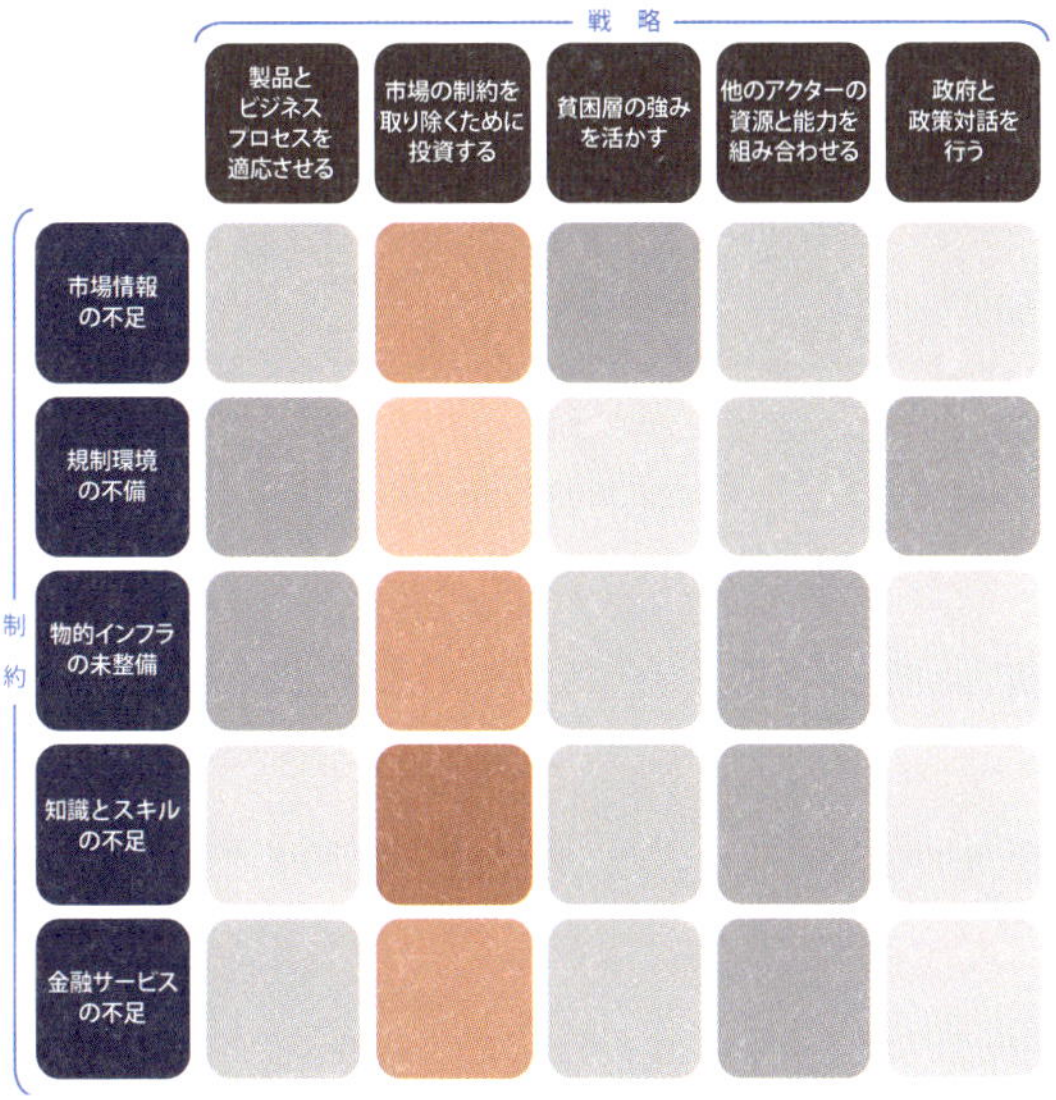

1. Porter 1998.

は高まる。従業員は転職したり、他の事業を行ったりするので、スキルの高い労働者が増加した便益は社会全体に及ぶと言える。

また、市場情報が欠如している環境で、自ら情報を収集・分析して事業を始める企業は、その努力の果実を当初は独占できるかもしれない。しかし、いったん成功すると、他の企業も追随するようになり、商品やサービスの種類が増え、価格が下がることになる。この恩恵をより強く感じるのは所得の低い消費者であり、社会で共有される便益が生まれるのだ。

従来のビジネス手法の観点から考えると、このような市場の制約除去のための投資によって、一企業が利益を確保できるのか、十分に費用対効果の高いものなのか、という点が問題になる。ただし、インクルーシブビジネスの場合は、他の資金源を確保して一企業の資金負担を軽減しさえすれば社会的便益をもたらす投資が増えるのか、という問いも生まれる。

本章ではこの二つの問題を検討する。

企業の利益を確保する

貧困層市場の制約要因を取り除くために企業が行う投資は、十分な私的価値（すなわち企業の利益）を生み出したとき、費用対効果が高くなる。つまり、生産性や品質の向上、需要の増加といった目に見える成果があり、自社の利益増加に結びつけばよい（＝他社に利益を持って行かれない）のである。また、すぐには現れない成果、あるいはもっと長期的な利益を想定した投資でも費用対効果が高い場合もある。

市場調査を行う

市場情報を収集すると、目に見える価値を生む。メキシコの大手建設会社セメックスが新設した子会社のコンストラメックスは、「現金ではない物品による送金」で知られている。同社を通じて、在米メキシコ人移民は本国の親類のために建築資材を購入している。セメックスはメキシコ国内の低所得層に関しては熟知していたが、コンストラメックスのターゲットである在米メキシコ人移民については、まったく情報を持ち合わせていなかった。そこでコンストラメックスは、米国の主要都市にあるメキシコ領事館と協力してアンケート、インタビュー、フォーカスグループ・ディスカッションなどによる市場調査を行った。その返礼として、領事館の建物改修や改築のための資材を寄贈した。

この投資は元がとれた。二〇〇一年から、コンストラメックスは、一万四〇〇〇人のメキシコ人移民に対してサービスを提供し、一二二〇万ドルの建築資材を売り上げた。あと数年で損益分岐点を超えるだろう。市場情報収集のための投資は、目に見える成果を生んだだけでなく、しばらくの間は同社が情報を独占できるので、大きな利益をもたらしている。のちに、同社の事業が成功すれば、他社も追従して利益を得るようになるだろう。

物的インフラを整備する

自社のサービスを提供するのに物的インフラが不可欠な業種では、インフラ整備に投資せざるをえない場合がある。おもに、独占可能なパイプラインや地上線、送電網などが投資対象で、誰もが利用できる道路などへの投資は一般的ではない。マニラ・ウォーター社は、メトロ・マニラ東部の営業権を得たあと、水道パイプラインを改良し延長するために大規模な投資を行った。二〇〇五年までに、一三〇〇キロものパイプラインを増設し、三億四〇〇〇万ドルもの投資を行った。これらの投資は元がとれた。同社の顧客は倍増し、料金回収できない水の使用は激減した。また、断水がなくなり、水の質も大幅に改善された。

サプライヤーの能力向上

従業員やサプライヤーに知識やスキルを身につけさせ、金融サービスを利用できるようにすると、企業が得られる利益は目に見えて増加する。生産性や品質や信頼性が向上すれば、彼らの価値が高まる。GIMデータベースに収められたインクルーシブビジネスの事例では、多くの企業がサプライヤーの能力向上のための投資を行っていることがわかる。ガイアナのアパレル企業デンモールは、貧しい従業員の基礎教育とライフスキル教育のために年間二五万ドルを投資している。従業員は、自分の名前を書き、ラベルや製品仕様書を読んで数えられるようになるまで学ばなければならない。彼らは、社会サービス省や汎米保健機構などの外部機関から講師を呼んで行われるセミナーにも有給で出席する。その結果、デンモールの労働者は意識が高く、定着率も生産性も高い。

ガーナではバークレイ銀行がスス集金業者と呼ばれる伝統的な業者を取り込み、低所得層に対して、より種類が多く安全な預金やローンのサービスを提供することに成功し

［モロッコ］LYDECはカサブランカに必要なインフラを供給している。（Photo: LYDEC）

た。バークレイ銀行は、スス集金業者にネットワーク研修を受講させ、滞納管理、信用貸付、リスク管理などを学ばせる。また、顧客に対しても、資金管理や保険について教育を行う。長期的には、これらの教育のおかげでバークレイは利益を得られる。なぜなら、より多くの顧客が貯蓄の重要性を認識し、スス集金業者を通じて、同行に預金するようになるからだ。

知識やスキルの制約要因を取り除くために、企業が従業員やサプライヤーに研修などを行うとき、企業の中には、研修費用の一部を受講者に参加費として負担させているものがある。受講者が主体的に参加するよう象徴的に少額を支払わせている場合もあれば、それなりの費用を徴収してプログラム経費を補填する場合もある。また、別の企業は、サプライヤーの品質や生産性の向上が、間接的には研修経費を埋め合わせることになると考えている。おそらく、研修に参加したサプライヤーと契約を結ぶなどして、企業が投資を回収できるようにする仕組みなどを設けているのだろう。従業員にある程度の期間継続して働いてもらいたいと考える企業では、教育や研修プログラムを行うことはきわめて普通のことである。

また、サプライヤーとの契約は、企業がサプライヤーに対して行った支援に相当するだけの利益をできるだけ多く回収できる仕組みになっている。たとえば、ガーナのタマレフルーツ社は、委託栽培農家へ無利子の融資を行った見返りに、ローンの返済が終わるまで、すべてのマンゴーを同社を通じて販売することを義務付けている（BOX4－2）。

［ガイアナ］デンモール社の低所得の従業員は、会社が提供する研修に参加し、製品を数えたり、ラベルを読むといった基礎的なスキルを習得していく。(Photo: Inter-American Development Bank)

BOX 4-2

タマレフルーツ――市場の制約を取り除くため幅広く投資

ガーナの輸出企業タマレフルーツは、サプライヤーの知識・スキル・金融の不足を取り除くために、多額の投資をしている。

同社は、マンゴー委託栽培農家のネットワークに対し、農業用のナタ、苗木、肥料、貯水槽、水供給、技術協力など生産に関する投入財を貸し付ける。農家がこれを自己資金で投資すると、収穫できるようになるまでの五年間に七〇〇〇ドルも必要になる。タマレフルーツの制度を使えば、農家は投入財の実費相当額を五年目から返済すればよい。しかも利子はかからない。売り上げの約三〇％が支払いに当てられる。

同社は、委託栽培農家に対し、教育も行っている。彼らがきちんと融資を返済できるかどうかは、品質のよい作物を生産できるかどうかにかかっているからだ。読み書きができないと、農民は国際標準に対応できないので、タマレフルーツは最良の栽培方法についての研修も開始した。

この制度を成功させるためには、農家が自分たちの代表を選んで、タマレフルーツとさまざまなやりとりをする能力が重要である。同社は、農民に有機マンゴー生産者協会を結成させ、個々の農家と会社との橋渡し役とした。協会は農民の声を反映し、同社と農民のより効果的な対話を行うのに役立った。現在、この組織

2. IRC 2007.

を会費にもとづく会員制の組織に変更する動きが計画されている。

消費者を啓蒙し、教育する

消費者の知識・スキルに投資すれば、企業は短期的に回収できる利益を手に入れられる。ただし、企業と消費者の関係、また他のライバルの存在にも影響を受ける。消費者教育に投資して市場の需要を刺激する戦略は、GIMのデータベースに所収されたインクルーシブビジネスの事例で数多く実践されている。この種の投資は、ブランドを浸透させるための単なるマーケティングの場合もあるし、顧客に自社の基本的な提供価値《バリュープロポジション》を理解させるために使われる場合もある。たとえば、インドのNGOスラブは、低所得層の多いコミュニティでトイレの需要を刺激するために、衛生啓蒙キャンペーンを行った。現在、一〇〇〇万人がスラブのトイレを使っている。スラブは、二〇〇五年に三二〇〇万ドルの収入があり、利益率は一五%だった。

同様にユニリーバは、同社製の石鹸ライフボーイの需要を刺激するために、手洗いの効用を啓蒙するキャンペーンを展開した。同社の健康教育プログラムには、農村に住むおよそ七〇〇〇万人が参加した。これは、民間企業一社による衛生教育プログラムとしては、世界最大である。今日、ライフボーイはすべてのアジア市場で、最大のシェアを誇る。(2)

消費者教育によって、企業はブランド力を高められるし、競合他社がいない市場で

［マダガスカル］女性たちが資金管理の研修に参加する。
(Photo: Adam Rogers / UNCDF)

は先行者として利益をほぼ独占できる。しかし、ライバルが多い市場では、消費者教育に投資した企業だけが利益を独占できるわけではなくなる。顧客との継続的な取引を行うような業種では、知識・スキルの強化に関するサービスを自社の顧客のみに提供するという方法で利益を確保することができる。たとえば、金融サービス会社は、自社の消費者金融を利用する者に対して資金管理のイロハを学ぶプログラムを受講させたり、小規模ビジネスの融資利用者に対して基礎的な会計や経営スキルを学ばせたりするという手段をとりうる。

ケニアのK-REP銀行は、融資利用者に対して、金融リテラシー、ビジネススキル、融資の正しい使い方に関する研修を行っている。研修によって、利用者にとっての融資の価値が高まると同時に、返済の可能性もそれだけ高くなるのだ。ガーナで事業展開するバークレイ銀行も、伝統的なマイクロファイナンス・サービスを取り扱うスス集金業者に対してだけでなく、彼らを通じてサービスを利用する一般顧客に対しても研修を行っている。

他の業種でも、低所得の顧客は、消費者教育・研修によって、製品やサービスをより有効に使えるようになる。メキシコの大企業セメックスは、「パトリモニオ・オイ」というプログラムを展開している。これは低所得層向けに建築資材を販売するのと合わせて、家の設計と建設を支援するものである。このプログラムを活用すれば安全で耐久性のある魅力的な住宅が確実にできるわけだ。これによりセメックスは欠陥による損害賠償の発生を防ぎ、ブランドのイメージを高めている。また口コミによる広告効果をあげることもできる。

金融商品・サービスを新たにつくる

貧困層が金融サービスを利用できていない環境で、この問題を解決する販売方法を提案すれば、貧困層を自社の顧客として囲い込み、目に見える利益を手に入れられる業種がある。

特に競合他社が融資サービスを行っていない場合、商品をクレジットで販売すると、自社の顧客層を拡大できる。たとえば、ブラジルのカザス・バイア、セメックスのパトリモニオ・オイによる住宅建設者のための小規模融資システムがある。またメキシコの大手小売店エレクトラ・グループの販売方法はウォルマートがメキシコで模倣している。

インドネシアでは、タクシー運転手は信用力がないとされており、彼らが融資を受けて新たにタクシー業を始めるのはほとんど不可能とされている。そこで、タクシー会社ラジャワリは、タクシー車両の所有制度を作った。リース会社からドライバー向けに提供される融資を会社が保証し、五年間かけて毎日返済させる。債務不履行はゼロで、ドライバーは自分の車両を持つことで責任意識が向上した。同社は利益を上げており、二二五七人の参加ドライバーの実収入も増えた。また、ドライバーの安全に対する意識が高まり、乗客を拾うことにも熱心になった。(3)

目に見えない長期的な利益を手に入れる

知識・スキル・インフラ・金融商品・サービスなどの制約要因を取り除くと、企業は目に見える利益を手にするだけでなく、無形の長期的な利益も得られる。たとえば、ブランドのイメージ、従業員のモラル、企業の評判、新しい製品やサービスを開発する能力、競争力の強化などだ。これらの長期的な利益を着実に自社のものにできるならば、市場の制約要因を取り除くために行った投資は、費用対効果が高くなるのだ。

3. Ganchero, Elvie Grace and Chrysanti Hasibuan-Sedyono. 2007. *Rajawali's Express Taxi: Working with Taxi Drivers as Business Partners in Indonesia*. UNDP, p. 9

たとえば、インドの企業タタ・サンズは、事業展開するすべての都市で、市場の環境を整えるために大規模な投資を行った。無形の長期的な利益を見込んでのことだが、投資分野は、道路の保全、水や電気、街灯、健康管理、衛生、教育等々、実に幅広い。タタのディレクターであるジャムシェド・イラニはこう言う。

「インドは、国民の基本的ニーズに関して政府だけが責任を持てばいいと言える段階にまで、経済は発展していない。わが国には、社会保障制度もないし、適切な医療や教育サービスもない。だから、まだまだ企業が政府の不足を補わなければならないのだ[4]」

タタは、多くの分野にサービスを提供したことで、本業で新しい事業を開始するのに有益な経験を得た。その一例が、ジャムシェドプール・ユーティリティ&サービス社で、タタ・スティールが一〇〇%出資した子会社である。まだ参入企業の少ない公共サービス、特に水と衛生分野に参入し、商業機会を狙っている。

常務取締役のサンジブ・ポールが説明する。

「インドでこれらのサービスを充実させたければ、国内の他の地域でもいずれ事業を民営化しなければならないだろう。そうなれば、わが社の出番がやってくる」

同社は、水道インフラに関する契約をハルディア開発公社と結んだ。同社はまた、政府や民間団体が行う各種事業に対して、ヴェオリア・ウォーター・インド社と共同で応札している。近い将来、バンガロール、デリー、コルカタ、ムンバイでも事業展開を図るだろう[5]。

長期的な利益を目的に投資したもう一つの事例として、南アフリカ共和国の鉱工業の企業が挙げられる。アパルトヘイト政権の後、同国政府は歴史的に不利な立場に置かれてきた層、お

4. The Indian Express 2005.
5. Tata website (www.tata.com) and Madhukar 2006.

もに黒人に対して経済機会を提供することが、政治的安定と経済発展のカギだと考えた。そして野心的な黒人経済エンパワーメント法により、政府と事業契約を結ぶ場合、企業の所有権や雇用、資機材調達に関し、黒人が一定割合以上を占めていることを企業に義務付けた。そこで、アングロアメリカン鉱工業は、黒人が経営する小規模な企業に対して、知識・スキルを高める支援をし、金融サービスも利用できるようにした。こうして同社は、資機材やサービスを購入する際の仕入れ先に黒人企業の占める割合を増加させたのである。同社は、これらの黒人企業

［ニカラグア］市場の制約要因を取り除くための投資は、目に見える利益だけでなく無形の長期的な利益も生む。
(Photo: Inter-American Development Bank)

向けのサービスを商業ベースで提供するため、社内にアングロ・ジメレというベンチャー基金を作った。この基金は今や非常に収益性が高くなっている。(6)

社会的価値を活用する

前節で述べたように、市場情報、知識、スキル、インフラ、金融に関する制約要因を取り除くために投資すると、私的な価値（＝企業の利益）と同時に、社会的な価値（＝投資した企業以外の社会が受ける便益）が創出される。

デンモールやタマレは従業員やサプライヤーの教育に投資したことで、彼らの仕事の能率が上がって利益につながったばかりでなく、人的資源の開発という面で社会に便益をもたらした。教育を受けた者には、新たな雇用や取引先を見つける可能性が高まり、経済的機会も広がるのだ。

スラブやユニリーバは、自社製品であるトイレや石鹸の需要を拡大しただけでなく、公衆衛生に関する啓蒙を行い、疾病の削減という社会的便益をもたらした。また、コンストラメックスは、建設資材や関連するサービスの分野で、他の会社が真似できるようなビジネスモデルを考案した。このモデルは、移民が本国の家族を支援するための選択肢を広げることになる。

このように、制約を取り除くための投資を企業が行えば、私的利益だけでなく社会的便益が生まれるので、社会的価値を重視する団体や機関から資金協力を受ける道が開ける。これは、起業家や大企業が投資する際の不安を取り除く意味で非常に重要である。また、外部資金がなければ投資に見合うだけの利益を見込めず、投資を躊躇している企業の背中を押す効果もある。

6. Wise and Shytlla 2007.

社会的価値を重視する資金源とは、国際的な援助機関や、個人の慈善家、非営利の社会投資ファンド、それに政府である。彼らは民間企業が新しい社会的便益を生み出すためのコストを分担してくれるのだ。贈与か低利融資という二つの方法がある。

贈与、補助金、寄付を活用する

贈与、補助金、寄付とは、返済を求めない資本の移転である。贈与資金は外部から得られるが、少なくとも大企業では社内のＣＳＲや社会貢献を扱う部局からも得られる。よく利用される外部からの資金源としては、国や地方政府のほか、フランス援助庁や米国国際開発庁といった二国間援助機関がある。世界銀行などの多国間援助機関も贈与を提供する場合がある。

政府の贈与や補助金は、基礎研究開発費や輸出促進費などに対して支給され、各産業で一般的に活用されている。今やこれらの補助金は、企業が貧困層市場の制約を取り除くための費用に対して支給されるようになった。また、インクルーシブビジネスの開発目的で行われる予備調査や実験的事業、研修プログラムなどに対しても支給されている。

補助金によっては、道路や送電網などの公共資源に対して、民間企業に一度限りの投資をさせるためのインセンティブとして支出されるものもあれば、貧困層の収入向上や健康改善など、人々の生活を継続的に向上させるようなビジネスモデルの開発促進を目的としているものもあるし、その両方をめざすものもある。どちらのタイプの贈与も、社会的便益を生むための投資である。

モザンビークでは、カボ・デルガド県の知事が、ＮＧＯ二団体に対して国家予算を支出している。これらのＮＧＯはヴィダガスという営利目的の下部組織を作り、農村や都市、郊外地域の貧困世帯に対して、ケロシンの代替品として液化石油ガス（ＬＰＧ）を販売した。液化石油ガスは燃料効率がよく、空気も汚さず、コスト・パフォーマンスもよく、健康状態の改善につながった。

また、ポーランドでは、農村地域の地方政府が設立資金の三〇％を出資して、農村の電話組合ＤＴＣティツィンを設立した。残りの七〇％は株式の販売、加入者が支払う接続料、低利の銀行融資でまかなった。

二国間援助機関によるインクルーシブビジネスへの資金援助の一例としては、ドイツの政府開発援助機関ＧＴＺによる官民パートナーシッププログラムがある。この基金は、貧困層市場の制約を取り除くために企業が本業を超えて行う投資を支援するものである。成功例として挙げられるのが、タンザニアの公立病院への医療機材準備資金、ユニリーバがガーナのトマト栽培農家との連携のために行ったキャパシティ・ビルディング支援、マーズ社がサプライヤーであるベトナムのココア栽培農家に対して行う持続的農法の研修支援が含まれる。このほかに、英国国際開発省（ＤＦＩＤ）が贈与資金を提供している。

ＤＦＩＤや国連資金開発基金（ＵＮＣＤＦ）が指摘するように、資金贈与による最良の支援方法とは、「相手国の制度づくりや市場の発展に貢献するものであって、市場を過度にゆがめたり、関係各機関の意欲を損なうことにつながってはならない[7]」

また、マイクロファイナンスの実務者によるネットワーク機関である「開発金融フォーラム」によれば、マイクロファイナンス分野での「スマートな」補助金の使途とは、事業立ち上げの

7. UN Department of Economic and Social Affairs and UN Capital Development Fund 2006, p. 109.

［ポーランド］ 農村部で携帯電話の利用者組合を立ち上げる費用の約3分の1は地方政府から拠出されている。
（Photo: UNDP）

ための費用、研究開発費、リスクは高いがうまくいけばインパクトが大きいと思われる製品開発の費用、能力開発費、顧客の能力を高める費用、民間資本へのアクセスを高める支援[8]（出資など）である。

ハーバード大学で教鞭をとる経済学者のダニ・ロドリックは、上記の「スマートな」補助金の使途に加え、工業技術や職業的技能や語学の研修費用を挙げる[9]。南アフリカ共和国のランド・マーチャント銀行は、住宅ローンの候補者に対して、住居を所有したら持つことになる権利と義務について教育プログラムを実施しており、フランス開発援助庁（ＡＦＤ）からの補助金の二〇％を研修費用に充てている。こうした教育を受けることにより、貧しい顧客は投資をより有効に使って収入を増やせるようになり、その分、期限を守って返済できる可能性が高まる。そして実際に住宅購入が成功すれば、それを見た人々が、勇気づけられて家を買う気になり、銀行の顧客も増えるだろう。ロドリックは、補助金を直接提供するのは、必ずしもスマートとは言えないと警告している。補助金は、市場プロセスの真髄をゆがめる性格を持つ。つまり価格をゆがめ、インセンティブを低下させる危険性をはらんでいるのだ。しかし、注意深く設計した補助金による支援を行えば、良いデモンストレーション効果を生むこともできる、とも付け加えている[10]。

注意深く設計された補助金の事例としては、マリ共和国の家庭エネルギー開発・農村電化庁が国際援助機関の支援を受けて創設した補助金がある。農村に電力サービスを提供する企業を増やすために創設されたもので、農村への拡大にかかる費用の七〇％までを補助している。これで電力会社は料金をほぼ半額に設定することができ、電力を利用できる世帯が増える。電力

8. UN Department of Economic and Social Affairs and UN Capital Development Fund 2006, pp. 49–51.
9. Rodrik 2004.
10. Gibson, Scott, and Ferrand 2004, p. 20.

会社の利益率が二〇%を超えると、補助金は減額される仕組みである。

二国間・多国間援助機関などの資金提供を受けるには、複雑な申請手続きや社会的インパクトに関する報告などが必要となる。支援を求める起業家や企業は、これらの手続きにかかるコストを考慮しなければいけない。しかし、こうした機関からの資金は技術支援や契約、信用などのおまけがついてくる。

小さな企業も大企業もこの種の資金を活用することができる。大企業の場合は、貧しい人々の市場の制約を取り除くため、もっと一般的にはインクルーシブビジネス開発のため、企業内の社会貢献予算（フィランソロピー）や広告費や企業の社会的責任（CSR）に関する予算を使うことができる。

インドネシアのバンダ・アチェでは、二〇〇四年の津波で家も工場も物的インフラもすべて破壊されつくしたが、フランスの建設会社ラファージは、自社のセメント工場を再建・再開する傍ら、地域のインフラにも投資する道を選んだ。五〇〇〇戸の住宅、学校、モスクを建築し、これによりラファージの従業員だけでなく地域住民も裨益した。そして同社は地元での企業イメージを高めたと同時に、住宅建築用のセメント関連資材の利点をアピールしたのである。

企業の社会貢献、広告、社会的責任などの予算担当者は、しばしばインクルーシブビジネスの開発を支援してくれる。市場の制約を取り除くための投資も、そうした部局の担当業務の一つだと位置付けている企業もある。たとえば、人々の健康状態があまり良くない地域では、従業員の生産性は低くなり、従業員の離職に伴って企業が負う費用が増加する。健康改善プログラムへの支援を社会貢献予算で行うことは、企業活動の生産性を向上させることにもつながるので、制約要因を取り除くための投資ともいえるのだ。たとえば、HIV／AIDSが蔓延するサブサハラ・アフリカで事業展開をしている鉱工業のロンミン社[11]やアングロアメリカン社[12]は、CSR事業を強化して、従業員に対してAIDSのカウンセリングや感染検査、治療を行っている。

税の減免措置も企業にとっては有効である。南アフリカ共和国政府は、税の減免措置を伴う戦略的投資プログラムをアスペン製薬などの製薬会社に適用した。これにより、アスペン製薬は、HIV感染者のための抗レトロウィルスのジェネリック薬品製造工場を建設し、現在南アフリカの抗レトロウィルス薬治療プログラムで必要とされる治療薬の六〇%を提供している。

BOX 4-3

英国国際開発省（DFID）のチャレンジ基金

インクルーシブビジネスモデルの開発のために贈与資金を提供

DFIDのチャレンジ基金は、「ビジネス連携のための基金」と「金融深化のための基金」を含み、貧困層市場の制約要因を取り除くための投資、あるいはその準備にかかる費用を支援する贈与資金である。成功例は以下の通り。

● ボーダフォンのケニアでのM-PESAサービス……携帯電話による送金サービスで、一日に六〇〇〇人以上の加入があった。

● スタンダード・チャータード銀行によるパキスタンでの農業クレジットカード……農民

11. Lonmin website (www.lonmin.com/main.aspx?pageId=111).
12. Arnst 2004.

が種子その他の農業投入財を農作期の初めに入手して、収穫期に支払ができるようになった。

●タタ－AIGネットワークによるインドのマイクロ保険……最初の三年間で三万四〇〇〇の保険商品を販売した。

低コストの資金、償還期間の長い資金を活用する

低コストの資金、あるいは償還期間の長い資金というのは、贈与資金とは対照的に返済義務がある。資金提供者は、インクルーシブビジネスへ投資したお金が、多かれ少なかれ多少の利益とともに手元に戻ってくることを想定している。

エクアドルのオガー・デ・クリストは、貧困層に住宅と住宅担保ローンを提供している非営利機関だが、鉄筋住宅とさまざまなマイクロクレジット商品の種類を拡げたり、不良債権を減らして財務管理を強化するために、米州開発銀行から多額の長期融資を受けた[13]。

インクルーシブビジネスは、事業の経済性、不確実性、さらに市場の制約を取り除くための投資の必要性などの理由で、投資の回収に時間がかかる。だが、援助機関などの投資家は、市場よりも低い金利で償還期間の長い資金をインクルーシブビジネスに提供するし、それによって発生する機会費用の負担をいとわない。なぜならば、援助機関は金融的価値に加え社会的価値の創出を求めているからだ。彼らは、収益性のあるモデルが最も効果的かつ持続的に社会的便益をも創出すると信じているので、インクルーシブビジネスに投資するのである。

13. Constance 2007.

低利で長期の融資の提供者には、企業、財団、NGO、政府機関、これらのいろいろな資金源を集めた、社会的価値を併せもった資金「社会的価値投資ファンド」などがある。(14)

資金提供者が違えば、経済的利益と社会便益に対する期待の大きさも比重も異なり、それぞれの比重によって違うものを要求してくる。一般的には、経済的利益への期待が少ないほど、社会的便益への期待が大きい。そして、社会的インパクトやパフォーマンスについての報告要求がより厳しい。

また、経済的利益と社会的便益が実際に発生するまでの期間の長さについても、資金提供者それぞれが異なる考え方を持つ。ある機関は、他よりも忍耐強い、つまり返済までの猶予期間が長い。

また、社会的便益を重視する社会的投資家であっても、一般の商業的な投資と同様に、投資対象となるビジネスの規模や業種にそれぞれの嗜好があり、自国か外国か、どのようなタイプの事業かなどに関して考慮する。以下は、経済的価値と社会的価値とを混合させた投資によってインクルーシブビジネスが利益を受ける例だ。

官民連携の事例――マラリア予防のための殺虫剤入り蚊帳の生産

住友化学は、低利・長期融資を行うアキュメン・ファンドから資金を得て、タンザニアのAtoZテキスタイルに技術と化学薬品を提供した。AtoZはエクソン・モービルから蚊帳の材料になる化学繊維を購入した。エクソン・モービルは、国連児童基金（UNICEF）に対して、耐久性のある蚊帳を最も弱い子供たちに配布するための購入資金を寄付した。AtoZは、現

14. WEF and Global Foundation Leaders Advisory Group 2005, p. 3.

［メキシコ］（Photo: Inter-American Development Bank）

［エジプト］セケム社と提携する小規模農家と従業員の総数は 2,850 人、そして 25,000 人の人々が同社の開発イニシアチブの恩恵を受けている。（Photo: Sekem）

在、年間八〇〇万帳の蚊帳を生産し、五〇〇〇人の従業員（うち九〇％は未熟練の女性）を雇っている（アキュメン・ファンドに「発見」されるまでは、一〇〇〇人だった）。

アキュメン・ファンドの低利・長期の融資は、住友化学がこのような新規事業を立ち上げるのを後押ししただけでなく、地元の市場で製品のコストと値段が適正かどうかを試し改善することにも利用された。

●ケニアの民間株式保有会社が低コストで医療効果の高い抗マラリア剤（アルテミシニン）に関与

アドバンスト・バイオ・エクストラクツ社は、ノバルティスから低利の長期融資を受け、合わせて経営や戦略支援を受けて開始した[15]。この長期融資のおかげで、換金作物危機が発生したときも同社は存続し、世界標準の製品を作れるようになった。その結果、同社の成功が正の外部効果を生み、人々の健康や地元経済に良い影響を与えた。同社は、七五〇〇軒の地元農家からアルテミシニンの材料となる作物（ヨモギ科の植物）を購入し、農家はそれまでトウモロコシを作って得ていたよりも高い収入を得た[16]。

●エジプト企業がバイオダイナミック農業に関与

エジプトのセケム社はドイツとオランダの企業と協力し、ＥＣやフォード財団、米国国際開発庁、アキュメン・ファンド、ドイツ開発金融公社から資金支援を得た。国際金融公社は、五〇〇万ドルの融資と技術協力を行い、農民とのサプライチェーンの強化を支援した。

15. Novogratz 2007.
16. Advanced Bio-Extracts Limited 2007.
17. For more Egyptian examples, see Iskandar 2007.

セケムは成長し、二〇〇五年には、一九〇〇万ドルの収入があり、従業員と提携する小規模農家の数は二八五〇人に上る。二万五〇〇〇人がこの事業の恩恵を受けている[17]。

低利で長期の融資の大部分は、確立された大企業や多国籍企業の企業内プロジェクトに対してではなく、小規模で初期段階の、財務的にも持続可能な社会的企業を対象にしている。これらの融資は経営や事業計画についての研修などの技術支援を伴っていることが多い。あるいは、次の段階へ上がるための支援、すなわち商業ベースでの融資を行う機関の紹介や、事業計画を支援している場合もある。

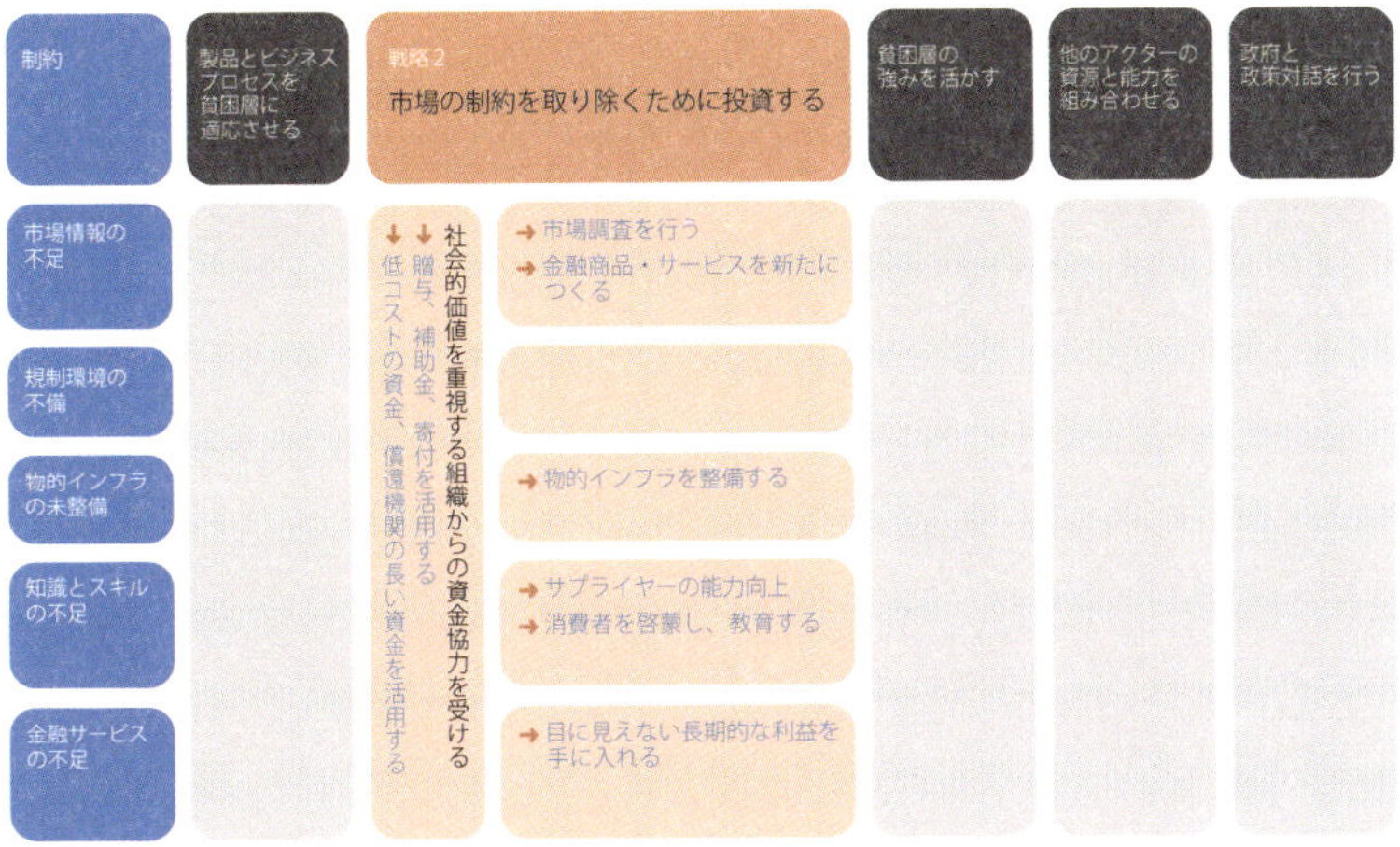

CHAPTER 05

貧困層の強みを活かす

LEVERAGE THE STRENGTH OF THE POOR

［ケニア］ヘルスストア財団は、スラム地域で看護師やヘルス・ワーカーを雇い、マイクロフランチャイズ方式で薬局とクリニックを設立した。（Photo: Acumen Fund）

貧困層とのビジネス経験がない企業にとって、新たにインクルーシブビジネスを始めるのは勇気がいるものである。だが、貧困層の持つ資源に目を向ければ、さまざまな課題を克服する最大の武器は貧困層自身だということに気付く。

貧困層の強みを生かすためには、彼らとともに活動し、彼らの社会的ネットワークを活用するということが必要であり、コミュニティに深く入り込まなければならない。貧困層がビジネスの一翼を担うようなビジネスモデルができれば、貧困層にとっては新しく収入を得る可能性が広がり、企業にとっては取引費用を削減できる。たとえば、コミュニティと外部の市場とを結びつける仕事は、そこに住む貧困層にやってもらうのが効果的だし、信頼性も高い。彼らには、それだけの知識やインセンティブがあるのだ。そのうえ、彼らの強力な社会的ネットワークは、市場のギャップを埋め、市場を機能させるのに必要な条件作りに役立つ。（囲み5-1）

BOX 5-1

ヘルスストア財団——遠隔農村地域での医療サービス

途上国の子供が病気になったり死亡したりする原因の七〜九割は、治療できる感染症である。安いジェネリック薬品があれば治療可能だが、それがないために毎日二万五〇〇〇人の子供たちが死んでいる。

ヘルスストア財団の創設者スコット・ヒルストロームが、ケニアの医薬品市場を調査してみると、粗悪な医薬品が適切な処方もなく販売されていた。粗悪な薬を売って利益を得る者がいるのなら、良質な必須医薬品と基礎的医療サービスを継続的に利用できるような体制を整えれば、利益を得て事業を継続できるはずだとスコットは考えた。

最大の課題は、ケニアの首都から遠く離れた農村地域にも医薬品を流通させることだった。ケニアでは、人口の七割が農村に住むというのに、医師の八割は都市に住んでいる。薬の需要は農村地域で大きいにもかかわらず、クリニックや薬局はほとんどなく、道路が悪くて車で行きにくい村が多い。スコットは、このような地域に住む人々が徒歩一時間内で行けるクリニックを設立し、手頃で質の良い薬を提供することをめざした。

この目的達成のためには、新しく市場を形成していく必要があった。つまり、人々の健康に対する意識を高め、的確な治療が受けられるようになり、同時にヘルスストア財団の加盟店がきちんと利益を得られるようなビジネスモデルが必要なのだった。

しかし、ビジネスの制約要因と考えられたのは、信用できるメディアがないこと、そして契約履行の意識が低く契約違反があってもそれを罰するような司法制度などがきちんと機能していないことであった。これを乗り越えるカギが、地域コミュニティとの「信頼関係」の構築であった。

ヘルスストア財団は、コミュニティ在住の看護士や医療従事者を募り、小規模なフランチャイズ方式の医薬品流通ネットワークを築いた。加盟者の選定基準は、教会組織からの推薦を受けていること、ビジネス感覚に長けていること、意志が強いこと、コミュニティとの関係が良好であることなどである。フランチャイズ加盟者に対しては、同財団が初期投資に必要な融資と技術、資金、訓練、物流管理、マーケティング等の継続的な支援を行

う。対価として加盟者は、フランチャイズの水準を保ち、彼らのコミュニティへ医薬品を届け、手数料を支払う、というシステムを構築した。

この方式の利点は、加盟者が地元のニーズを熟知していること、加盟者が独立事業主でありヘルスストア財団と利益を折半できるので、加盟店主のビジネスに対するインセンティブが高まること、加盟者が地元出身なので、地域住民の認知を受けやすいし、不正も抑制されることである。フランチャイズの特徴は、スタンダード化しやすいこと、地方展開がしやすいこと、規模のメリットでコストが安いことだ。

このビジネスモデルはめざましい成功を収めた。二〇〇五年の一年間だけで、ケニアの一一地区六三支部で四〇万人以上の低所得の患者が治療を受けた。二〇〇四年に、キベラスラムで最初に「子供と家族の健康のためのクリニック」を開設したミリセントは、地域コミュニティの信頼を集め、今や月に一〇〇〇ドルから一二八〇ドルを稼いでいる。彼女は、この事業に成功したおかげで生まれて初めての休暇旅行を家族と楽しんだし、息子を私立学校に通わせている。そして住宅購入も計画中だ。もう一人の加盟店主で看護師のドラは、地域コミュニティに大きな変化をもたらしたうえ、十分な収入を得られるようになって自信をつけた。

近年、ケニアで暴動が発生した際、ドラやスコットによる貧しいケニア人のための事業が、いかに価値のあるものか証明された。

「このコミュニティの人たちが暴徒に対して、私のクリニックを避けるように説得してくれました。彼らには医療サービスが必要だし、私が彼らを助けるためにいるのだと言って

1. The World Bank Participation Sourcebook 1996, p. 8.

くれたんです。クリニックを壊して薬局や医療機関がなくなったら、結局はみんなが苦しむのですから」

戦略マトリックスが示すように、貧困層の強みを生かす戦略は、第二章で示された五つの制約要因のいずれに対しても使われているのだが、市場情報の問題を解決するために最も頻繁に使われている。

企業が貧しいコミュニティと一緒にビジネスを行うということは、相互学習のプロセスだといえる。企業は地域の嗜好やニーズや能力を把握できる。そして、その地域の市場では、どのようなビジネスプロセスが有効か、どうすれば共同作業がうまく機能するかを学んでいく。一方でコミュニティの人々は新しい情報を手にいれ、新しい技術を取り入れて能力を高めることができる。また新たな役割を担うことで自信を高められるのだ[1]。

貧困層を巻き込む方法については、開発援助機関が経験も豊富で、これまでにさまざまな手法やアプローチを開発している。コミュニティでの活動を成功に導く重要な要件が、地域に根差すことと、信頼関係を築くことであるのは、開発の専門家にとっては周知の事実だからかもしれない。

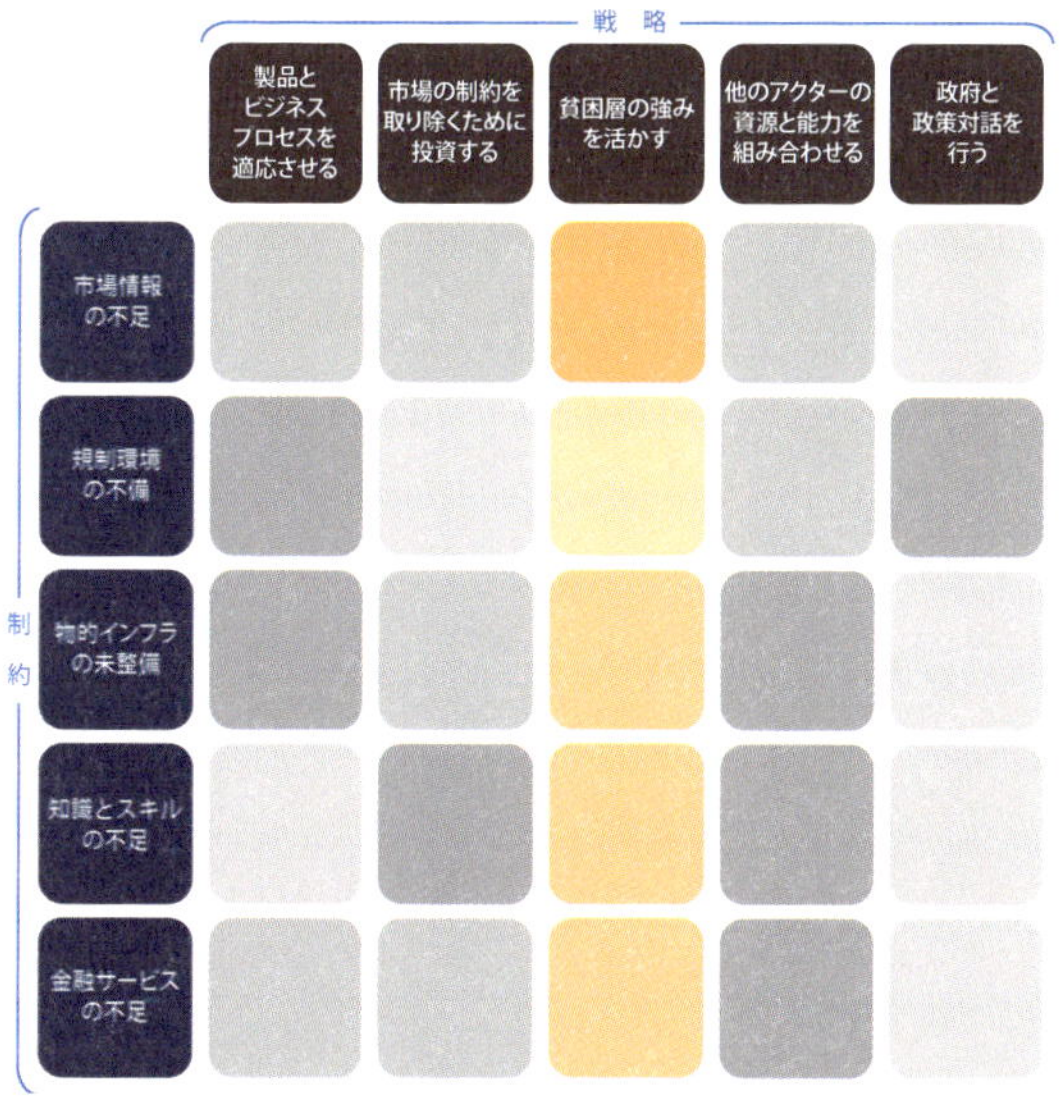

地域に根差して活動すれば、地域のネットワークや資源、適切な情報を利用しやすくなる。それがあれば、事業は効率的に進められるし、地元との信頼関係も築くことができる。そして、信頼は重要な資産となる。貧困が蔓延し、先進国ではあたりまえのフォーマルな制度（契約の履行強制など）が存在しない地域では信頼がこれに代わる役目を果たしてくれるからだ。インクルーシブビジネスを成功させるためには、地域に根差すことと、信頼を築くこととが、同じくらい重要である。[2] 貧しい人々が何かを決めるときに、個人的な経験や人間関係が大きな決定要素となるので、これらをうまく使えば、新規参入する企業は、彼らの警戒を解き、新しい顧客の信頼を得られるようになる。

貧しい人々の市場では、地元の人々や組織のほうが、外部からの参入者よりも地域のことを熟知しているし、すでに築いた人間関係があるので外部者よりも有利である。地元の人々は、信頼や新しい関係をわざわざ作らなくてもよいし、事業環境を理解するために現地に長期間過ごす必要もないし、ニーズや実態を調査する必要もない。

企業がターゲットとする市場の特徴を把握したり、サプライヤーである生産者や顧客などと関係を築いていくうえでも、開発援助機関が使っている手法を活用できる。たとえば、参加型農村調査（ＰＲＡ）は、人々が地元について知っていることを引き出して、地域の状況を把握する手法であり、コミュニティの組織作りや意思決定の際に用いられる。開発援助業界で実践されていて有効性がはっきりしているこのような手法は、インクルーシブビジネスにも活用できるのだ。

2.　Hart and London 2005, pp. 28–33.

貧困層と個別に付き合う

企業が自社のバリューチェーンに貧困層を取り込めれば、彼らが持っている地元の情報と信頼関係という資産を利用できるメリットがある。貧困層にとっても新しい収入源を得てスキルを身につけられるというメリットがある。

インクルーシブビジネスが貧困層の個々の力を生かす方法には以下のものがある。

- 市場調査に貧困層を参加させる
- 貧困層を研修指導者として育成する
- 地元の流通ネットワークを築く
- 地元のサービスプロバイダーを育成する
- 貧困層と共同でイノベーションを生む

市場調査に貧困層を参加させる

（開発援助業界では）一九八〇年代以降、貧困層から情報を収集するためにさまざまなツールや手法が開発された。一例が参加型農村調査である。これは主として、筆記によらず口頭でコミュニケーションをとり、人々とインタビュー者との距離を縮める方法だ。こうした方法をとると、村の住民は驚くほど正確に、彼らの資産や地元の世帯の特徴を表現することが分かっている。しかも質問票などを使った調査と同様に正確で、時間やお金はずっと節約できるのだ(3)。

3. Chambers 1994.

同様に、スラムの住宅調査でも、企業が不慣れな市場環境の情報を効率的に入手することができる。二〇〇五年、バングラデシュ都市研究センターは米国国際開発庁と共同で、主要なスラム（人口規模と戸数で選択）の、水の入手方法やトイレ、電力について記録するため、大規模な調査を実施した。訓練されたフィールド調査員のチームがスラムに入り、コミュニティのリーダーや教師、店の主人、NGOのワーカーなどのキーインフォーマント（中心的な情報保有者）を特定し、個々のスラムの住民や特徴を教えてもらうという方法で情報収集をした[4]。

情報通信技術を活用すると、コミュニティを巻き込んだ市場情報収集をより効率的に行える場合がある。アグリビジネスでは、借り手にとっても売り手にとっても、誰が何を生産しているかという情報をタイムリーに入手することが重要である。地域ごとの生産のバラツキはうまく情報が伝われば価格を安定させるが、そのようなメカニズムがなければ農産品の価格は極めて不安定になる。中国のコンピュータ会社、清華同方の農村情報センターでは農民から情報を集めている。天気予報やサプライヤー契約などの情報を得るためにサービス代理店へやってきた農民に対し、現在の作物、今後植える予定の作物を尋ね、その回答を北京の農村情報センターのウェブサイトに掲載する。それによって他の農民は生産を調整し、収入を増やすことができる。また、農産品のバイヤー（小売業者や食品加工業者、家畜飼料生産者など）は、ウェブサイトを見て農作物をど

4. Centre for Urban Studies 2006.

［中国］北京地域情報センターのウェブサイトでは、地方農家の生産計画の情報を得ることができ、他の農家はそれに合わせて自分の計画を立てられる。（Photo: UNDP）

こで買うかを決められる。

貧困層を研修指導者として育成する

訓練や教育への投資は、インクルーシブビジネスを成功させるために、多くの場合不可欠である。だが、往々にして教育への投資は高くついてしまう。そこで、コミュニティの人々を研修指導者や教育者として育成すれば、指導効果は雪だるま式に広がり、最初の研修受講者よりもずっと広範囲の人々に恩恵をもたらすことができるだろう。地元の研修指導者は、地元の言葉を話すし、地元の信頼を得ることによるメリットも大きい。加えて、貧しい人々を指導者に育てれば、彼らのエンパワーメントにつながり、コミュニティ内での地位向上にもつながる。

農民から農民への研修は、農業分野で成功し拡大している。新しい農法や家畜飼育方法は、一人の農民が他のメンバーを指導するグループ学習を通じて広がる。このアプローチは、農民が仲間のアドバイスを真剣に受け取るというだけでなく、実践が地域の条件に適応した方法だから効果的なのである。つまり、農民が他と比べながら新しい方法を試してみるのを後押しするので、本質的に革新的なプロセスなのである。

コミュニティが主体になる研修は、銀行業界でも適応され成功している。南アフリカ共和国の商業銀行であるネド銀行とランド・マーチャント銀行では、

［マダガスカル］農民から農民への研修が、適切な農法をうまく普及させている。（Photo: Adam Rogers / UNCDF）

低所得地域の顧客に対して、銀行の製品について学ばせるコミュニティのメンター・プログラムがある。両行は、フランス援助庁と協力して、低所得世帯の住宅市場をターゲットにした革新的な金融商品を提供している。ネド銀行とランド・マーチャント銀行は、彼らのサービスに関して、コミュニティから選んだ人をメンターとして訓練し、メンターは、両行の将来の顧客に対して、学んだ知識を教える。このプログラムは、ターゲットの顧客を教育する一方で、アパルトヘイト時代に白人が経営する金融機関と黒人顧客との間に生まれた溝を埋め、信頼関係を築くのに役立っている。

地元の物流ネットワークを築く

物的インフラや物流システムが不備な市場では、貧困層が集荷、輸送、販売などの役割を担うことができる。たとえば、企業は新商品販売のために、小さな商店やサービス業者を活用すればよい。フィリピンでは、ライトメッド社が、医薬品の小売店を説得し、ジェネリック医薬品を、通常より低いマージンで、しかし大量に販売した。ライトメッドの売り上げは二〇〇六年に二〇〇〇万ドルに達した。また、建築資材を扱うメキシコのセメックス社の販売網には、都市と農村の二〇〇〇以上の中小規模の地元小売店が含まれている。

地域の配送ネットワークを拡大するもう一つの方法がマイクロフランチャイズ方式である。加盟店が零細事業主であること以外は、もっと大きな事業主が加盟する通常のフランチャイズ方式と原理的には変わらない。つまり、簡単に始められる一元化したビジネスモデルを採用するのである。小さな規模でフランチャイズ方式がうまく機能するためには、少額の初期投資で成功できるビジネスモデルでなければならない（おそらく、初期の負担を回避させるようなマイクロクレジット制度の支援を受ける必要があるだろう）。フランチャイズ方式のメリットは証明済みだ。ゼロから始める事業よりも、リスクが少なく、実験も不要で、すぐに適用できるビジネスモデルなのである。しかし、それだけではない。マイクロフランチャイズ方式は、製品開発からサプライチェーン・マネジメントや研修に至るまで、事業を支える基幹的なサービスを提供している。収益を上げているケニアのマイクロフランチャイズの一例が、ヘルスストア財団である（BOX5－1）。

地元のサービスプロバイダーを育成する

サービスや修理保全のプロバイダーは、貧困層市場であっても顧客のニーズに素早く対応できなければならない。しかし、貧困層市場では物的インフラや物流ネットワークが未発達なうえ、一つのプロバイダーが人口希薄な地域を広範囲に受け持っていることが多い。このような環境でうまく仕事ができるのは地元のプロバイダーだけだ。

たとえば、LYDEC社は、カサブランカのスラムで「路上代理店」と契約して、水道と電気のサービスを代行させている。地元コミュニティのメンバーから選ばれた代表が責任を持って仕事を調整し、平均約二〇世帯に対して技術サービスを行っている。また、各家庭から料金を徴収する役も担っている。

医療サービスは、他の種類のサービスにもまして、つねに信頼できるものが提供されなければならない。多くの途上国では、子供が病気になったときに親が適切な対応をとれないことや、医療サービスを利用できないことが主な原因で、幼児死亡率が高くなってしまっている。マリのペシネは、子供の健康に対するモニタリングを行い、マラリアや麻疹といった死に至る可能性のある病気を検査するための早期警告システムを整備している。技術革新とコミュニティの関与とを組み合わせた同社のビジネスモデルは、健康モニタリングを効果的に行う有望なモデルである。

ペシネは、バマコ近辺の地元の代表（おもに女性）を選び研修を行う。子供の親たちは、プログラムに参加し、二週間に一度、ペシネ・レディに体重を計ってもらう。ペシネ・レディはそのデータを提携する医者にデータを電子送信する。体重増加が極端に低い場合、子供を受診させるように医師が要求する。このシステムでは、一人の医師が約二〇〇〇人の子供を診ることができる。このプロジェクトへの参加料は月額一・〇五ドルで、少なくとも一二〇〇人の子供が参加すれば、財務的にも持続可能である。

貧困層と共同でイノベーションを生む

貧しい人々は、企業のバリューチェーンのすべての段階に貢献できる。彼ら自身がイノベーターになって新しいビジネスモデルを作ることもできる。また、貧しい消費者を企業のイノベーションの過程に参加させると、企業にとっては次のようなメリットがある。

● 消費者の嗜好や性質について、また消費者がどのような製品の使い方をするのか

［ベナン］診療所の来客にあいさつする薬剤師。
（Photo: UNICEF / Julie Pudlowski）

を把握できる。

- 消費者の持つ知識を顕在化させる。消費者は情報を持っているのだが、持っていること自体を意識していなかったり、その重要性に気づいていなかったり、どう表現したらいいかわからないなどの理由で、なかなか表に出てこない問題がある。これらを顕在化させる。
- ニーズと解決策を見つけられる。

ミシガン大学ウィリアム・デビッドソン研究所で「ＢＯＰイニシアチブ」のディレクターを務めるテッド・ロンドンの言葉を引用する。「統合的なビジネス開発アプローチとは、ピラミッドの頂点で作られた知識と、ピラミッドの底辺で得られる知恵や経験とを、各地域の環境に最も適した方法で組み合わせるものである。それによって、貧困層とともに、彼らに役立つ新しい機会を探し出すのだ(5)」

このアプローチには、有効な三つのツールがある。先進的利用者を活用する方法、貧困層市場に長期滞在する方法、イノベーション・ワークショップだ。

先進的利用者を活用する方法

先進的利用者（リードユーザー）の考え方は、マサチューセッツ工科大学スローン校の「イノベーションと起業家精神グループ」を率いるエリック・ボンヒッペル教授が考案したもので、今日、消費者主導のイノベーションに広く適用されている。

5.　London 2007.

リードユーザーは、「こういうことができたら良い」という願望をかなえるために、既存の製品を別の目的に使ったり、改造したりする。これが新たな製品開発のアイデアにつながり、他のユーザーの潜在的な願望を満たすことになるのである。[6]

たとえば、中国の家電メーカー、ハイアールは、顧客が洗濯機で服を洗うだけでなく野菜も洗っていることに気がついた。そこで同社は、野菜もよく洗えるように洗濯機を改良したのである。

イマージョン――貧困層市場に長期滞在する方法

イマージョンは、人類学の研究や開発援助の実務から始まった手法で、単に観察者ではなく参加者として、貧しいコミュニティに長期にわたって関与するものである。企業から派遣された者やプロジェクトのファシリテーターが、スラムや農村を二〜三カ月かけて訪問し、住民との関係を築き、その関係を生かし、コミュニティの持つネットワークの支援を受けてビジネスモデルを作り上げるのだ。[7]

インテルやモトローラやノキアは、「ユーザー人類学者」あるいは「人間行動研究者」を雇っている。彼らは潜在的顧客の中に入り込み、いろいろなサンプルインタビューをして、製品につけたら喜ばれそうな機能は何かを調べてリストアップする。ニューヨークタイムズによれば、携帯電話が家族や隣近所の人たちの間で共用されているという人類学者の研究成果からヒントを得て、ノキアは最大七つのアドレス帳を搭載した携帯電話を生産し始めた。[8]

イマージョンは、コーネル大学ジョンソン校のスチュワート・ハート教授が先導するＢＯＰ

6. Von Hippel 1986.
7. Corbett 2008.
8. Corbett 2008.

理論の原則にも含まれている。ターゲットとなる市場の条件を理解し、インクルーシブビジネスモデルを消費者とともに作るのに有用な手法なのである。[9]

イノベーション・ワークショップ

地域とのつながりができ、地元コミュニティとの良好なネットワークを築いた企業が、よりいっそう、貧困層を巻き込んでビジネスを発展させるには、イノベーション・ワークショップが有効である。ワークショップをうまく計画して実施すれば、企業と消費者の間に創造的な相互交流が生まれる。消費者は製品や関連商品の自分たちなりの使い方を企業に教えてくれる。こうして消費者から提供される知識は、企業の技術専門家の力と合わさって、新しい商品やサービス（解決策）を生み出すのである。[10]

たとえば、K－REP銀行は、ケニアのマイクロクレジット提供機関だが、顧客との会合を顧客からのフィードバックの場にしており、得られた知識をサービス改善に活用している。K－REP銀行の最も有力なイノベーションは、ローンの額が柔軟であることと、会合をより頻繁に持つことである。これらは、顧客との相互交流の中で生まれてきたアイデアだ。「必要は革新の母」という格言が思い起こされる。わずかな資源しかなく、物やサービスへのアクセスがほとんどない状態で、貧しい人々はその状況でも何とかやっていく方法を発明しなければならないのだ。貧困層を事業開発に巻き込むこと、つまり彼らから積極的に知識やアイデアを出してもらい、その価値を重視することによって、商品やサービスは、消費者のニーズをより反映したものになる。また、貧しい人々にとっては、よりよい製品の恩恵を受けられるという

9. Simanis and others 2008.
10. Gruner and Homburg 2000.

だけでなく、彼らの声が聞いてもらえるということを意味する。

既存の社会的ネットワークを活用する

コミュニティは、個々の構成員が単に集まったという以上の力を発揮するものである。貧困が蔓延しているところでは、コミュニティ内で生まれて使われているインフォーマルなルールが、公的な規則よりも有効な場合が多い。加えて、コミュニティ内では、住民同士が互いに助けあい、資源を分けあうことができるし、共有財（井戸や製粉機、学校など）を整備するための協力も行われる。また、コミュニティ内の社会的関係が貯蓄やクレジットなどを共同で行うインフラとなるし、保険メカニズムとしても機能している。

インクルーシブビジネスでは、貧しいコミュニティと協力することで以下のメリットがある。

- インフォーマルな契約履行メカニズムを活用する
- リスクシェアリングの規模を拡大する
- 共有財への投資を後押しする

インフォーマルな契約履行メカニズムを活用する

社会的ネットワークとは、信頼や互恵関係、共通の規則を築くものであり、これによって、個人の行動や集団的な活動が促進される。規制環境が機能していないところでは、この社会的ネットワークが契約の履行を助けてくれる。ビジネスモデルの設計次第では、すべての参加者に対して「規則を守って行動する」インセンティブを作り出すことができる。

マイクロクレジットの成功の大きな要因は、グループ貸付によって返済のインセンティブを作り出したことである。グループ内のすべての借り手は、他のメンバーが返済を履行しなければ自分がクレジットを利用できないこと知っている。したがって、信頼できる人だけがグループに参加できるし、グループはメンバーが融資を期限どおりに返済することを保証している。

つまり、グループは、審査、モニタリング、返済強制の役割を担っているのである。個人ではなくグループに貸し付けることで、マイクロクレジットのシステムは、伝統的な担保による貸付方法よりもずっと高い返済率を達成したのだ[11]。

グループを使ってルールを守らせるシステムは、マイクロクレジット以外のビジネスにも形を変えて生かされている。たとえばマニラ・ウォーター社は、料金徴収システムやパイプラインからの盗水防止にグループを活用した。同社は、貧しいコミュニティで水道接続の役割を担う協同組合を立ち上げた。コミュニティ全体の水の使用量を計測するためにメーターの親機を設置し、各世帯の使用量を計測するためにはサブメーターを設置した。コミュニティとしては親機に記録された使用量の支払いをする一方で、各世帯はサブメーターの記録にもとづいて、コミュニティの代表に支払いをしなければならない。この結果、コミュニティでは誰一人として盗水を許さなかった。さらに、事業管理費はコミュニティに移管されたため、水道料が安くなるというメリットもあった。このシステムにより、マニラ・ウォーターは、一四万世帯の低所得層（事業免許取得時の一〇倍以上）に水を供給し、一億〇八〇〇万ドルの収入、三七〇〇万

11. Mendoza and Thelen, forthcoming.

ドルの利益を上げている。

リスクシェアリングの規模を拡大する

一般的に、コミュニティには共同で貯蓄をしたり、困ったときに助け合う習慣などがあり、これはある種のリスクシェアリングである。

貧しい生産者と取引するビジネスの場合、このリスクシェアリングの仕組みを広げて、もっと効果的にすることができる。単一のコミュニティ内の構成員同士でリスクを負担しあっていると、家族の病気など個別世帯に発生するリスクには対応できるが、コミュニティ全体が影響を受ける天候不順などには対応しきれない。そこに企業が関与して、複数のコミュニティでリスクを分担する仕組みにすれば、コミュニティ全体で損失が発生した場合でも、損失を受けていない他のコミュニティから埋め合わせができるので、構成員を守ることができる。このような方法で、企業は生産者の投資や生産の改善を支援する一方で、生産者からの調達が改善されるという見返りを得られるのだ。

ファン・バルデスは、コロンビアとその周辺諸国でチェーン展開をするコーヒーショップである。所有者はコロンビア全国コーヒー生産者連合で、生産者が納入したコロンビアコーヒーを割増価格で販売する直営店である。通常より高い値段で販売し、仲介業者を排除したおかげで、生産者の収入は同種のコーヒーを通常の販路に卸す場合よりも二五％も多くなる。組合員からの買い取りの最低価格を保証するため、同連合はコーヒーの価格が高い時期に得られるファン・バルデスの収入の一部を留保し、変動幅の大きいコーヒー市場での価格下落に備えて

［バングラデシュ］地域の女性グループが、栄養や健康、基礎的なビジネススキルに必要な計算の研修を行う。
(Photo: Shehzad Noorani / The World Bank)

［コロンビア］コロンビア全国コーヒー生産者連合のメンバーは 566,000 人以上、その多くは小規模生産者である。
(Photo: Luis Felipe Avella)

いる。一九九〇年代初頭にコーヒー危機が発生した際、この保険メカニズムによって、コーヒー生産農家の赤字一五億ドルが補填された。

共有財への投資を後押しする

共有財とは、個人ではなくコミュニティなどが共有する土地や施設のことだが、その整備や管理には、関係者が協調して行動することが不可欠である。道路などの「公共財」は、誰がいくら利用しても減らないが、土地や森林などの「共有財」は、皆が好き勝手に利用すれば、資源が枯渇してしまう。私有財ならば、自分の財産を維持・管理するインセンティブが働くが、コミュニティ全体で共有財を使い、誰ひとり費用を負担したがらない場合、「使った者勝ち」という意識が働いて資源を使いつくしてしまう「コモンズの悲劇」が起こるのである。

インクルーシブビジネスは、コミュニティが共有財への投資を行うよう後押しをすることができる。

たとえば、製品の販売から得られる収入の一部を共有財に投資することが考えられる。あるいは、コミュニティに対して、共有財に投資するよう要求することもできる。その一例がファン・バルデスのリスクシェアリング・モデルである。また、フェアトレード制度では、マリのフェアトレード木綿の取り組みがある。フェアトレードの認証ラベルのお陰で通常より多く得られる収入の一部を、コミュニティに役立つ事業へ投資することを各組合に対して求めているのである。

パキスタンでは、サイバン社が貧しい世帯に利用可能な金額で土地の利用権を与えている。

12. Siddiqui 2005.

利用開始当初、サイバンから提供されるサービスはコミュニティの水供給や町の中心まで行く公共交通など基礎的なことに限定される。毎月の返済が十分に蓄積されると、その資金は、各家庭間の水道アクセス、下水、電気、道舗装といった、より多くのサービスのため使われる。自己融資プロジェクトは、住民の組織化のインセンティブとなり、必要とされる設備のためにすばやく資金を集めることができる(12)。

企業がコミュニティを支援しつつ利益も確保する形で、共有財への投資を後押しした別の事例として、モーリタニアの乳製品メーカー、ティヴィスキによって設立されたNGOがある。このNGOは、同社の乳製品販売収入からの資金を使い、家畜飼料、クレジット、獣医サービスをラクダ飼育者に提供した。彼らはもともとそのようなサービスを受けていなかったし、そのため同社の成長も限定的だったのだが、NGOの設立で、企業とコミュニティの双方が利益を得られるようになったのである。

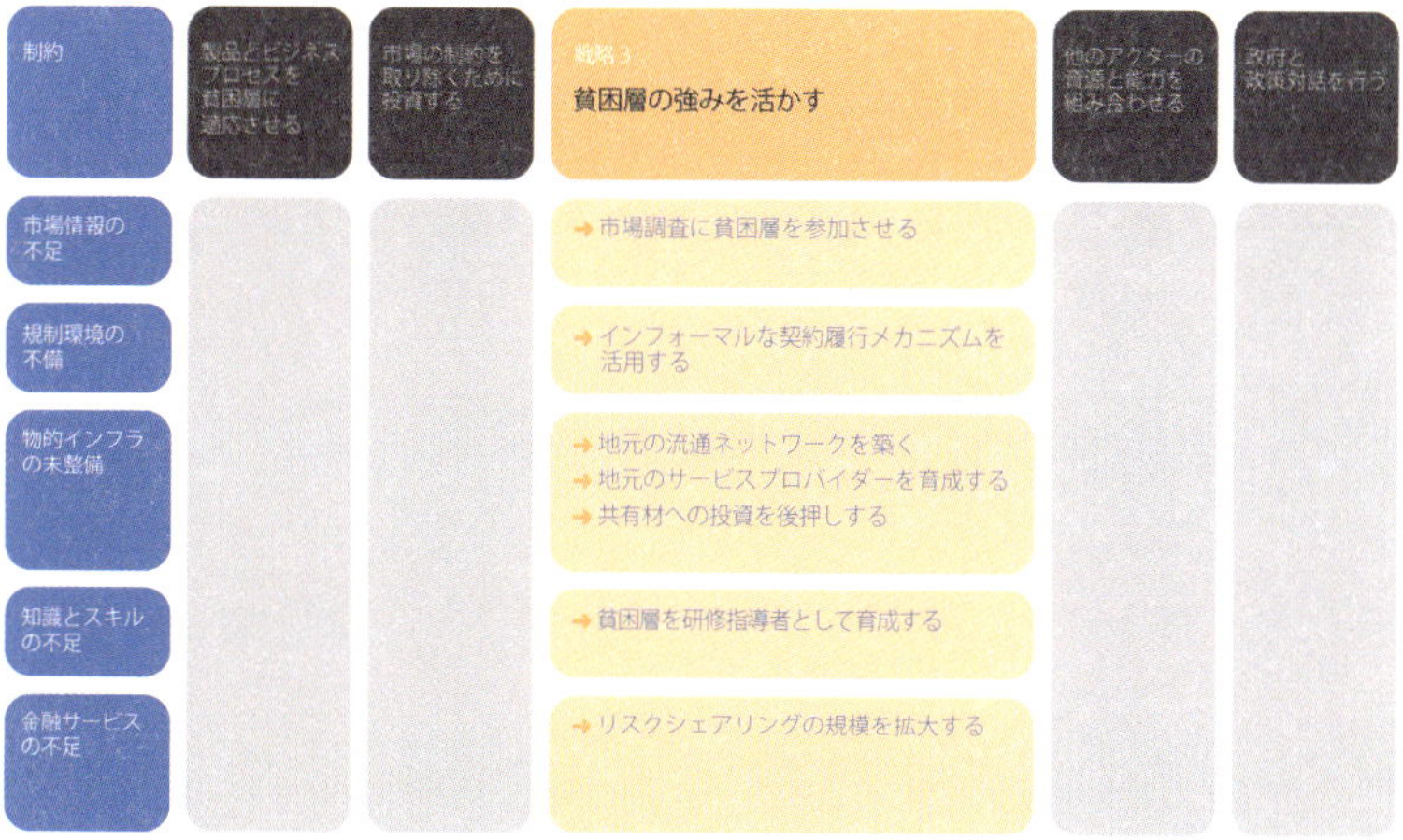

制約	製品とビジネスプロセスを貧困層に適応させる	市場に制約を取り除くために投資する	戦略3 貧困層の強みを活かす	他のアクターの資源と能力を組み合わせる	政府と政策対話を行う
市場情報の不足			→市場調査に貧困層を参加させる		
規制環境の不備			→インフォーマルな契約履行メカニズムを活用する		
物的インフラの未整備			→地元の流通ネットワークを築く →地元のサービスプロバイダーを育成する →共有財への投資を後押しする		
知識とスキルの不足			→貧困層を研修指導者として育成する		
金融サービスの不足			→リスクシェアリングの規模を拡大する		

CHAPTER 06

他のアクターの資源と能力を組み合わせる

COMBINE RESOURCES AND CAPABILITIES WITH OTHERS

［メキシコ］領事館や移民団体との協力の下、コンストラメックス社は、メキシコ人家族が在米移民からの送金で住みやすい住宅を入手するのを支援している。（Photo: CEMEX）

他のすべてのビジネスモデルと同様、インクルーシブビジネスでも、他の企業と相互に利益のある形で協力し、成功することがよくある。

たとえば、セメックス社は、二〇〇〇以上の中小規模の地元商店とネットワークを築いて緊密に協力しており、アメリカに設立した子会社コンストラメックスを通じて、在米メキシコ人移民が家族のために購入した建築資材をメキシコ国内一二〇〇カ所以上で入手できるようにしている。DOLEXというアメリカの大手送金業者とも連携し、販売店の八〇〇カ所以上で、顧客の支払いを可能にしている。

BOX 6-1

コンストラメックス――家だけでなく希望を築く

多くの貧しい人は、日々の暮らしに精いっぱいで、将来を計画する余裕がない。しかしメキシコでは、コンストラメックスが何千もの貧しい人々とその家族たちが一生住み続けられる自宅を入手するのを助けている。コンストラメックスのおかげで、在米メキシコ人移民は、アメリカで得た収入で故郷メキシコに家を買ったり、修理したりすることができる。この事業が始まった二〇〇六年の時点で、在外メキシコ人から何十億ドルもの金がメキシコに送金されていた。にもかかわらず、メキシコでは二五〇〇万人もの人々がまともな住居をもっていなかった。この住宅不足は、メキシコの住宅市場が明らかに供給不足だということを示していた。世界の第三位のセメント会社かつメキシコ最大の建築会社でもあるセメックスは、この状況をビジネスチャンスだと考えたのである。

セメックスは、メキシコの低所得層の消費者を顧客とする事業での経験が豊富だ。すでにパトリモニオ・オイという住宅建設のための小規模融資プロジェクトで成功している。社会問題解決担当部長のヘクター・ウレタは振り返る。「このプロジェクトのおかげで、私たちはコミュニティに恩恵をもたらすことができました。また、我が社のバリューチェーンや関係する中小規模の物流業者も利益を得ましたし、もちろん我が社自身も利益を上げました」

しかし、同部長も認識しているように、在米メキシコ人移民のニーズに応えるのはもっと複雑で難しい。移民たちは、当初考えられていたよりも、自由に使える手持ちの現金が少ないことがわかった。そして、送金に関しては、不正や詐欺や暴力的脅迫などの歴史が長かったので、住宅のための送金計画についても移民たちは心配していた。セメックスは、彼らのニーズや願望を学ぶことに加えて移民からの信頼を獲得する必要があった。

そこで、セメックスは、コンストラメックスによる事業を企画するにあたって、既存の組織と協力して支援を得ることにした。同社は在米メキシコ領事館と協力し、顧客の希望順位や同社の製品に対する満足度を調べた。また、将来顧客になることが期待される人々から信頼を得てブランドを確立するため、メキシコのいくつかの州の移民団体と協力し、コミュニティ改良事業を実施した。この事業には、コミュ

ニティのインフラ整備を支援する社会開発省のマッチングファンド・プログラムからの資金協力も受けた。この相互が恩恵を受ける共同事業によって、コンストラメックスは、ターゲットとなる顧客とうまく付き合い、ニーズに応えられるようになった。また、同社の知名度も上がり、コミュニティの発展に伴って増える利益を得ることもできた。

　コンストラメックスのスローガン「アスラ・パイサノ！」とは、「同胞よ、やればできる」という意味である。同社は、この保証を徹頭徹尾守った。貧しい人がきちんとした安全な家を持てるようにすることは、とても単純な行為だが、同社は、家だけでなく自尊心、安全、将来への希望も築いているのだ。二〇〇六年末までに、コンストラメックスは、建築資材の発送の注文を一万八〇〇〇件受けた。顧客の二三％は女性である。同社の顧客は、将来お金をためやすくなるだろう。なぜなら彼らの家は、もう以前のようにメンテナンスに費用がかからなくなるからだ。そして、この事業によるコミュニティ開発の努力は、その地域のつながりを強めた。

　コンストラメックスは、まもなく持続的に収益を上げられるようになるだろう。最初の四年で、一二二〇万ドルを建築資材の販売で稼ぎ、今後さらに拡大するにしたがってその売り上げがさらに伸びることは間違いない。ウレタは言う。「社会事業によって、わが社はそれまで欠けていた低所得の顧客との直接的な関係を築くことができたのです」

インクルーシブビジネスにおいて、他の企業と協力するのと同じくらい重要なのが、非営利

1. Core competency is 'an area of specialized expertise that is the result of harmonizing complex streams of technology and work activity' (Prahalad and Hamel 1990).

のパートナーとの協働関係を築く戦略である。非営利のパートナーには、教会、農民組合、マイクロファイナンス機関、人間開発や公共サービスを組織の使命とする非政府機関（学校、病院、地方行政組織、政府機関など）などがある。他のアクターとの協力は、ほとんどすべての制約に対して、頻繁に用いられる戦略である。戦略マトリックスに表れていないものでも、他の戦略に関連して用いられたり、他の戦略を強化するものとして、用いられている。たとえば、「貧困層を巻き込む」という戦略のために企業がコミュニティ開発組織と協働したり、「政策対話」の戦略のために他の企業と協調したりする場合がこれにあたる。

インクルーシブビジネスで他の組織と協力する方法は二つある。第一に、能力を相互に補完する方法である。すべての企業は、いくつかの得意分野の能力を組み合わせて、収益面で競争力のあるコア・コンピタンスを追求する一方で、競争力のない分野を外部に委託する[1]。他の組織との相互補完関係の強弱は、サプライヤーと販売者との緩やかな結びつきから、戦略的ビジネス・パートナーシップによる深い関与に至るまで幅広い。

第二の方法は、資源を蓄積してお互いに利用できるようにすることである。これは、規模のメリットを生かしたり、共通の目標を

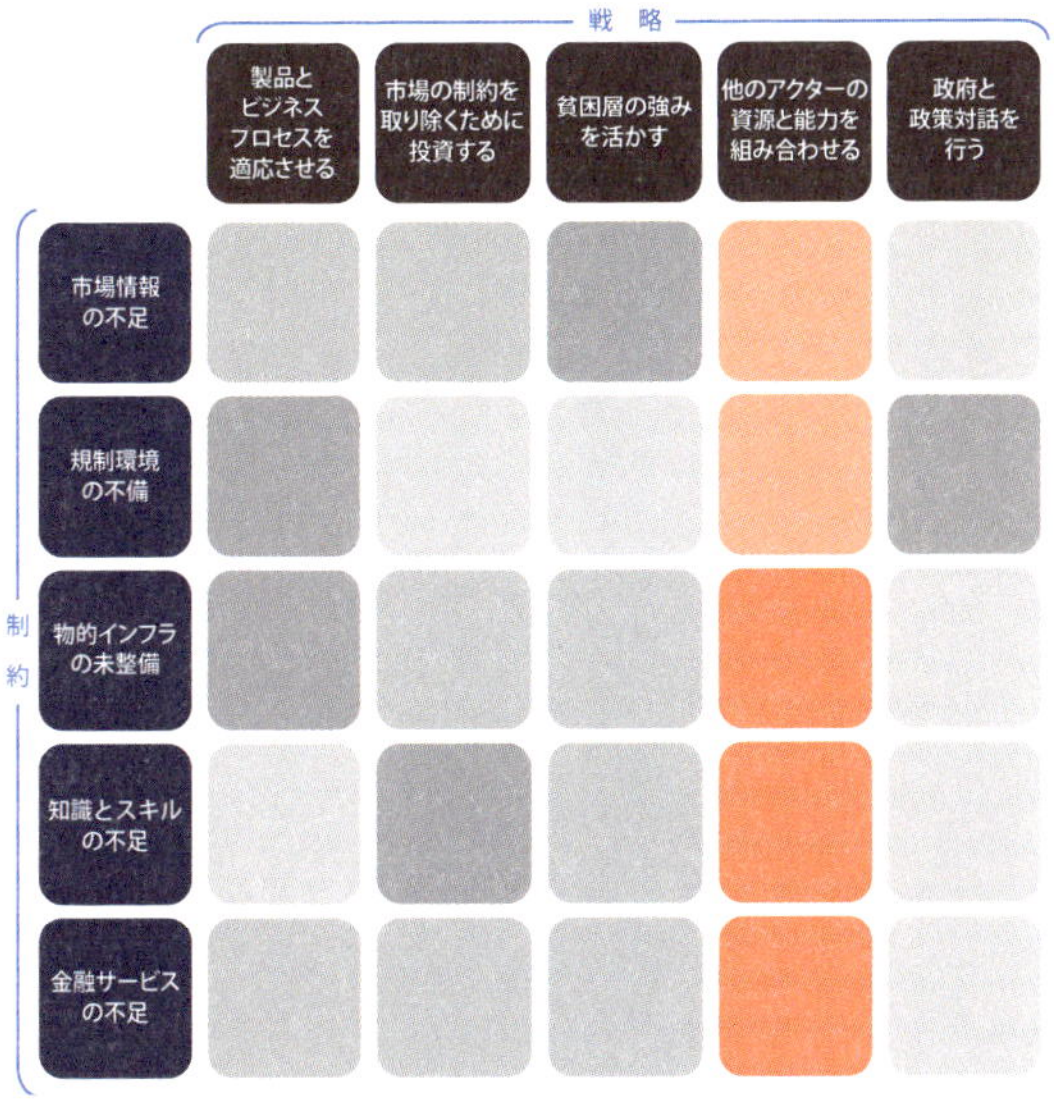

推進したりするのが狙いだが、それほど一般的に実践されているわけではない。企業としては、自社が蓄積した資源をフリーライダー（コストを負担しない他社）に奪われて、比較優位を失うリスクがあるからだ。しかしそれでも成功例は存在する。成功例は、特定の具体的目標のためにとられる小規模な集団行動から、より大きな協力関係まである。前者の例としては、地域内の企業が共同で研修プログラムを実施したり、従業員サービスに関与することがあり、後者の例には製薬会社が研究開発のための資源を共同で蓄積し利用することなどがある。

相互の補完的能力を組み合わせる

ヨーク・サステイナビリティ・リサーチ・イノベーション研究所による事例研究によれば、途上国では、持続性のある企業は、営利企業、非営利団体、開発援助機関を含むさまざまな組織で形成される密度の濃いネットワークを活用して生き延びている。[2] インクルーシブビジネスでは、特に以下の点ですべての組織と協力し、その能力を活用して、成功することができるのである。

- 市場情報を収集する
- 既存の物流ネットワークを活用する
- 知識を広める
- 必要なスキルの研修を推進する

2. Wheeler and others 2005.

●販売網を作り、サービスを提供する
●金融商品・サービスの利用を支援する

市場情報を収集する

対象とする市場を把握したり、市場の潜在力を評価したりするうえで必要なデータが公表されていない地域では、ターゲット・グループとすでに接点のある組織が、彼らのスキルや志向、特性についての定性的情報を持っている可能性がある。場合によっては貴重な定量データを持っているかもしれない。行政機関や開発銀行、その他援助機関は企業が必要としている統計的情報や産業調査を提供できる場合もある。セメックスは、アメリカの主要都市にある複数の在米メキシコ領事館と協力して、メキシコ人移民の市場調査を行った。

また、企業や市民団体（CSO）は、誰が市場に参入しているのか、そのうち潜在的なパートナーは誰か、どう連携すべきかなどの情報を提供できる。一九九七年、バングラデシュのマイクロファイナンス機関であるグラミン銀行と、ノルウェーの通信会社テレノールは合弁事業を開始した。バングラデシュの人々に電話と新しい収入源を与えるためにグラミンフォンが設立されたのである。かたやグラミン銀行は、地元のインフラや運営組織を持っていて名声もある。一方のテレノールは、技術専門家と投資能力を抱えている。彼らのアイデアは、グラミンの顧客が電話を買い、近隣の人々に貸し、手数料を稼ぐという、マイクロフランチャイズ制度を築くというものだった。グラミン銀行はマイクロファイナンスの顧客の中から、一〇万人を村のテレフォン・レディとして選び、マイクロフランチャイズに参加してもらった。ここからの売り上げはグラミンフォンの収益の一〇%を占める。[3] ニコラス・サリバンが書いたように携帯電話は「新しい牛」（つまり収入源）となって、融資を受けた女性たちの有力な投資先となったのである。[4]

新しい事業モデルを始めるにあたり、特に市場情報が限られている場合、良いパートナーを見つけるのは簡単ではない。そこで、仲介役になれるのが「パートナーシップ・ブローカー」である。ここでいう「パートナーシップ・ブローカー」は、他との協力をいとわない組織の情報をさまざまな分野から集めて蓄積する。そして、特定の事業のために適切なパートナーを探すのを手伝い、どのような協力関係を築き、維持するかを指南する役割を担う。

BOX 6-2

パートナーがいないときにどうやってパートナーを見つけるか

ブローカーの役割を果たす機関や事業を以下に挙げた。網羅的なリストではなく、国レベル、地域レベルでは、もっと多くのブローカーが存在する。

多国籍援助機関

- 国際金融公社（IFC）ビジネスリンケージプログラム、草の根ビジネスイニシアチブ (Business Linkages programme and Grassroots Business Initiative)
- 国連グローバルコンパクトネットワーク (Local Global Compact networks)

3. Mair and Seelos 2005.
4. Sullivan 2007.

- 国連貿易開発会議（ＵＮＣＴＡＤ）ビジネスリンケージプログラム（Business Linkages programme）
- 国連開発計画（ＵＮＤＰ）持続可能なビジネス育成イニシアチブ（Growing Sustainable Business Initiative）
- 国連工業開発機関（ＵＮＩＤＯ）工業サブコントラクティング・パートナーシップ促進プログラム（Industrial Subcontracting & Partnership eXchange Programme (SPX)）

二国間援助機関

- 英国国際開発省（ＤＦＩＤ）ビジネスリンケージチャレンジ基金（Business Linkages Challenge Fund）
- ドイツ連邦政府技術協力機関（ＧＴＺ）官民パートナーシッププログラム（Public-Private Partnership programme）
- オランダ開発機構（ＳＮＶ）と持続可能な開発のための世界経済人会議（ＷＢＣＳＤ）のインクルーシブビジネスアライアンス（Inclusive Business Alliance）
- 米国国際開発庁（ＵＳＡＩＤ）国際開発アライアンス（Global Development Alliance）

非政府組織

- アショカ財団（Ashoka）
- イナブリス（Enablis：起業家育成ネットワーク）

- エンデバー（Endeavor）
- アフリカ成長のための戦略的パートナーシップ（Strategic Business Partnerships for Growth in Africa）
- タイ農村開発のためのビジネスイニチアチブ（Thailand Business Initiative in Rural Development）
- テクノサーブ（TechnoServe）
- ユース・ビジネス・インターナショナル（Youth Business International）

商工会や企業ネットワーク

- 国際ビジネスリーダーズ・フォーラム（ＩＢＬＦ）と英国国際開発研究所（ＯＤＩ）のパートナーシップ仲介認可制度（Partnership Brokers Accreditation Scheme：ＰＢＡＳ）
- 国際レベル、地域レベル、国レベルの商工会（インド産業貿易情報ネットワークなど）
- 南アフリカビジネスイニシアチブ（National Business Initiative in South Africa）
- フィリピン社会発展のためのビジネス（Philippines Business for Social Progress (PBSP)）
- 持続可能な開発のための世界経済人会議（ＷＢＣＳＤ）の地域支部
- 世界経済フォーラム（World Economic Forum）慢性的飢餓反対ビジネス連盟（Business Alliance Against Chronic Hunger）

政府機関や官民連携組織

- ビジネストラスト（Business Trust）（南アフリカ）

●経済や持続可能な開発のための国レベルの取り組み（南アフリカ国家経済開発労働評議会など）
●都市貧困層のための水・衛生ネットワーク（Water & Sanitation for the Urban Poor (WSUP)）

Source: Adapted from Nelson

既存の物流ネットワークを活用する

物理的なインフラが不十分な地域では、製品の集荷や配送に関して輸送上の問題を解決しなければならない。インクルーシブビジネスの場合、他の組織のネットワークを活用すればよい。営利事業がほとんど存在しない場所では、非営利団体や公共サービス機関がそのようなネットワークを持っているからだ。

既存のネットワーク、たとえば保健分野と協力すれば、輸送問題の解決以上のことができる。国境なき医師団は、サブサハラ・アフリカに広範なネットワークをもつ非政府団体だ。彼らは伝染病が蔓延する地域や、紛争地、自然災害や人災などの影響をうけた地域に緊急援助を行っている。製薬会社のサノフィ・アヴェンティスは、国境なき医師団と協力し、眠り病に対する薬を配布した。

両者の能力は相互補完的である。サノフィ・アヴェンティスは、薬と資金を支援し、国境なき医師団は医療と物流の能力を使って遠隔地での医薬品配布管理をした。この共同作業で三六カ国一四〇〇万人の患者が救われた。

知識を広める

メディアの密度や識字率が低い場所では特に、他の組織と連携することによって、地元とのコミュニケーションの窓口が開かれる。そのような能力をもつ組織とは、学校や大学、保健サービスや行政機関である。

マダガスカルでは、バイオネクス社が、クソニンジンというマラリア治療に用いられる薬用植物を栽培している。当初農民は、この植物の栽培に何の価値も感じなかったので、同社が生産拡大したくても、農民に栽培してもらえなかった。そこで、バイオネクスは、地元の宗教ラジオ局と協力して、クソニンジンを栽培することのメリットを啓蒙し、抵抗感をなくす情報を流した(5)。

啓蒙キャンペーンに政府を巻き込むことは、情報提供以上の意味を持ち、企業の信頼性を高める。ポーランドでは、ダノン社が、ミルクスタートという低所得世帯向け幼児食品の栄養価値について、政府特有の情報伝達能力を活用した。それは、子供の健康について親たちの意識を高める社会活動から始まった。メディア、学校、政府代表が協働し、わかりやすくてシンプルな「健康に必要な一二カ条」を提案した。シフィエンティクシシュ県の知事室による「私たちは元気に育つ」プログラムでもこの一二カ条が採用された。地区の先生たちは、親子の参加する会合で、ミルクスタートのサンプルが含まれる教育用特別パックを使用した。

必要なスキルの研修を推進する

一般的に、田舎の村や都市のスラムに住む人々に対して研修を行えるのは、農村開発や保健、

5. UNDP Madagascar 2007.

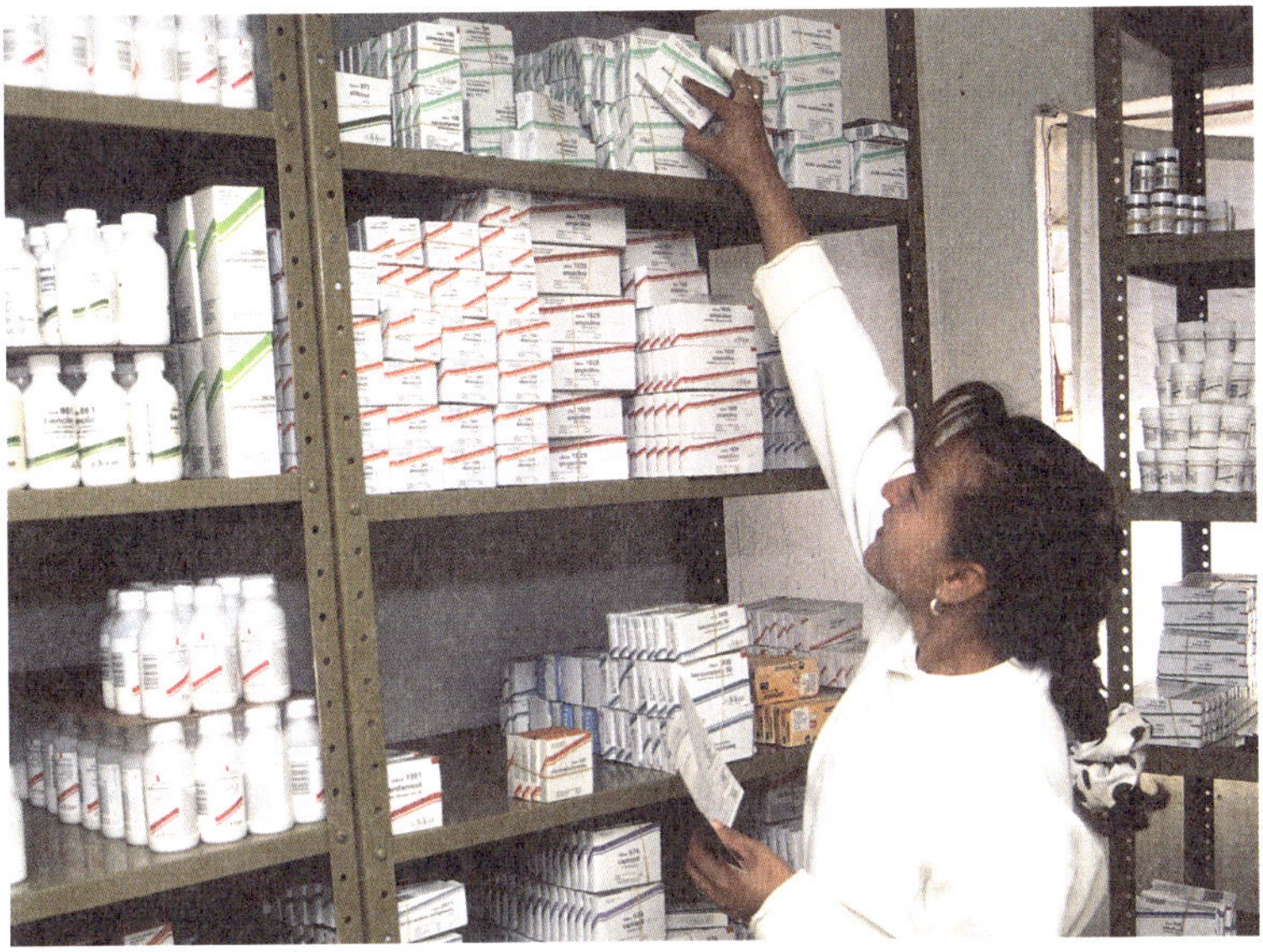

［メキシコ］サノフィ・アヴェンティス社は国境なき医師団の物流ネットワークを使って医薬品を配布した。
(Photo: Inter-American Development Bank)

［コスタリカ］NGO などの組織が識字やコンピュータスキルなどの研修を行っている。
(Photo: Inter-American Development Bank)

衛生、家族計画、識字その他の能力育成などを活動目的に掲げるＮＧＯや公共プログラムである。すでに実績のあるこれらの組織と協力すれば、研修参加者の信頼を得ることができる。

たとえば、アマンコ社はグアテマラとメキシコで、農民に灌漑《かんがい》システムの教育を行う際、地元のＮＧＯの協力を得た。協力したＮＧＯは、システムの利用方法を実演して、利点を示した。農民はすでにＮＧＯの普及サービスに慣れ親しんでいるので喜んで受け入れた。このモデルは、アマンコの成功に大きく貢献し、二〇〇五年にラテンアメリカ・カリブ地区での同社の売上総額は、六億八八〇〇万ドルに達した。そして、農民や零細事業主、環境に対しても良い影響をもたらした。

またフィジーでは、多くの人々が公式な銀行サービスを利用できていない状況を改善するために、ＡＮＺ銀行とＵＮＤＰとが協働した。ＡＮＺ銀行が、二五〇村を定期的に回る六つの移動銀行による農村銀行サービスを始める一方で、ＵＮＤＰが必要な技術研修サービスを行った。まず、農村コミュニティ向けの金融リテラシープログラムを開発し、中心となる仲介組織（地元行政、ＮＧＯ、コミュニティ代表）に研修を行った。ＡＮＺ職員に対しても研修を行い、技術指導も行った。この協働作業は成功し、最初の一八カ月で五万四〇〇〇件の農村銀行口座が開設され、最初の一年で四〇〇件の融資が認可された。この方法は、同地域内の太平洋島嶼《とうしょ》国でも模倣されている。[6]

販売網を作り、サービスを提供する

販売やサービスというものは、顧客が必要とするときに簡単に利用できるか否かで、その質

6. Liew 2005.

が決まると言ってよい。企業が新たな市場に参入する際、独自に新たな販売サービス・ネットワークを築くよりも、他の機関が築いた既存のネットワークを活用するほうが効率的なことが多い。

ガーナでは、バークレイ銀行が、地元スス集金業者協会と協力し、両者にメリットのあるサービス提供方法を確立した。ススとは、アフリカ諸国に見られる伝統的な制度で、集金業者が定期的に家庭を訪問して貯蓄を集め、各世帯は少額の料金を払う。集金業者は、短期で少額の融資も行う。このようなスス集金業者が、ガーナには約四〇〇〇人おり、各業者が一日に二〇〇〜八五〇世帯を顧客としている。バークレイ銀行は、このスス業者が築いた顧客とのネットワークを活用したのである。スス業者は、同行の支店に安全にお金を預けることができるようになった。そして、預金で得られる金利はスス業者と顧客の収入となる。

バークレイ銀行は、スス業者に資金管理方法の研修を行い、スス業者は学んだことを顧客に提供できる。この見返りにバークレイ銀行は、スス業者の顧客を効率よく取り込むことができるわけである。同行は、スス業者が築いた顧客との良好な関係を活用し、顧客情報も得ることができる。このプログラムによって、同行は自前のネットワーク拡大に投資する必要がないためキャッシュフローが改善する。また、小規模企業向け融資などの他のサービスも、スス業者を通じて提供できるのだ。

インドの大手民間銀行の一つＩＣＩＣＩ銀行は、マイクロファイナンス向け融資を拡大するために、非政府のマイクロファイナンス機関と協力した。マイクロファイナンス機関が、潜在的な顧客（マイクロファイナンスの利用者）を選定し、融資を決定し、銀行の代わりに実際にお金を渡す。そして融資をモニターし、サービスする。見返りに、マイクロファイナンス機関は融資利用者からサービス料を徴収することができる。このモデルの導入からたった二年で、ＩＣＩＣＩ銀行は、一二年の活動実績があるインドの最大のマイクロファイナンス機関よりも多くの顧客を扱うようになった。[7]

BOX 6-3

マイクロファイナンス機関——農村の代理店？

マイクロファイナンス機関は、多くの国で他の組織に比べて最も大きなネットワークを持っており、僻地の農村にさえ貯蓄・貸付グループがある。他分野の企業もこの能力を看過してはいない。

たとえば、インドではマイクロファイナンス機関のＢＡＳＩＸが、貯蓄や貸付のサービスだけでなく、医療や家畜・作物の保険、送金などの金融サービス、農業やビジネス育成支援サービス、政策対話を仲介するといった組織育成サービスなども行っている。顧客は農村と都市部の貧困層で、女性が大部分を占める。企業がマイクロファイナンス機関のネットワークを活用すると、農産品の集荷やサービスの提供と同時に、金融サービスも提供してもらえるというメリットがある。

一例として、ＢＡＳＩＸがペプシコ社と協力し、フリトレー社向けのチッ

［マダガスカル］マイクロファイナンス機関の持つ広範なネットワークは他の企業にとっても活用する価値がある。(Photo: Adam Rogers / UNCDF)

プス用イモの生産に取り組んだ。二〇〇六~〇七年に、一一〇〇件の農家がこの事業に参加した。参加した農家は、クレジットと作物保険と、質の良い農業生産財が利用できるようになり、イモの生産は大幅に増大した。二〇〇八年、BASIXがフリトレーのために調達を管理するイモは四〇〇〇トンに上ると予測されている。

金融商品・サービスの利用を支援する

貧困層が金融機関を利用できない環境で、クレジットや保険を必要とする事業を進める場合、貧困層の金融サービス利用を企業が支援していかなければならない。多くの場合、既存の金融サービスプロバイダーの提供する各種の金融商品を利用することになる。既存の金融プロバイダーとは、マイクロファイナンス専門機関、商業銀行、政府機関などである。

ブラジルのVCP社は、既存の融資機関と協力し、ユーカリ生産農家に対して、彼らのキャッシュフローに合わせたクレジットを提供した。ユーカリは植えてから収穫できるようになるまで七年かかる。そこで、ユーカリ農家は、融資機関であるABNアムロ・リアル銀行から融資をうけて苗木を植樹し、七年後に成長した材木をVCPが買い上げるときに借入金と利子を返済する。農民は、蓄えなしで、また自分の財産を担保に入れなくても、苗木を植えることができる。

ABNアムロ・リアル銀行の融資分析官であるマウリック・ジェヒは銀行の目的を語る。

「環境面での配慮の一方、プロジェクトは興味深い社会的側面と地域開発の可能性があります。

7. Ivatury and Abrams 2005, p. 14, cited in UNDESA/UNCDF 2006, p. 86.

それに銀行が浸透していない地域で新しい顧客を発掘する可能性もあるのです」
同行は、事業開始から七年の二〇一二年までに、三〇〇〇万ドルの融資を行い、二万～二万五〇〇〇の生産者を裨益することになると予想されている。

また、インドの病院グループであるナラヤナ・ヒュルダヤラヤは、バイオコーン財団と金融プロバイダーのICICIロンバードと協力して、所得の低い患者向けの保険スキームを開発した。加入者は毎月一五ルピー（約三ドル）を支払う。この保険では、入院費用が三日分無料となり、外来診療は標準料金の半額負担ですむ。患者は、慈善団体や政府が運営する農村部の病院でサービスを受けることができる。

コロンビアでは、地方政府による興味深い事例がある。民間セクターと協力して、金融商品やサービスへのアクセスを提供し、情報や技能不足といった制約を取り除いたのである。メデリン市政府が主導して立ち上げた「文化とともに《クルトゥラ・エ》」という事業で、セデソス（企業育成のため地域センター）の設立を目的としている。セデソスは、最貧困地域に設立され、オポチュニダデス銀行という政府系銀行と一四の民間マイクロファイナンス機関で構成されるネットワークの事務局となった。このネットワークは、企業が持つ資源とニーズに最も相応しいマイクロファイナンス機関を紹介する。そして、クレジットフェアでは、各機関が提供している金融と非金融サービスについての情報を提供している。セデソスはまた、革新的なやり方で起業の文化を育てようとしている。たとえば、立ち上げ資金コンテストだ。毎年、市内全域の事業者に呼びかけて、事業計画を提出させ、政府提供資金による事業立ち上げ資金を申請させる。申請書は誰にでも書きやすい形式になっているが、事業計画をうまく書けない事業者は、セデソスのスタッフやNGOからの支援を受けられる。事業立ち上げ資金を得られれば、アイデアを事業化させて自立するまでの間、指導を受けることができる。(8)

資源を共同で蓄積し、利用する

インクルーシブビジネスの直面する課題が、市民団体や政府機関も経験済みの課題であるならば、協力してその経験や能力を生かすのが効率的である。だが、そのような経験やノウハウのある機関が存在しない場合はどうすべきか。あるいは、簡単には解決できない性質の制約で、しかし、それを解決しなければビジネスが成り立たないとしたら？　そうした状況での成功のカギは、不足しているものを補い、必要な市場環境を整えていくことである。知識やスキルやインフラや金融製品・サービスの不足を埋めるために、ときには企業一社が独自に投資することもあるだろう(第四章参照)。しかし、一企業が負担するには投資額が大きすぎて、複数の協力機関で資源を蓄積し共有することによってのみ、解決できる場合もある。

制約を取り除くための投資については、他人の投資に「ただ乗り」したいというインセンティブが働くので、協調行動を組織するのが難しいことが少なくない。だから、各メンバーが合意した役割をきちんと果たすガバナンス構造をもつ組織で投資し、資源を蓄積・共有していくべきである。たとえばビジネス協会など既存の信頼できる仲介機関を使ってもよいし、専従機関を新たに作ることもありうる。

当節では、以下の目的のために、インクルーシブビジネスが、他の企業やCSOとどのよう

8.　Noguera 2008.

に協働関係を築くことができるかを議論する。

- 市場情報を収集する
- 市場インフラの不足を補う
- 自主規制を行う
- 知識とスキルを育成する
- 金融商品・サービスへのアクセスを拡大する

市場情報を収集する

格付機関というのは、融資対象となる顧客の情報を融資機関に提供する機関である。その情報のおかげで、各融資機関は顧客の情報を独自に収集する時間や費用をかけずにすみ、融資手続き費用を削減できるし、銀行はより少額の融資をより低い金利で提供できる。しかし、途上国の中小企業に関しては、このような情報提供サービスがほとんど存在せず、中小企業が十分に融資を利用できない一因となっている。この情報不足を補うため、インドのＩＣＩＣＩ銀行とスタンダード・チャータード銀行、その他のいくつかの国立銀行は、合弁で中小企業の格付け機関を設立した。(9) この機関は、融資機関が中小企業に対して要求する内容を一元化して、各企業の信用力について信頼できる評価を行うことにした。

資源を蓄積・共有する戦略は、市場情報の不足を埋めるのにも有効な戦略だ。世界経済フォーラムの「慢性的飢餓反対ビジネス同盟」は、バリューチェーンを改善し、飢餓にあえぐ地域の

9. Jenkins 2007.

食糧供給、栄養、収入を向上することをめざしている。協力の範囲は、グローバルからローカルのレベルまで及び、また多様な業種の民間企業が地域のコミュニティやパートナーと協力している。商品化できそうな地元の産品に関する情報をコミュニティレベルで収集し、それらに対する需要がコミュニティ周辺地域、国全体、周辺国でどれだけあるのかを地元の専門機関が評価し、情報を蓄積している。これをもとに、パイロット地域で投資開発を行って商品化する産品を決定する。ケニアのシアヤ地区では、同盟に参加するパートナーが一四のパイロット・イニシアチブを実施しており、そのうちのいくつかは、ミレニアムビレッジプロジェクトと連携している。地元の農家や小規模小売店が生産能力を高め、販路を増やすことをめざしているのである。

これらのプロジェクトは、地元企業や多国籍企業が主導し、NGOやコミュニティメンバー、地方や中央の政府と協力して行われている。外部からの地域コミュニティに対する働きかけは、周りと関係を持たずに孤立して行ったために失敗する例が後を絶たない。この同盟の枠組みでは、バリューチェーンに関連した複数のパートナーと協力し、制約を取り除いたり機会を増やしたりする方法を探り、成果をできるだけ持続させることをめざしている。

市場インフラの不足を補う

一般的に、基礎的な物的インフラは政府の管理下にあるので、道路や港や送電線などの建設が必要な場合、企業は政府と協力することが多い。しかし、冷蔵輸送網や、下水処理工場、加工・包装設備などといった特定のインフラについては、地域内の企業や同業種の企業が共通して必要としているかもしれない。これらの不足を補うために、共同で投資し、資源を共同利用する方法が取れる。あるいは、共同でプロバイダーと契約し、決まった額を買い取ることを保障するという方法もありうる。

南インドのタルミナドゥ州では、地方政府が地元のティルプール輸出業者協会と民間金融機関であるIL&FSと協力し、合弁会社新ティルプール地域開発会社を設立した。この街は、繊維産業を中心とする経済で成り立ち、八万人のスラム住民を抱えているため、同社が上水道と下水処理の問題解決にあたっている。

この事業が始まったきっかけは、地元の産業界代表などが参加する関係者懇談会である。地域のインフラの問題を洗い出し、改善の優先順位をつけることを目的に開催されたもので、すべての関係者が資源を蓄積・共有できるよう、地方政府が調整役となったのである。この懇談会で、最優先して改善すべきは水供給の安定化だと決められ、合弁事業の実施項目には、質の良い水の安定的供給、下水設備と下水処理場、低価格のトイレが入れられた。トイレの利用料については、企業には高めに、スラム住民に対しては低めに設定されている。これらのインフラ改善事業のため、新ティルプール地域開発会社は、上水道と下水道を整備した。この事業資金は市場金利で調達されている。

この事業により、繊維工場は、質の良い水を安定的に利用できるようになった。水道供給網が拡大したことで、特に恩恵を受けたのが農村の貧困層であった。事業の開始前、四万三〇〇〇世帯が水道に接続していたが、事業開始後、八〇〇〇世帯が新たに接続し、さらに一万七〇〇〇世帯分の能力がある。

10. USAID 2006.
11. Lartigue and Koenen-Grant 2003.

自主規制を行う

自主規制は、政策決定者の動きを待たずして、規制環境を改善するのに役立つ。たとえば、国内で紛争が起きていて、政府の力が国全体に及んでおらず、あてにならないときなどに有効だ。シエラレオネでは、デビアス社とラパポート社は、国際開発機関や各国政府とともに平和ダイヤモンド同盟を結成した。これは、小規模な鉱山採掘者からのダイヤモンド購入を、公正かつ競争的な価格で行うための仕組みである。

この同盟により、正規のダイヤモンドの輸出額は、一九九九年の一五〇万ドルから二〇〇三年の七〇〇〇万ドルにまで増大し、相当な規模の資金がシエラレオネ国内に還流した[10]。その資金は、学校や市場、その他の公共施設の建設に用いられた。同国のダイヤモンドの価格やロイヤルティ（ブランド商標使用料）が初めて監視されることになり、鉱山労働者は原石の価格を知らされ、環境破壊の問題が指摘されるようになった。そして、鉱山労働者、特に児童労働者への搾取が軽減された[11]。

グローバルなバリューチェーンの中で、貧しい人々が生産者や従業員として参加している場合、自主規制は国境を超えて効果を発揮する。ひとつの業界内で共通の基準を設定すれば、企業同士の社会的・環境的責任の「引き下げ競争」を避けることにつながる。価格競争が熾烈な場合

［フィリピン］マニラ・ウォーター社は水道と下水処理サービスを提供している。
（Photo: Manila Water）

はなおのこと、共通の基準がなければ「引き下げ競争」を避けるのが難しい。

アパレル産業では、サプライチェーンの中で、社会的規範を守るために、国際的な倫理規定と独立した管理メカニズムとを設定した。「世界・責任あるアパレル生産」システムは、労務管理と税関登録の分野の倫理規定を設定し、加盟企業が順守しているかを認証している。同様に繊維輸出業協会も倫理規定を設定しており、バングラデシュ、エルサルバドル、グアテマラ、ホンジュラス、マレーシアで参加企業に教育プログラムを実施している。[12]

知識とスキルを育成する

ある産業分野で複数の企業が類似の事業を行っていて、独占的に自社のバリューチェーンに協力してくれる相手（サプライヤー）を確保できない場合、サプライヤーの技能向上は、各社の利益につながる。これは、複数の企業が参入している農産品市場などでよく見られることだ。このような市場では、一企業が費用を負担してサプライヤーを訓練しても、費用を負担した企業の利益に結びつかないという状況も発生する。ある企業の研修を受けたサプライヤーが、生産物をその企業には売らずに、より高値で買ってくれる企業に売ってしまうことがありうるからだ。解決策としては、複数の企業が協力し、場合によってはＣＳＯとも連携して、サプライヤーの知識やスキルを高めるための投資を共同で行い、相互に利用できるようにすることが考えられる。

「世界カカオ財団」がその例である。同財団には、ＡＤＭ、カーギル、ＥＣＯＭ、ハーシー、

12. Business for Social Responsibility 2004.

クラフト、ネスレ、スターバックスなど五〇社以上が参加しており、米国国際開発庁と協力し、「持続的な果樹プログラム」を通じてアフリカ諸国（カメルーン、コートジボワール、リベリア、ナイジェリアなど）のカカオ農家を支援している。カカオ生産では農民組織が農家との重要な仲介役を果たしており、市場への出荷、研修や調達、クレジットの支援を行っている。しかし、これらの組織は訓練を受けたスタッフが不足していることが多い。そこで世界カカオ財団は、カカオ農民組織の能力を高め、生産物販売から得られる農民の利益を増やした。一方で財団に参加する企業は、カカオの質の向上と供給の安定という恩恵を受けた。

金融商品・サービスへのアクセスを拡大する

金融商品・サービスが届きにくい地域でのアクセス改善にかかる費用を企業が分担しあうこともありうる。南アフリカ共和国の四つの主要銀行、アブサ銀行、ファーストナショナル銀行、ネドバンク、スタンダード銀行は、国営の郵便銀行と協力して、コストが安く利用しやすい銀行サービスを、全国民のアクセス可能な場所（一五キロメートル以内）に配置した。サービス内容はＡＴＭやムザンシと呼ばれる貯蓄口座などである。今や、各行は口座獲得競争をしているが、ブラ

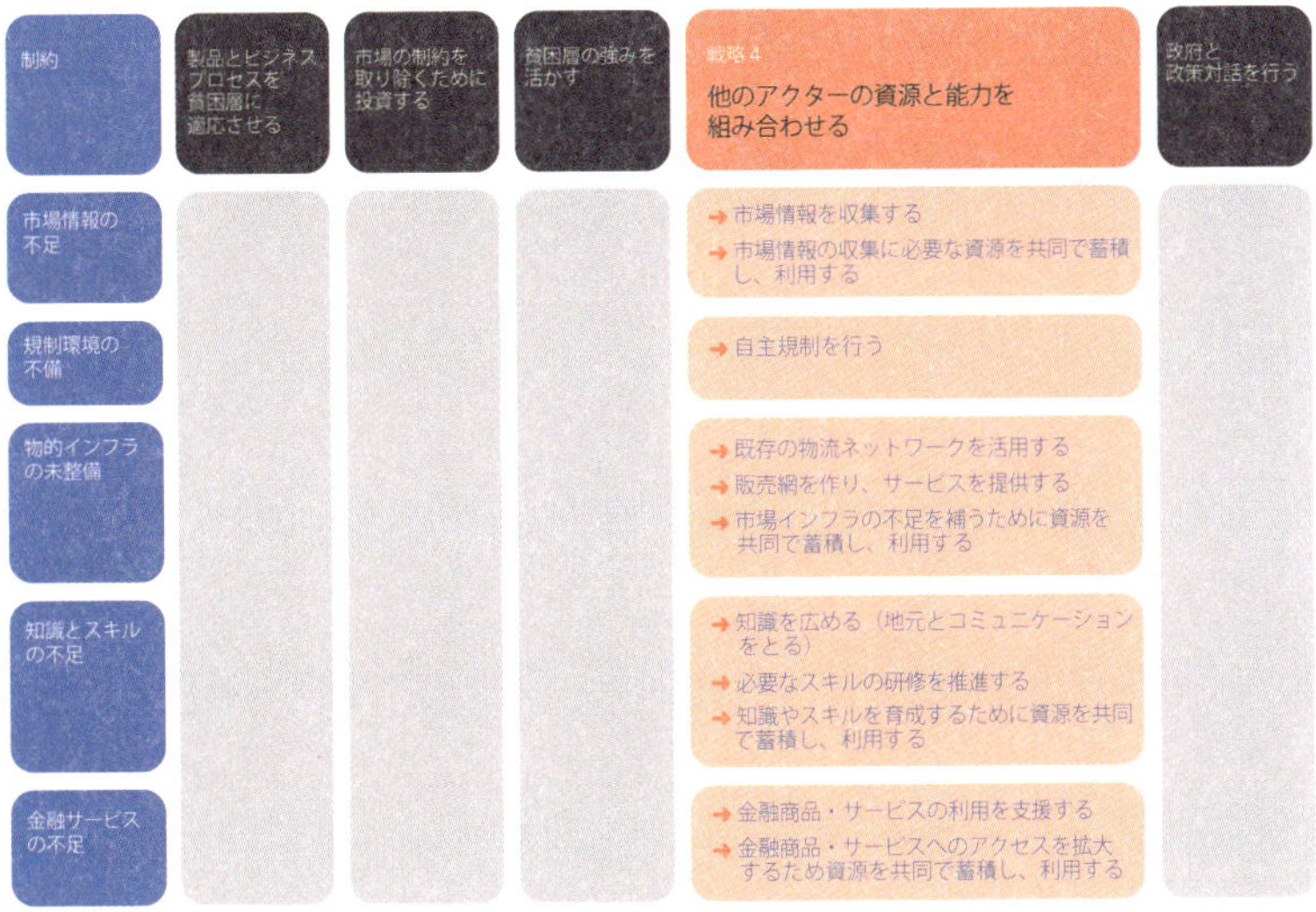

ンド開発コストは、一五〇〇万ランド（約二〇〇万ドル）を分担して負担した。[13] この協力により、二〇〇四～〇六年の間に、三三〇万人の人々が銀行サービスを利用した。[14]

13. Business Day 2005.
14. The Banking Association, South Africa, website (www.banking.org.za).

CHAPTER 07

政府と政策対話を行う

ENGAGE IN POLICY DIALOGE WITH GOVERNMENTS

[フィリピン] スマート・コミュニケーションズと政府当局は、モバイルバンキングを人々の生活に役立てるため、政策対話を行って規制を適合させた。(Photo: Smart)

ココテック社の事例は、公共政策の支援がインクルーシブビジネスの成功に大きな役割を果たすことを示してくれる。この事例では研究支援や大統領令がその役割を果たしたが、どのような形態であれ政府による支援は重要である。他の事例の中には、政策を新たに策定したり改定する必要があるもの、政策の支援がなければ成り立たないものもある。たとえば、メキシコのアマンコ社による小規模農家向けの小規模灌漑用機材販売パイロット事業では、事業の成否は農民自身が公的な補助金を得られるかどうかにかかっていた。アマンコは、社会起業家に頼り、農民の代わりに一件ごとに補助金交渉を行ってもらった。またガーナでは、バークレイ銀行が、マイクロクレジットのサービスに協力してくれるスス集金業者の数を増やそうとしたが、それは難しくてリスクの高いことだった。今日のガーナの法規制では、オフィシャルなスス集金業者協会に所属している業者だけが規制対象になるので、協会に所属していない業者とは取引をしにくいからだ。

BOX 7-1

ココテック――斜陽のココナッツ産業を再生する

フィリピンのココテックは、廃棄されるココナッツの殻からジオテキスタイル（土壌保全強化用の繊維ネット）を製造している。同社の設立者で代表を務めるのがジャスティノ・アルボレダ博士で、「ボ」の名前でフィリピン中に知られている。ボは、ゼロから計画を立案して、信念の力でインクルーシブビジネスを成功させた地元起業家を体現している。

ボは海外の大学で科学と農業工学の博士課程を修了したのち、故郷のビコルに帰郷した。ビコルの主要産業はココナッツ生産なのだが、彼はそこでココナッツ生産農家の窮状を目の当たりにして衝撃を受けた。作物や農地は、定期的に起こる洪水や地滑りのせいで、恒常的に危機にさらされていたのである。また、世界第二のココナッツの生産国フィリピンでは、ココナッツの殻が毎年六〇億キロも廃棄されていることに気付いた。これは廃棄物と温室効果ガスの主要な原因になっている。

農業学者であるボは、農業と環境には深いつながりがあることを理解していた。そこで、ココナッツの殻の使途を見つければ、自然災害の危険性を減らしつつ、農民の収入を増やす機会があると考えたのである。そのときは、ココナッツの殻に付加価値をつけるために何ができるかはまだ分かっていなかったが。

ココナッツの廃棄物の生産的な使用方法を開発するというボのチャレンジが始まった。政府の研究開発活動は主に米とトウモロコシが中心で、他の農産物にはあまり関心がもたれていなかった。当初、政府が立ち上げ資金や市場調査の支援を行わなかったので、農民組合はボのプロジェクトにはあまり関心を持たなかった。

そこでボは、政府の主要な研究開発機構に働きかけて、数カ月の後、ココナッツの殻の有効な利用方法の研究に取り組んでもらった。この研究から、ココナッツの繊維は、網にできる可能性があることがわかった。さらに、生物的に分解されるので、土壌流出を防ぐため土に埋めて野菜栽培を安定させることがわかった。しかも、ココナッツ繊維のネットは、同じような目的で公共事業に用いられている輸入財よりもずっと安かったのだ。ボは、コココナッツ繊維のネットの長所を地方政府に紹介した。地方政府は、ついに地域の農家との提携を支援してくれることになり、ボの最初の顧客となった。

ココテックがココナッツ繊維のネットを作れるようになると、次のチャレンジは、市場作りである。ココナッツ繊維のネットへの国際的な需要は大きいし、十分な供給があるわけではないが、輸送費がかかるうえに販売価格が安いので収益性は高くないと考えられた。そこで国内市場を開拓する必要があった。研究結果が良好だったので、政府がココナッツの殻の製品を推奨するようになれば国内市場を開拓できると考え、ボは大統領の覚書を起草してアドボカシーを行った。これが採択され、すべての政府のインフラ事業にはココナッツ繊維を使うことが義務付けられたのだ。

ココテックは、コミュニティに基盤をおく小規模なプロジェクトから始まり、一九九三年当時の最初の資本金は七〇〇〇ドル、従業員は五人にすぎなかったが、二〇〇六年には、二五人を雇用し、年間三〇万ドルをかせぐ中規模の企業に成長した。

ココナッツ繊維ネットの製造に携わる会員は六〇〇〇世帯以上で、ほとんどが女性である。

ボは、二〇〇五年に世界チャレンジ賞を受賞した。ボは言う。

「私にとっては受賞そのものより、受賞によってココナッツ繊維製品を世

［フィリピン］ココテック社は廃棄されるココナッツの殻を、土壌汚染を防止する生分解性のネットに変えている。
(Photo: UNDP)

界中に広めやすくなったことの意味が大きいのです。そうなればココナッツ生産国でもっと多くの仕事を生み出すことができ、貧困の削減に役立つからです」

法的な制約は、明らかに政府の権限に属する問題である。第二章で説明されたすべての市場の制約が政府の責任の範囲内にあると考えられなくもないが、本書で紹介する多くのビジネスは、民間のイニシアチブによって、これらの制約をうまく避けたり取り除いたりする方法を見つけてきた。たとえば、製品を太陽電池で動くものに変えたり、労働者のスキルを高めるために教育研修に投資をしたり、契約を履行させるために社会的ネットワークを活用したり、他の会社と協力して自主規制を行ったりするなどの方法である。しかし、ある企業にとっては市場の制約を避けたり取り除いたりできても別の企業にとってはまったく不可能な場合もある。そうした企業にとっての最良の戦略は、直面する制約を克服するために政策対話を行うことだ。

政府は、事業登録や規制、税制などの政策的ツールを行使する権限を持っており、市場に対して独自の力を発揮することができる。

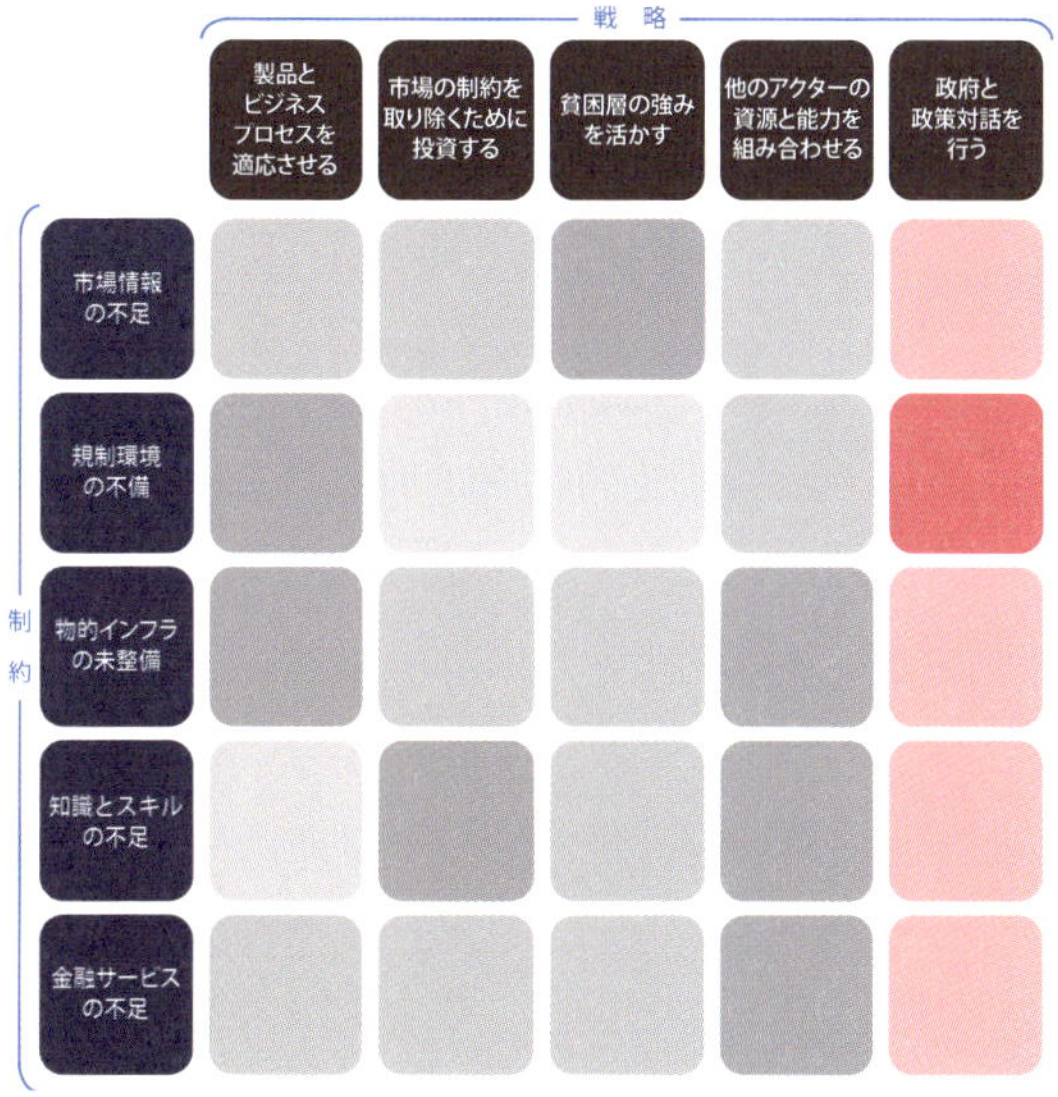

税金を使って教育や医療などの公共サービスを組織的に行うなど、政府には公共財を整備する義務がある。また長期的には、市場の制約を取り除くため、公共政策の刷新や政府の行動が不可欠である。これはインクルーシブビジネスの増加と成長のためにも必要なことである。

しかし政府の政策立案者は、インクルーシブビジネスが直面している市場のダイナミズムと制約に必ずしも気付いているわけではない。特に市場の新しいアクター（地元の女性など）や新しい製品やサービス（ココナッツ繊維のネットや携帯電話による取引など）などに関しては、よくわかっていない。さらに市場が複雑で予測不可能なために、政策的対応を適切に行うのは非常に難しい。政策的対応は市場が変化すれば有効でなくなってしまうし、機能しなくなって初めて時代遅れだとわかるものである。したがって、政策立案者はつねに質の良い情報を得ていなければならない。「質の良い情報」というのは、政策決定がどのような結果をもたらし、避けられない負の側面にどのようなものがあるかを予測する判断材料になる情報のことであり、具体的で、状況を踏まえて包括的で、リアルタイムなものでなければならない。

この「質の良い情報」確保の手段として、ハーバード大学のエコノミストであるダニ・ロドリックは、官民の戦略的協力関係の必要性を提唱している。この協力によって、政府は企業が直面する制約やビジネス機会について企業から生の情報を得られるし、一方の企業は適切な政策的イニシアチブを政府から引き出すことができる。[1] ロドリックの言葉によれば、良い政策立案とは、発見のプロセスである。[2]

企業はこの「発見のプロセス」に貢献できる。政府が市場のボトルネックを判別して、インクルーシブビジネスの市場環境を改善するのを支援できるからだ。企業が政策立案に関与する

1. Rodrik 2004, p. 38.
2. Rodrik 2004, p. 38.

ということについては、「汚職」や「レント・シーキング」という「負の外部効果」のイメージがつきまとう。そして、いくつかの事例では、単なるイメージではなく、現実に発生している。そうした物議を醸す危険はあるものの、やはり、他の利害関係者とともに企業は政策対話に参加すべきである。なぜなら、インクルーシブビジネスを開発する起業家や企業のマネジャーは、「質の良い情報」を持っているからだ。その情報は、政策や各種の政策ツールが、インクルーシブビジネスを支援するものになるか、阻害するものになるかを決定づけるほど有用なのである。

まず、インクルーシブビジネスを開発する起業家やマネジャーは、ＢＯＰ市場でビジネスが直面する制約を最も熟知している。したがって、そうした制約の変動や影響力について詳細な情報を提供するだけの動機がある。また、企業は短期的には独自に行動して制約を取り除くことできるかもしれないが、これらの投資を補完したり拡大させたり、ときには代替させるために、長期的には政策の改善が不可欠なのである。

それに、インクルーシブビジネスを担う起業家やマネジャーたちは、ビジネスモデルの育成を促進するような具体的な政策変更を提案できる。そして、顧客、従業員、サプライヤー、その他のビジネスパートナーが政策変更によってどれだけ良い影響を受けられるかを予見できるのである。

本書の事例研究によれば、多くの起業家やマネジャーが政府と政策対話を行っている。規制環境に関する内容が中心だが、他の分野が議題に上ることもある。政策対話は、起業家が政府との個人的つながりを使って、あるいは企業が仕事上での政府とのつながりを使って個々に行う場合が多い。そして内容の大部分は、事業の短期的な利益に関する非常に具体的なものである。しかし、中にはデモンストレーション効果によって、つまり事業を行って成功させて、政策に影響を与えたものもある。また、他の組織と協力して政府と対話を行い、特定分野の制約や体系的《システミック》な制約の改善に政府が取り組むことを後押しした事例もある。

個別に政策対話を行う

特定課題に関する政策に対し、企業が自らの意見を反映させるためには、政府と独自に対話するのが有効な戦略になりうる。この場合、目的は限られていることが多い。たとえば、事業を行う特定の地域に対し、政府に公共財や公共サービスを整備するよう求めたりすることだ。マダガスカルでは、ライチやその他の熱帯果物の輸出会社ファリ・エクスポートは、地元政府に対し、道路のメンテナンスに関与させてくれるよう頼んだ。道路の質が悪いと、農産物の輸送が面倒になるからだ。同社は、地元コミュニティを道路補修に参加させた。同社がコミュニティのメンバーに必要な機材を提供し、トウモロコシの種を謝礼にしたのである(3)。

また政府は、市場情報の収集・提供の面でも企業を支援できる。たとえば、家計調査の実施や研究課題の優先順位選定などの方法がある。企業もまた、市場の情報によって生み出される新たな社会的便益を示すことで、政府の研究の優先順位選定に必要な情報を提供できる。ここでいう社会的便益とは、企業が政府から市場の情報を得てより良い商品やサービスを貧困層に提供できるようになること、あるいは貧困層が新たに市場参加の機会を獲得するようになるこ

3. UNDP Madagascar 2007.

［ペルー］議員と政策立案者には、市場の制約を取り除く役割がある。
(Photo: Inter-American Development Bank)

［ニジェール］地域住民が協働し、彼らに影響を及ぼす問題について政府との対話に参加する。
(Photo: Adam Rogers / UNCDF)

となどである。

ＢＯＸ７－１で紹介したように、ココテックのジャスティノ・アルボレダ博士は、ココナッツの殻を生産的に使えば貧しいココナッツ栽培農家の生計が大きく改善するという実績を上げ、フィリピン政府に示して説得した。政府はこれにもとづき、それまで廃棄処分されていたココナッツの殻の商品化の研究を行う決断を下したのである。この研究はココナッツ繊維ネットの開発という成果を生み、ココテックのサプライチェーンの一部として、何千世帯ものの雇用が生まれた。さらに、他のココナッツ繊維の企業も育ちつつある。

起業家や企業による個別の政策対話は、市場構造を変え、まったく新しい市場を切り開くこともあり、非常に大きな影響をもたらす場合がある。

たとえば、モーリタニアのラクダの乳製品メーカー、ティヴィスキは、国内市場で大成功したので、設立者のナンシー・アベイデラマンは、事業をＥＵに拡大しようとしている。

ティヴィスキのラクダのチーズは、豊かな国々のグルメ顧客に良い値段で売れるだろう。だが、モーリタニアのような後発途上国の農業産品に対しては課税がされないにもかかわらず、同社はまだＥＵ市場に販路を持っていない。ＥＵにはラクダの乳製品の産業がないため、製品の品質基準が存在せず、品質を保証するようなメカニズムも存在しないからだ。ナンシーの要求により、現在、ＥＵの代表が必要な規制機関の設立を検討しており、これができれば、ティヴィスキやほかの生産者にとって新しくて魅力的な、儲かる輸出市場が開かれるだろう。

また、コンゴ民主共和国は、政治的な不安定と法・規制の不在（警察、裁判所、金融、通信）のために投資家にはリスクが高すぎる環境だが、政府と政策対話を行って事業環境を整備した企業がある。一九九九年のルサカ協定後、ジョセフ・カビラが二〇〇一年に権力を手中にし、二〇〇二年にコンゴ人による国民対話などが行われた。通信会社のセルテルはこれを平和の兆しととらえ、政策的枠組みに関して政府と対話する窓が開かれたと考えたのである。セルテルの課題は、平和を促進し、国を再統一し、投資を呼び込み成長させるというカビラ政権の課題と一致した。同社は、政治・規制に関する当局と強固な関係を築いた。こうして二〇〇三年に新しい通信事業法が策定されたのである。旧法では、地上回線の事業者には独占権が与えられていたが、新法では、政府の免許や通信事業開発に関する明確な枠組みが設定された。これにより競争が促され、携帯電話がより利用しやすくなり、通話料が低下することが期待される。そして、郵便、電話、通信の監督機関が新たに設立されたのである。

デモンストレーション効果を使って政策に影響を与える

公共財や公共サービスに関する規制の枠組みが存在しない場合、あるいは不備がある場合、デモンストレーション効果によっても、政策に影響を与えることができる。ただし、デモンストレーション効果が発揮されるためには、企業と政府の間に直接的なやりとりがあること、あるいは開発機関など第三者による仲介があることなど、政府が企業の経験に耳を傾け、学ぶ姿勢を持たせるルートが必要である。

フランス電力公社がマリに農村電化会社を作ったとき、同国には電力供給に関する規制が存在しなかった。同社が成功し、世界銀行も支援に乗り出したことで、政府は新しい規制の策定に取り掛かった。新しい法的枠組みができたので、民間電力事業者による電力供給が可能になった。まず、農村部での事業免許の交付を幅広く行ったので、同社が独占していた農村部の電力供給に複数の業者が参入することになった。また、農村の狭い地域で電力供給を行おうとする業者は「マリ国家庭向け電力開発・農村電化公社」に自主的に申請し、許可を得られれば、事業が始められることになった。新しい法的枠組みが適用された二〇〇六年、マリ電力公社は約五〇の小規模電力会社と契約を結んだ。このうち二〜三社はすでに事業を開始している。

デモンストレーション効果が、貧困層向け金融サービスのアクセスを改善するために政府に行動をとらせる役割を果たした事例もある。アンゴラのパートナーシップ・イニシアチブの一環として、シェブロン社、プロクレジット・ホールディングと米国国際開発庁といくつかの支援組織が協力し、商業銀行ノボバンコを設立した。小規模・零細事業者に対して融資を行い、貧困層の貯蓄を推進する機関である。事業開始から約三年で、同国の二大都市の約五〇〇〇の零細・小規模事業者に対して、二七〇〇万ドル以上の融資を行った。ノボバンコは、すでに収益を出し、同国の他の地域にも進出している。

アンゴラ・パートナーシップ・イニシアチブに関する最近の評価によれば、ノボバンコの成功によって、アンゴラの零細小規模事業セクターの潜在力があることが示され、政府やほかの銀行が独自に小規模の貸付基金を設立するのに拍車をかけた[4]。中小規模の融資が受けやすくなったために、アンゴラの企業がシェブロンやほかの大企業とのビジネスを行いやすくなるという効果もあった。

4. Chevron's Angola Partnership Initiative: A Case Study. p. 9.

他企業と協力して政策対話を行う

政府と個別に対話したりデモンストレーション効果を用いる戦略に加え、インクルーシブビジネスに影響を与える特定の制度的な制約を取り除くために、企業が集団で、あるいは他の利害関係者と手を組んで、政府と交渉することが増えてきた。世界経済フォーラムによれば、政府の政策に影響を与えるための対話というのは、(汚職などの危険をはらむ)「デリケートな性質」を持つため、一社単独で行うより集団で行うほうが非常に望ましい。企業は、同業他社、特定の課題に関して共通の関心を持つグループ、同じ地域内で活動している人々などの影響力を活用する機会を探すべきである。(5)

また、国連社会経済委員会と国連資本開発基金によれば、「共通の利害を持って一緒に問題に取り組もうとする機関が一定数に達したときに、政策変更が最も進みやすい」(6)

このような協力関係を促進する機構としては、「南アフリカ・ビジネストラスト」の「大規模ビジネス作業部会」がある。これはムベキ大統領が議長を務め各省大臣が名をつらねるもので、ビジネスリーダーが参加して、政府の諮問機関の役割を果たしている。この機構は、政府と企業とが信頼関係を醸成し、この国が直面する課題について率直に対話し、両者が適切な対策をとることをめざしている。議題は、政府の財政規律から中小企業政策、仕事やスキルの不足の問題まで幅広い。

インクルーシブビジネスの連携の事例としては、WBCSD-SNVアライアンスがある。二〇〇七年にエクアドルの政府が参加し、大統領顧問との強力なアドボシーネットワークを築

5. World Economic Forum 2008, p. 16.
6. United Nations Department of Economic and Social Affairs and UN Capital Development Fund 2006, p. 158.

き、社会開発の課題に経済活動を盛り込ませた。政府の実行戦略は、四つのインクルーシブビジネスに関する分野で発展した。包括的貿易《インクルーシブトレード》フェア、栄養プログラム、職人育成プログラム、農業バリューチェーンにおける優遇制度。全体を通じて、政府は、二五万の直接・間接の雇用創出を目的に、四年間で八七〇〇万ドルの融資枠を設定した[7]。

民間セクター主導の協力の事例としては、インドのＩＣＩＣＩ銀行の開発戦略グループがある。市場の発展とインドの人々の経済的発展は深くつながっていると認識し、ＩＣＩＣＩ銀行はインクルーシブビジネスを補完するため、公共政策の立案と実施について情報提供を行うというアプローチをとった。開発戦略グループは、各活動地域に一人専門スタッフを配置し、大規模な市場インフラの中で不足しているものは何かを把握させた。そして不足を埋めるために、この専門スタッフが地方自治体、県や州の政府、他の企業など協働作業を行うのだ。

コロンビアとペルーでは、中小企業支援基金が米国国際開発庁やほかの国際金融機関と協力して、コロンビア政府とペルー政府と対話し、公的年金基金や保険会社が民間の株式に投資することを禁じた規制を修正させた。年金基金と規制機関とが協力することで、法的な障壁を見出し、さまざまな修正を推し進めたのである。こうして両国の中小企業は今や、以前は公的に規制され利用できなかった資金を利用できるようになったのである[8]。

またフィリピンでは、官民のアクターが革新的な協力関係を結び、モバイルバンキングに関する新しい法を整備した。官民協力で取り扱う範囲は、電話通信事業への規制、競争、支払方法、料金未払いの顧客、顧客保護、預金、Ｅコマース、資金洗浄防止、テロリズムへの資金提供防止などで、アクセスと規則の複雑なトレードオフを伴う課題ばかりである。エコノミスト誌に

7. World Business Council for Sustainable Development and SNV Netherlands Development Alliance 2007.
8. Hoff and Hussels 2007.
9. The Economist 2007.
10. The Economist 2007.
11. Lyman and Porteous 2008.
12. Jenkins 2007.

よれば、「政府の監督機関は、事前に最善の規制を整備しようとするのではなく、同国の二つの主要なモバイルバンキング・システムに関与する銀行や運営機関と緊密に協力している」(9)。このため、政策立案者は何が起こっているかを把握し、実際の経験を規制環境の改善に役立てることができる(10)。今までにマネーロンダリング（資金洗浄）とテロへの資金提供と戦うために規制を拡大強化し、小売代理店が料金未払い顧客に対応することを認め、銀行がプリペイドカードを預金ではなく決済可能な口座とみなすことを認めた(11)。

　こうした手法により、より効果的で低コストの規制環境が整備され、スマート・コミュニケーションズ社やグローブ社は、貧困層へのサービスをよりいっそう拡大できるようになった。

　世界的には、ビザ・インターナショナルが幹事となって、金融サービス会社や監督機関や国際的な財団などが集まり、世界標準の信用格付けとモバイルバンキングに関して協議する場を設けた。そこで参加者は、各自の研究や専門性を共有し、急発展している業界に対してどのような政策や規制が必要なのかを発信した(12)。

　携帯電話を使った金融取引サービスに関しては、モバイル通信業者と機器メーカーに共通の利害関係があるので、ボーダフォンとノキア、ノキア・シーメンス・ネットワークは、共同研究をしたり、どのような政策や規制

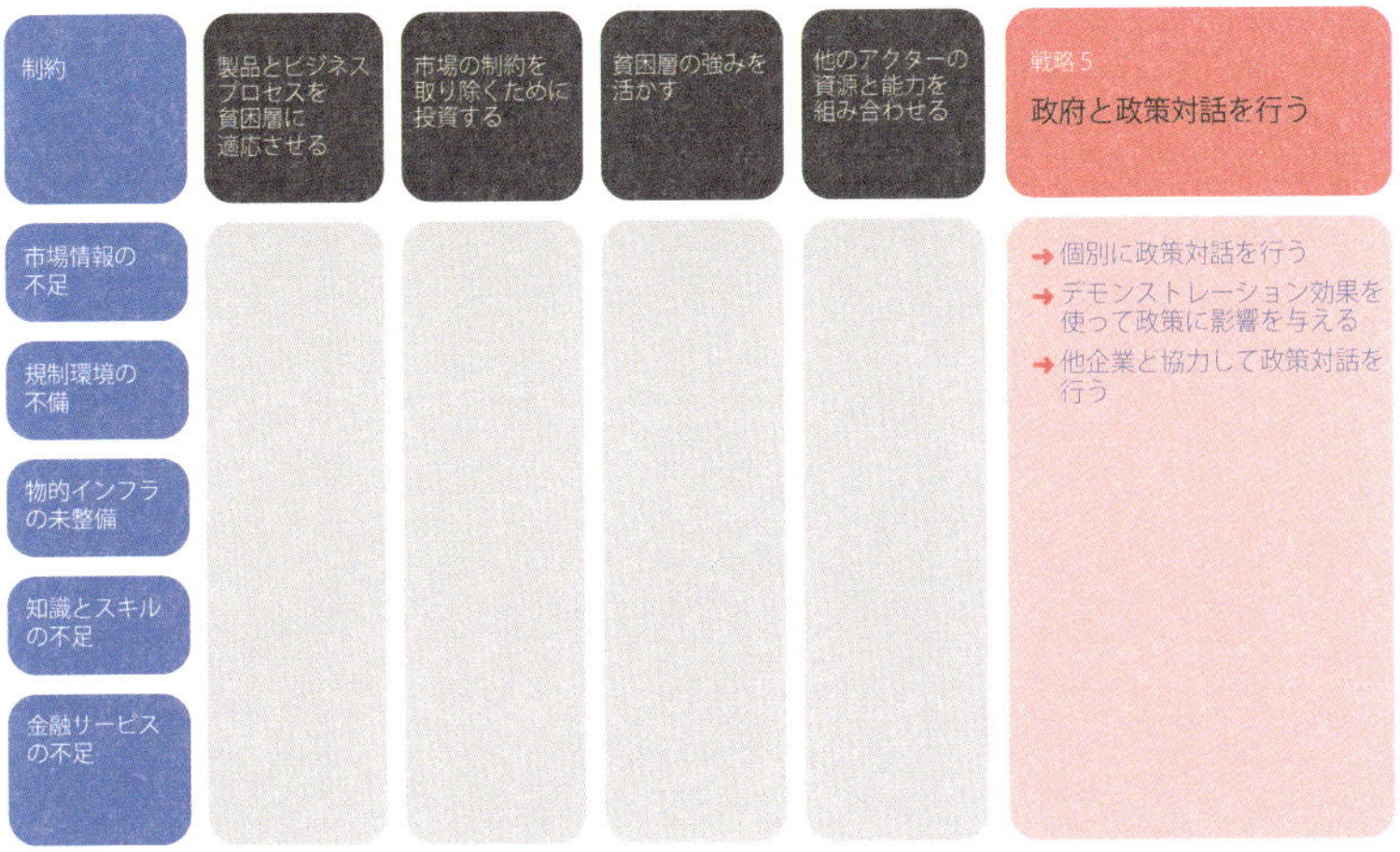

があればより革新的なサービスができるか、政府関係者との政策対話を行っている。

CHAPTER 08

行動に移す

TAKING ACTION

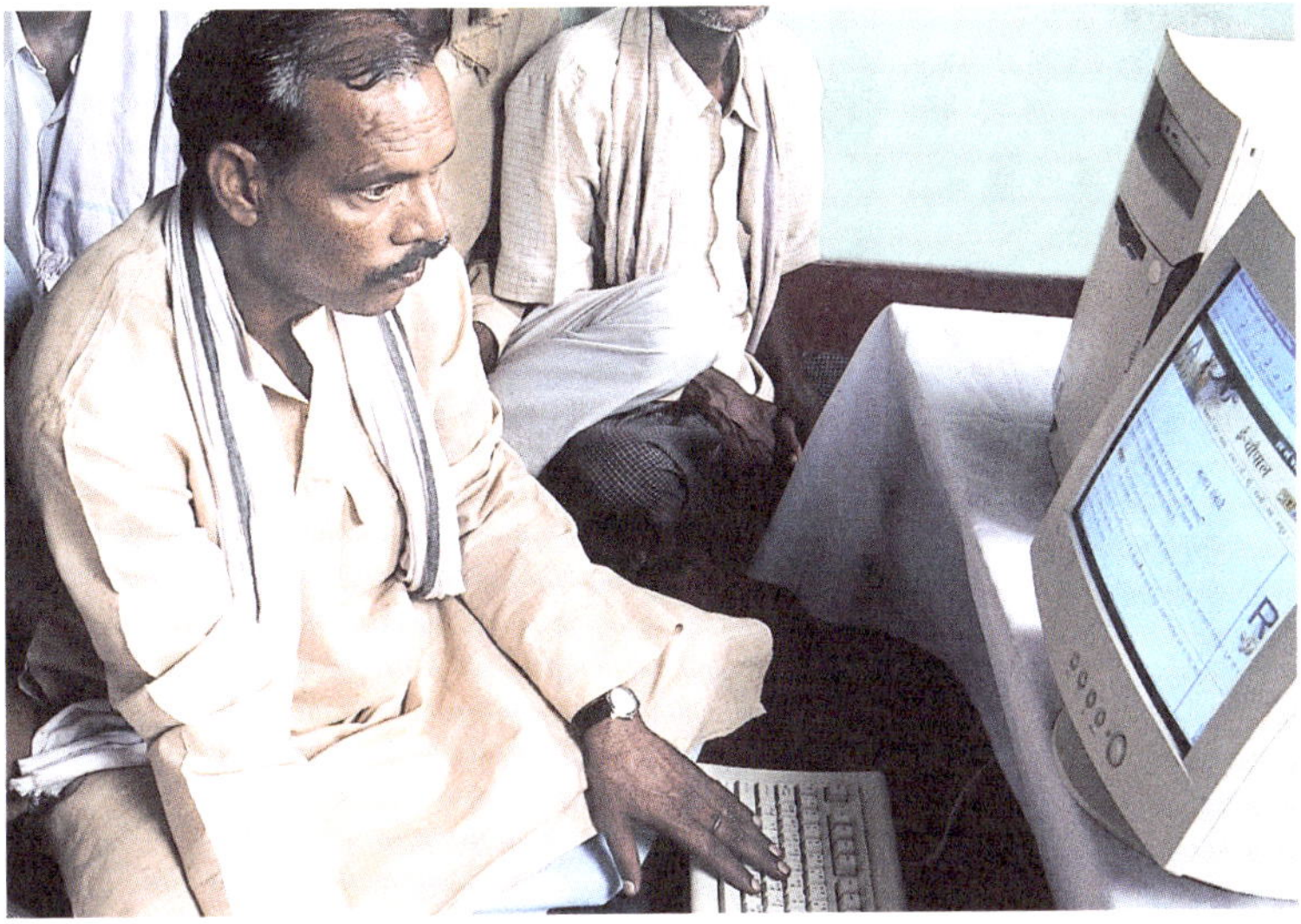

［インド］巨大なアグリビジネス企業が、インターネット・キオスクのネットワークを構築し、地域の農家の収入向上に役立つ市場情報を得られるようにした。（Photo: ITC Limited）

パートⅠで見たように、現在、数十億もの人々が、効率的に機能する市場に参加できていない。彼らを市場に参加させることで創出される価値は計り知れない。その価値とは、企業にとっては新たな利益であり、貧困層にとっては貧困が軽減されることであり、社会にとっては大きな便益なのである。企業は、新しい市場を開拓すること、新しい技術や製品やサービスやプロセスを開発すること、労働力の質を高めること、サプライチェーンを強化することによって利益を生み出し、長期的な成長力を高めることができる。一方、貧困層は、原材料の生産から最終製品の消費に至るバリューチェーンの各段階に参加できるようになる。それによって、基本的ニーズを満たす製品やサービスをより利用しやすくなり、生産性を上げることができる。また、独自のやりかたで収入を向上させ、貧困から脱出することもできる。

このように、企業と貧困層の双方にとって意味のある価値を創出するチャンスは、農業から製造業、通信技術から金融に至るまで多種多様な産業に見出すことができる。すでに大きく成長したインクルーシブビジネスもあるが、まだ未発掘のチャンスも少なくない。

本書が示した通り、貧困層がチャンスを得られないのは、彼らのおかれた環境に一因がある。貧困層が住む地域の市場情報が入手できないので、多くの企業はそこに参入することを考えだにしない。法や規制に関しては、公的な規則が効力をもたず、貧困層を支援してもくれず、利用もできないという問題を抱えている。道路や電力、水、通信ネットワークなどのインフラも未整備だし、教育や技能や訓練、その他知識習得の機会も限られている。クレジットや保険の利用機会も限られている。こうした各種の制約条件のせいで、貧困層が起業家精神を発揮する機会がなかなかないのである。このような環境では、事業を成長させるのが難しいと地元の起業家は考えている。また外部の企業は、よく機能する本国の市場に慣れ親しんでいる場合は特に、これらの難題に対処するのは大変だと考える。

しかし本書が示してきたように、有効な手立てはある。「GIMイニシアチブ」の事例研究に登場した起業家たちは、解決策を発見し、貧困層とのビジネスを成功させた。彼らは制約を乗り越えるため、ときに公的機関や民間の非営利機関と協力し、そしてもちろん貧困層自身とも協力し、自身の能力や資源を活用したのである。

本書に出てきた起業家たちは、何が可能なのか例示してくれている。もし他の企業も本書の成功例を取り入れて後に続けば、効果はさらに拡大し、ミレニアム開発目標（MDGs）の達成にも貢献するだろう。MDGsに貢献した事例は以下のとおりである。

- ナンシー・アベイデラマンは、モーリタニアの乳製品産業に変化をもたらし、収益性のあるビジネスを確立した。一二〇〇の従業員とサプライヤー（多くは遊牧民）により高い収入をもたらし、MDGsのゴール1「極度の貧困と飢餓をなくす」に貢献した。一方で伝統的な遊牧民の暮らし方は守られている。
- ブラジルでは、アントニオ・ルイス・ダ・クンア・セアブラが創業した化粧品メーカーのナチュラが地元のコミュニティから天然素材を購入し、地元民に収入をもたらしたことによりMDGsのゴール1に貢献した。

●インドの起業家、ビンデシュワー・パサックは、一二〇万世帯に衛生的で廉価なトイレ設備を供給し、六五〇〇の有料公衆トイレを運営している。二〇〇六年までにパサックの団体スラブは、六万の清掃人（九五％が女性と女児）を汚物収集業の生活から解放した。スラブはＭＤＧｓのゴール3のジェンダーの平等、女性のエンパワーメントに貢献し、ゴール7の衛生的なトイレが利用できない人の割合を減らすという目標にも貢献した。

●ケニアのキベラ・スラムでフランチャイズ式クリニックを開設した看護師のドラ・ニャニャは、「子供と家族の健康のためのクリニック」を運営し、利用しやすい料金で良質な医療サービス提供している。「子供と家族の健康のためのクリニック」は、六六店舗あり、二〇〇六年だけで、四〇万人の低所得の患者に恩恵をもたらした。これはゴール6の、ＨＩＶ／ＡＩＤＳやマラリア、その他の病気と闘うという目標に貢献している。

●医薬品の起業家ステファン・サアドは、南アフリカ共和国でゴール6に貢献している。二〇〇一〜〇六年の間に、サアドはＡＩＤＳ患者一人当たりの抗レトロウィルス薬の月額を四二八ドルから一三ドルに下げた。彼の会社は南アフリカ共和国の抗レトロウィルス治療プログラムに必要な量の六〇％を生産できる能力を持つにいたった。

●ジョシュア＆ウィンフレッド・カレブは、ウガンダで革新的で利用しやすいコミュニティ給水システムを計画・設立し、運営している。彼らのビジネスは収益を生む一方で、安全な飲用水を継続して利用できる人の割合を増やすというMDGsのゴール7に貢献している。

●フィリピンでは、ナポレオン・ナゼレノが低コストで通話料先払い方式の携帯電話会社を経営している。SMS技術を使った送金も可能だ。人口の九九%以上をカバーするネットワークで、ナザレノの会社は二四二〇万人の人々にサービスを提供し、デジタル・ディバイドの軽減に貢献している。そしてMDGsのゴール8、新技術の恩恵をいきわたらせるという目標にも貢献している。

これらの起業家が見つけた解決策は、そして彼らが実現したインクルーシブビジネスは、われわれを勇気づけてくれる。他にも多くのインクルーシブビジネスの余地があるし、

包括的《インクルーシブ》な市場の余地もある。さらにより大きなバリューチェーン創造の余地もある。マハトマ・ガンジーの言葉によれば、「私たちには、世界の問題を解決するだけの能力が十分にある。その気になればできることはたくさんあり、現在取り組んでいないだけである」

表8-1は、戦略マトリックスと解決策の要約である。インクルーシブビジネスがしばしば直面する制約を五つに大別して左列に、それを軽減する五つの戦略を上段に示し、それぞれに対応する形で、具体的な解決策を示している。

本書はビジネス界に行動を呼びかけることを目的としている。事例で紹介されたようなインクルーシブビジネスに、多くの企業に取り組んでいただきたい。インクルーシブビジネスの先駆者は、貧困層と企業の双方に価値を生み出すチャンスを発見し実現したのである。

また、本書は企業以外の各機関、すなわち政府、コミュニティ、企業団体、国際機関、NGO、その他の開発援助機関に対しても、行動を呼びかけたい。私たちすべてが、より包括的《インクルーシブ》なビジネスを作ることに貢献できるのだ。

企業にできること――貧困層を消費者、生産者、従業員、起業家として扱う

組織内にイノベーションを生み出す環境を整え、能力を育てる

- 現地視察やボランティアの義務化や地元コミュニティとのイノベーション・ワークショップを開催するなどして、スタッフや管理職に新しい経験をさせる。
- 社内コンテストや報奨金制度などを使って、新しいアイデアが出やすいようにする。

● 事業開発の仕組みを、リスクをとって実験できるような設計にする。また、貧困層との接点がある部門をはじめ、関連する部門のすべてから得られた知識を活用できるような事業開発の仕組みをつくる。

投資ツールを開発する

● インクルーシブビジネスに特化したファンド、格付け、投資手続きなど、投資を活性化する手段を整える。これらの手段が整えば、貧困層と投資家と社会に最も多くの利益をもたらすインクルーシブなビジネスはどれかという情報が提供されるようになり、企業や投資家は、投資しやすくなる。

コミュニティとのかかわりを深める

● サプライヤー（生産者）や消費者である貧困層のニーズをよく理解するために、コミュニティとのかかわりを深める。コミュニティが関与すれば、革新的な輸送網を築いたり、費用を分担しあったり、地域の知恵や社会的ネットワークを活用することができる。

● 中小規模の地元企業との関係を築く。

● コミュニティの組織や地元のＮＧＯや個人と対話する。

他の機関と効果的な協力ができるよう能力を高める

● 新しいパートナーと、新規目的のためにも協力関係を築く。

● 他の業種・分野からスタッフを雇う。
● 分野横断的な人員配置で事業を作る。
● 協力的なイニシアチブに取り組む。

政策対話に関与する

● 企業の活動環境を改善するために政策対話に取り組む。
● 市場の制約に関する情報を政府に提供する。提供方法は、個別にでも業界団体など集団でもよいが、透明性を確保し、対外的に説明できる形であるべきだ。政策的イニシアチブ、利害関係者による対話という形態もありうる。
● 教育その他の基礎的サービス改善のため、貧困層の法的エンパワーメントのため、また人権や環境を守るため、企業の影響力を行使してロビー活動を行う。

政府にできること――市場を機能させるための環境整備

市場の制約を取り除く

● 競争力のある企業を育成するような規制を整備する。
● 官僚主義を減らす。
● 機能するインクルーシブな金融市場を整備する。
● 貧困層のために法制度を利用しやすくする。

●運輸、電気、水、データ送信インフラを改善する。
●一般教育やプロフェッショナル教育を改善する。

市場情報のハブを作る

●市場情報を集めて誰もが利用できるようにし、地元企業や地域で活動する企業、NGO、その他の適切な機関やプログラムとを結びつけるブローカーの役割を果たす。
●研修や、組織化、能力育成、技術指導などによって起業家の能力を強化する
●効果的な教育や医療制度によって人的資源の強化を図り、生産的な経済活動に参加できるようにする。

啓蒙・教育を行う

●貧困層向けの商品の需要を強化するために、消費者に対して啓蒙や教育を行う。

インクルーシブビジネスを支援する

●周到に計算された（汚職やモラル低下を招かない）インセンティブを使って、インクルーシブビジネスを支援し、資金提供を行う。

政府が民間セクターと協力する能力を高める

●異分野の人材配置プログラムを始める。

●民間セクターからスタッフを雇う。
●協力型の取り組みを始める。
●民間セクターとの協力を担当する政府の人材を配置し、異分野協力を推進する。

企業が経済開発のパートナーとして参加するプラットフォーム（意見交換の場）を設ける

●地域開発計画、産業開発計画、国家開発計画などに、企業団体や経済開発団体、複数の利害関係者のグループを参加させ、水や廃棄物などの具体的課題を議論する。

コミュニティにできること――草の根からのビジネス開発

企業が関心をもちそうなビジネスチャンスを発掘する

●コミュニティ調査を行って、コミュニティや住民についての情報を集め、提供する。

コミュニティが生産できる競争力のある商品を発掘する

●生産者による販売組織を作り、費用を分担し、製品をまとめて販売することで、交渉力を高める。

小売店などの小規模企業のネットワークを作る

●小売店をネットワーク化することで、物流ネットワークを拡大し強化する。

●企業リストにさまざまな業種や事業主を掲載し、大企業のサプライヤーとの関係をつくる。

透明性の高いコミュニティ組織を作る

●村の代表組織や生産者組合、消費者組合などを作り、コミュニティと企業の対話の場を設ける。

NGOや支援団体にできること——連携の仲介と事例の共有

企業と協力し、コミュニティの参加を促進する

●企業とコミュニティとが公正かつ対等な関係で協力するのを支援する。その関係は、地域の価値を大切にし、人間開発に貢献するものであるべきだ。

●企業がコミュニティレベルでビジネスチャンスを発掘するのを手助けする「コミュニティから信頼されたブローカー」として行動する。

企業のネットワーク活動を支援するプラットフォームとして機能する

●企業が協力関係を築いたり、成功事例（ベストプラクティス）の情報交換を行うのを支援する。

民間営利部門との協力をいとわない組織文化をつくる

官民の対話を推進する

- 対話の手法や進め方を指導して、正当性と透明性の確保された効果的な官民の対話を推進する。
- 対話の監視役としても機能する。

援助機関と国際機関にできること——新しいアプローチを育て、拡大させる

企業と援助機関の実務者に対して啓蒙を行う

- 貧困層をビジネスに取り込む機会について啓蒙する。

資金提供を行う

- 低コストで償還期間の長い融資や、その他の適切な形での資金提供を行い、インクルーシブビジネスモデルを育成する。

革新的でインパクトのある贈与提供モデルを作る

- 人間開発の妨げになっている大きな障壁を打ち破るような、イノベーションを推進するチャレンジ基金や賞を創設する。
- 報酬額をできるだけ大きくして、企業が真剣に取り組むだけのインセンティブを与える。
- 効果的・効率的にインクルーシブビジネスのモデルを評価、選定し、経験を共有できる手

法を整備する。

異なるセクターの対話を促す

- 各分野の企業や機関が、学び、情報交換し、決定を行うような共通のプラットフォームを作る。
- 各機関・企業の能力開発を支援したり、ブローカーサービスを提供する。
- インクルーシブビジネスに関係する人たちが、共通して理解しあえる用語や概念整理を行う。

その他の機関や人々にできること――対象について知る、伝える、支援する

学術界やほかの研究機関は、インクルーシブビジネスに関連する知識を深めることに貢献できる

- 貧困層が住んでいる市場の規模や構造について調査する。
- インクルーシブビジネスがどのように機能するか。
- 効果的な投資メカニズムとはどのようなものか。
- 企業と政府の対話プロセスは、どうすれば説明責任や正当性を確保でき、効果的になるか。
- インクルーシブビジネスを培養するような新しい技術を発掘する。

ビジネススクールや公共政策教育機関は、知識を広めることができる

●他の教育機関とも協力して、インクルーシブビジネスや新たに生み出せる機会について教える。

●学生の意欲を高め、同分野へ参入させる。

●また分野横断的な学習機会を提供し、学生をインクルーシブビジネスの研究プロジェクトに取り組ませる。

企業団体と「パートナーシップのブローカー」は、各分野のインクルーシブビジネスの情報を蓄積・提供できる

●インクルーシブビジネスの情報を蓄積して、ある事業を実施するのに企業が必要なパートナーを探す際、協力に前向きな企業や組織を紹介し、協働作業をどのように計画し運営していくかを指導できる。

企業団体は、民間セクターの集団行動の調整役になれる

●民間企業が市場の制約を取り除くために集団で取り組む際、調整役になれる。

●業界団体は共同研修プログラムを設立したり、共同市場調査を行ったりすることができる。

メディアは、開発分野での企業のビジネスチャンスについて啓蒙できる

●成功したインクルーシブビジネスの事例を特集して、関心を高め、利害関係者の相互理解を促進し、垣根を取り除く。

個人も貧困層の役に立つビジネスを支援できる

- 貧困層から原材料を調達している企業の商品を購入する。
- インクルーシブビジネスを促進するＮＧＯに対して資金や技術を提供する。

終わりに

ＧＩＭイニシアチブは、すべてのアクターがインクルーシブビジネスに関心を持ち、参入者が増えることをめざして作られたプラットフォームである。ＧＩＭは、適切な情報を集め、良い事例に光をあて、実践的な運営戦略を開発し、対話の場を作り出す。本書とここに至るまでの共同作業は、このイニシアチブの目標に向けた最初の一歩にすぎない。

ウェブサイト（www.growinginclusivemarkets.org）には、イニシアチブを通じて集められたすべてのデータと事例を掲載している。今後もよりいっそうの充実を図り、最新の情報とツールを拡充していく予定である。

二〇〇七年、潘基文《パン・ギムン》国連事務総長は、ミレニアム開発目標達成のための行動を呼びかけた。目標達成に向けた歩みを加速し、二〇〇八年が貧困との戦いの転換期となるよう、国際社会に支援を訴えたのである。民間セクターもこの取り組みに積極的に参加することが求められている。

ＧＩＭイニシアチブも、民間セクターが貧困との闘いに参入することを切望する。今日、我々が直面している制約と明るい明日との間にある隔たりを埋めることができるのは、ビジネスのアプローチなのだ。ビジネスの手法によってこそ、大規模な、貧困削減に有用な取り組みを、世界各地へ広げていくことができるからだ。

ぜひ、この取り組みに参加していただきたい。

CASE STUDIES

PART III

ケーススタディ
──インクルーシブビジネス実例集

Photo: Armor-Lux

CASE 01

伝統的な アグリビジネスを変革

［ブラジル］

セクター	農業
貧困層の役割	生産者
ターゲット	土地なし農民
事業者	Votorantim Celulose e Papel（VCP）（現地大手企業）

【ビジネスモデルの特徴】

パルプ・製紙企業が地域社会に溶け込むことをめざし、小規模農家とユーカリの委託栽培契約を結び、技術協力や融資を行う。

【背景】

ＶＣＰ社は、ブラジル有数のパルプ・製紙企業である。同社は、パルプの原料となるユーカリの増産のため、リオグランデ・ド・スル州に事業を拡大した際、ユーカリ栽培のパートナーとしてコミュニティを巻き込むというビジネスモデルを発案した。通常のアグリビジネスでは、できるだけ第三者を排して集約化を図るが、ブラジルの社会政治環境に配慮して、このような形態を選んだのである。

ブラジルは、植民地時代を起源とする大土地所有制が温存され、わずか一％の大規模農園が全農地の四五％を保有している、世界で最も経済的格差が大きい国である。特に農村部での貧困は深刻で、小規模な農家が都市部のスラムに流入する要因になっている。また、農業の機械化が進んで職を失った農場労働者は、一九八〇年代以降、土地の再分配を求める運動を起こして、農地を占拠するようになった。運動は次第に先鋭化し、武力衝突にまで発展した。二〇〇五年一年間だけでも、一三〇四件の土地紛争が報告され、死者は三八人に上った。政府による土地改革を通じた農村居住区支援政策でも、人々の社会的要求に対して政府は適切に対応できなかった。土地の所有権を認めるだけでなく、水や電気の供給や、教育、保健、金融などのサービスが伴わなければ、小規模農家が生産性を上げて収入を得られるようにはなれない。

こうした中、ＶＣＰはユーカリ植林事業の拡大を計画していたが、物流が好条件で、土地や労働者を利用しやすいこと、気候と地形がユーカリ栽培に適していることを理由に、最南部のリオグランデ・ド・スル州を選定した。ただし、ＶＣＰはさまざまな課題を克服するため新たなビジネスモデルを考えなければならなかった。

同州でも土地再分配運動による農地占拠が行われており、大企業の土地取得を警戒して他社のユーカリ苗床が破壊されるという事件も起きていた。また、同社が植林事業を展開しようとしていた地域には、過去二五年の間に土地を再分配された人々が四六四八世帯住んでいたが、農業生産に必要なインフラなどの支援を政府から受けていなかったため、住宅も農業も不安定で、都市部のスラムと変わらない地域さえあった。もともと土地を所有している農家でも、価格の不安定な米と牛の生産に依存しており、非常に貧しかった。

また、パルプ材料としてのユーカリ生産が持つネガティブなイメージも課題の一つだった。一九七〇年代に大手製紙会社がユーカリの農園をつくったために、先住民や奴隷の末裔の土地と生計手段が奪われて都市への流入を余儀なくされた。また、生態系の破壊や土壌流出にもつながると考えられている。

【新たなビジネスモデル】

二〇〇五年に始まったＶＣＰの森林保全アカウントプログラム「森の節減《ポーパンサ・フロレスタウ》」では、地元農家にユーカリの苗木と技術支援を行い、七年後には適切な価格で買い取ると約束した。また、ＡＢＮアムロ・リアル銀行は、農民に対して融資を行った。同事業は、政府や大学などの地元パートナーの協力も得た。

❶農家との契約

● 融資条件

ユーカリ栽培に必要な資金は、四年に分けて合計二三七一レアルが融資される。返済はユーカリを木材として出荷できる七年目以降でよい。担保はユーカリで、金利は年九％である。

これはＶＣＰが自社でユーカリを栽培するコストと同額である。この資金で農家は必要な資材を買ったり、苗木を植えるのに人を雇ったりできる。栽培に失敗した場合のリスクはＶＣＰとＡＢＮアムロ・リアル銀行が負うが、土地を占拠して再分配を受けた元土地なし農家に関しては、ＶＣＰだけがリスクを負う取り決めである。

●ユーカリ以外の収入源の確保

ユーカリで現金収入が得られるようになるには七年かかるので、作付面積は農地の三割までと決められている。それ以外の土地では、従来の農業（米やトウモロコシの栽培、家畜飼育）に使われるので、七年目までの収入が確保できる。

●技術指導

ＶＣＰは同社の農園で使っているのと同じ品種の苗木を提供し、技術指導を無償で行う。

●買い上げ条件

契約で決めた価格の最低九五％でＶＣＰがユーカリ材を買い上

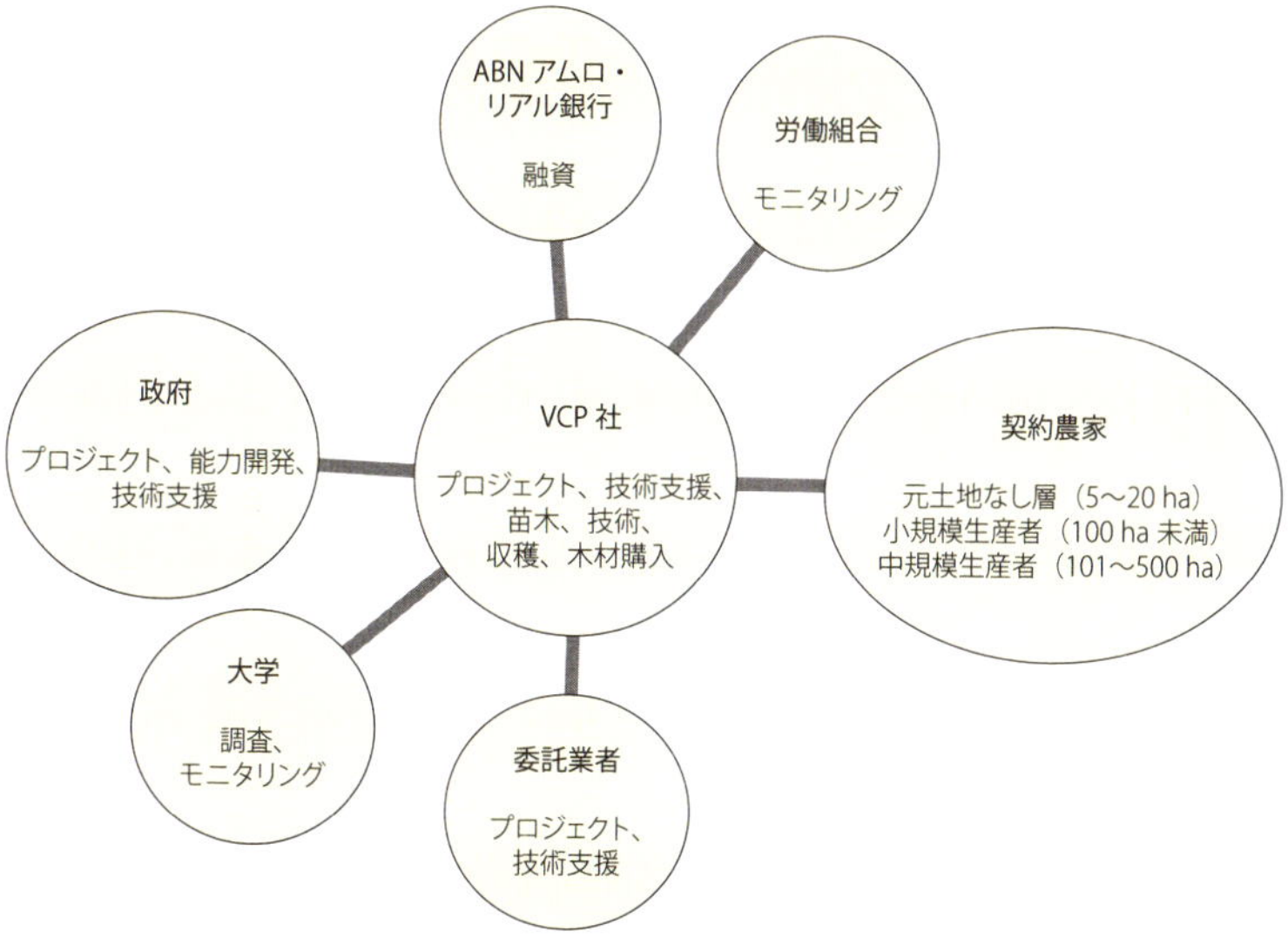

げる。市場価格低下のリスクは生産者ではなくＶＣＰが負う。

●契約条件

児童労働はさせない。環境基準を守る。

❷環境面の配慮

ユーカリは成長が早く、土壌の養分と水を大量に必要とするので、砂漠化や生物多様性が失われるリスクがあるといわれている。適切な管理をすればそのようなリスクは削減できるという意見もあるが、同事業のように小規模な農家に導入することに対して批判を受ける可能性があった。そこでＶＣＰは国内外の大学と協力して、ユーカリと他の作物との混栽（アグロフォレストリー）が水や土壌や大気に与える影響を監視する手法を開発した。

【成果】

●二〇〇六年までに三一二世帯が森林保全アカウントプログラム「森の節減」に参加する契約を結んだ。このうち、一三一世帯が土地改革プログラムで土地を得た元土地なし層で、一一二世帯が一〇〇ヘクタール以下の小規模生産者である。

●ユーカリ農園は、今も「緑の砂漠」としてメディアに喧伝されている。大規模な他社のユーカリ農園は、土地解放運動家たちの侵入を受けたが、契約関係にある元土地なし住民から情報を受けて、ＶＣＰの農園は免れた。ＶＣＰは同州での事業活動の承認を住民から得たようである。

CASE 02

貧しい農民のためのコンピュータ

［中国］

セクター	ICT
貧困層の役割	消費者
ターゲット	農民
事業者	清華同方（現地大手企業）

【ビジネスモデルの特徴】

安価で丈夫なパソコンと農業に必要なソフトを開発してセットで販売する。

【背景】

中国では情報通信産業が急成長を遂げているが、都市部と農村部との格差は大きい。二〇〇五年度の調査では、都市住民の四三％がインターネットへのアクセスがあり、そのうち四六％が毎日閲覧していたのに対し、農村住民はわずか四％しかアクセスがなく閲覧頻度も少なかった。個人のパソコン保有率、学校でのインターネット接続率などにも大きな格差がある。

北京市政府科学技術委員会は、農村部の情報発展事業のパートナーとして、北京を拠点におき全国に販売網を持つハイテク企業の清華同方を選定した。これを受け入れて二〇〇三年に市場調査を行った同社は、中国の農村部のローテク分野、すなわち従事者人口の多い農業に巨大な新市場の可能性があると考えた。

中国の九億人の農民は、農業生産の向上に役立つ先端的な技術から取り残されていた。それに農業にはタイムリーで正確な情報が必要なのだが、情報入手に役立つパソコンやインターネットは中国の農村に普及していない。この状況を見て、清華同方は都市農村間の情報格差の是正を支援する一方で、巨大な手つかずの市場を手に入れる機会だと考えたのである。

清華同方は、いくつかの課題を割り出した。二〇〇五年の時点で、パソコン本体の価格は農民一人の三カ月分の収入に相当するほど高額だった。また、都市部に比べて人口密度の低い農村部では、インターネットの接続サービスも少なく、割高だった。パソコンを買う資金がある農民にしても、使い方を知っているテレビや冷蔵庫や携帯電話を好み、パソコンの需要は限られていた。またインターネットで得られる農業関連情報も限られていて有用な情報は少なかった。

【新たなビジネスモデル】

❶商品開発

清華同方が考え出した解決策は、製品を農民のニーズと経済力に合わせることだった。

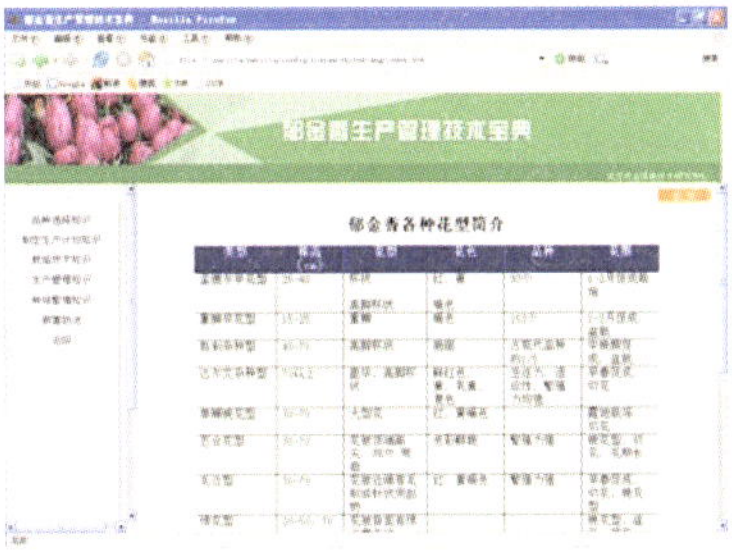

単に安価なコンピュータを売るのではなく、農村の人々の事業や生活を向上させる「体系的《システマティック》な解決策《ソリューション》」を提供するのである。農民のニーズとは、多機能（テレビやラジオなども視聴できる）で消費電力が少ないこと、農村の過酷な環境で使用に耐え、修理も容易であること、子供の教育や能力開発に使えること、農業に有用なプログラムを搭載していることである。

これらのニーズに応えるため、清華同方は、低価格のソフトウェアと丈夫なハードウェア、農村向けのプログラムを開発した。

まず、コンピュータに搭載するOSは、高価なウィンドウズでなく誰でも無料で使えるリナックスを使用した。また、北京市ソフトウェア産業生産性センターを通じてソフトウェア開発業者と契約を結び、ウインドウズに搭載されている基本プログラム（マイクロソフト・オフィスなど）と同等の機能を持つソフトウェアを開発した。ハードウェアは、電気ケーブルをネズミ除けの素材で巻いたり、ボタンひとつでテレビに切り替えられるようにした。また、農村の利用者向けの特別パッケージとして、農業、遠隔教育、職業技術訓練を含むプログラムを搭載した。

こうして完成したのが、チャンフェン農業コンピュータ（CFコンピュータ）である。清華同方のコンピュータ部の副総経理のジュン・リーは言う。

「このコンピュータは、農民の思いから生まれたのです。私たちの信条は、われわれの足を農民の靴に入れる、ということです。私たちは、農民のアイデアを目に見える製品として開発しました」

❷販売方法

通常の販売促進方法、つまり人々を集めて短時間にデモンストレーションを行う方法では効果がなく、農民は「パソコンはオフィスで働く人向けの贅沢《ぜいたく》品」としか受け止めなかった。そこで、政府が出資する開発プログラムと連携する戦略に切り替えた。

北京近郊では、北京市政府科学技術委員会が農村情報センターを設立し技術者を置いた。登録した農民は無料で使用方法を教えてもらうことができる一方で、作付けした作物の情報を技術者に提供する。これが北京の情報センターに蓄積され、他の農民が作付けする作物の種類や時期を決める判断材料となる。このほか、民間の通信会社がCFコンピュータを経由して、蓄積された農業情報を携帯電話にショートメッセージで送るサービスを実験したり、少数民族居住区の学校と連携して遠隔教育プログラムに活用したりする方法で、農村部で顧客へのコンピュータ教育を図っている。

【成果】

● 北京市政府科学技術委員会と北京市ソフトウェア産業生産性センターは、情報格差是正という政策を実行するにあたり、民間企業の資源と販売網を活用するためのパートナーを組んだ。すべてを政府機関が独自に行うよりも有効だった。

● 清華同方は、販売面で政府機関の協力を受けられた。農民のパソコン教育には時間がかかり、個人向け販売から利益を得られるようになるには時間がかかるが、政府機関や教育機関に対して製品を販売することができた。

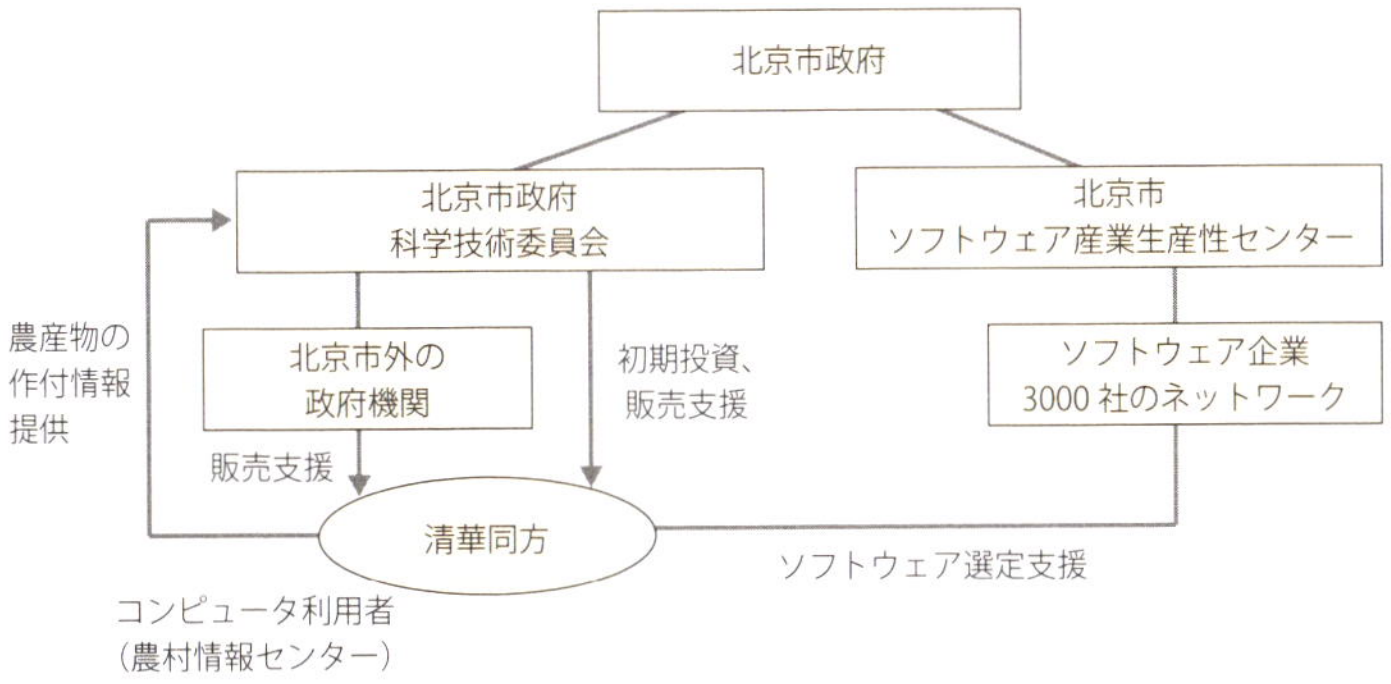

CASE 03

衛生的なトイレを作って不可触民を解放

［インド］

セクター	水・衛生
貧困層の役割	サービスの利用者、労働者
ターゲット	顧客として政府機関や一般住民、労働者として不可触民
事業者	スラブ・インターナショナル（現地 NGO）

【ビジネスモデルの特徴】

不可触民解放運動に端を発した低コストの衛生的なトイレ設備の開発。
利用の度に料金を徴収する公衆トイレ。

【背景】

スラブ・インターナショナルが活動を開始したとき、インド人の六五%はトイレを使用していなかった。トイレ設備がないので、人々の健康状態は非常に悪かった。そして、ヒンドゥー教の階級社会において最下層に位置する不可触民の清掃人たちは、素手で汚物を回収するのを仕事としており、悲劇的な状態だった。
社会学者のビンデシュワー・パサックは、低コストで安全で衛生的な技術によって清掃人たちを解放することをめざして、一九七〇年代にスラブ・インターナショナルをNGOとして設立した。スラブは三〇年の間に、ビジネスとして成立し、かつ社会開発面でも大きなインパクトのあるビジネスモデルを作りだした。

【新たなビジネスモデル】

スラブは、世界保健機構（WHO）の資料をもとに地元で入手可能な材料を使った低コストの二穴式トイレを設計した。これは、片方のタンクが一杯になったらもう一つのタンクに排泄物を流すようにして、使わなくなったほうを自然乾燥させる方式である。一つ穴式と違って、汚物をくみ出す必要はなく、乾燥した排泄物は石炭のようになるので自分たちで処理することができる。

スラブは、このほかにも多様な予算や立地に対応できる二六種類のデザインのトイレを開発し一万九〇〇〇人のコンクリート職人を訓練した。

スラブのビジネスは二つの柱でなっている。一つは公衆トイレで、政府から建設を請け負って、維持管理費は一回ごとの利用料（〇・二五セント）で賄う仕組みである。もうひとつは、家庭用のトイレ建設事業で、地方政府によっては、個人に対して融資や補助金を供与した。

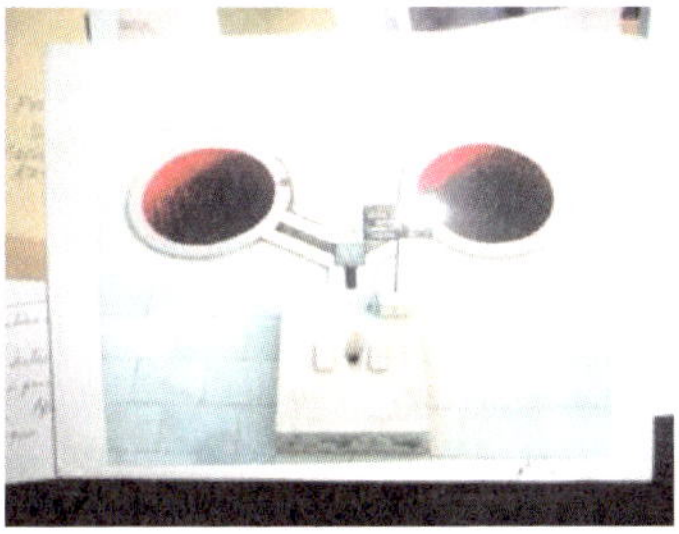

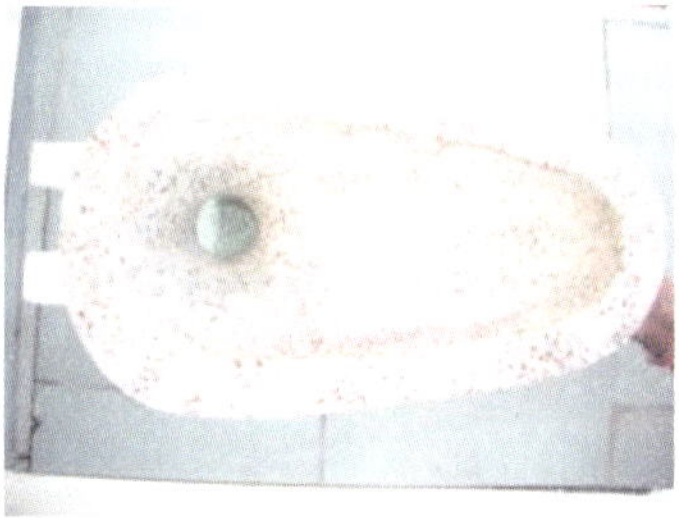

【成果】

スラブは二〇〇六年までに一四〇万世帯にトイレを建設し、六五〇〇の公衆有料トイレを管理している。国内で推定一〇〇〇万人がスラブのトイレ設備を利用しており、スラブのトイレの知名度は上がり、公衆トイレの代名詞となっている。国内での成功が世界の注目を集め、ブータン、アフガニスタン、エチオピア、モザンビーク、カメルーン、ブルキナファソ、などが関心を寄せている。また、スラブは衛生啓発キャンペーンにも取り組んでおり、二〇〇六年には、デリー郊外に土地を取得して衛生大学を設立した。

二〇〇六年までに、六万人が清掃人の仕事から解放された。スラブは、代わりの仕事を求める人々のために、職業訓練施設を設立して成果を上げている。

一方で、スラブの家族的経営は不透明だという批判も受けている。トイレ事業の開拓者で政府の事業を独占的に請け負ってきたスラブだが、スラブが建設した公衆トイレの中には利用されていないものもあるという批判もある。日本政府からインド政府を通じて受けた融資で建設された公衆トイレは低い利用率にとどまっている。近年ではライバルも登場しているので、今後は経営の透明化などの改革が必要であろう。

スラブの 2006 年の実績

解放された清掃人	60,000
建設した家庭用トイレ	1,400,000
公衆トイレ	6,000
バイオガス・プラント	143
清掃人を使わない町	240
研修を受けて新しい職を得た清掃人	6,000
スラブが活動する地域	1,080
スラブが活動する地区	455
スラブが活動する州、連邦州	26/3
スラブのトイレを毎日利用する人の数	＞ 10,000,000
スラブの従業員数	20,000
訓練を受けたコンクリート職人の数	20,000
ボランティアの数	10,000

出典：Sulabh International

CASE 04

電子マネーが貧困地域を変える

［ケニア］

セクター	マイクロファイナンス、ICT
貧困層の役割	サービスの利用者
ターゲット	マイクロファイナンス機関の顧客
事業者	ボーダフォン、サファリコム、イギリス国際開発省、ファウル・ケニア（マイクロファイナンス機関）、マイクロセイブ・アフリカ、ケニア商業銀行

【ビジネスモデルの特徴】

携帯電話の技術を使って、マイクロファイナンス機関の顧客に効率的で安全な金融サービスを提供する。

【背景】

ケニアでは、人口三二〇〇万人のうち、銀行口座を持っているのはたった二〇〇万人である。これは、銀行の利用コストが高いことと、一日一ドル未満の収入で暮らす貧困層が大部分を占めていることによる。貧困層は、中・高所得層を相手にする商業銀行とは気安く取引できない。

貧困層向けの貸し付けに関しては、ファウル・ケニアなどいくつかのマイクロファイナンス機関が実績を上げているものの、インフラの未整備と技術水準の低さなどの問題を抱えている。特に電話の普及率が低く、これも業務の効率化を妨げる要因になっている。送金業務についても、給料の受け取りや家族への仕送りなどを多様なニーズがあるが、既存の銀行のATMや電子送金は手数料が高く、郵便局の送金為替は非効率で悪評が高い。送金を扱う民間業者も存在するが、規模が限られている。

そこで、これを解決するために、ボーダフォンの発案でM-PESAのパイロットプロジェクトが二〇〇五年一〇月から二〇〇六年五月に実施された。世界有数の携帯電話会社ボーダフォンは、商業的利益だけでなく社会的価値のある商品の開発に投じる目的で二〇〇四年に社会投資基金を設立した。M-PESAの事業には九九万ポンドを出資し、イギリス国際開発省からも九一万ポンドの協力を得た。ボーダフォンが株式の四〇%を保有するケニア有数の携帯電話会社サファリコムは、その回線網をプロジェクトに提供し、ケニアの条件に適した技術開発に取り組んだ。そして誕生したのが、携帯電話のショートメッセージ・サービス（SMS）の機能を使って、電子マネー（M-PESA）を送金する技術である。M-PESAのシステムでは、個人間の送金、個人と企業との送金、代理店での現金引き出しや預金、支払いができるので、より速く、安く、安全に金融取引ができるようになるのだ。

マイクロファイナンスの実施機関にはファウル・ケニアが選ばれた。ファウルは、グループ連帯保証制を使って低所得層に三〇〇ドルから二万ドルの貸付を行っている。顧客数は一〇万人の規模で、返済率は九六%という実績である。プロジェクトにはファウルの顧客四五〇人が参加することになり、特殊なSIMカードを搭載した携帯電話が支給された。プロジェクト実施地域は、ナイロビのスラムであるマタレと、ナイロビから車で一時間ほどの商業街ティカである。

【新たなビジネスモデル】

M-PESA（電子マネー）を活用したマイクロファイナンスの仕組みは以下のとおりである。

1　貸付の流れ

①承認された融資申請に対して、ファウル本部口座から地域支店口座へSMSでM-PESAを送金する。

②グループミーティングの場で、ファウルのフィールド職員から顧客（融資申請者）の携帯電話口座にM-PESAを送金。

2　顧客のM-PESAの使い方（三種類）

①現金を引き出して使う……顧客から代理店の携帯電話口座にM-PESAを送金。M-PESAを受け取った代理店は顧客に同額の現金を手渡す。ただし、手数料は受け取る。

②電子決済に使う……顧客から取引先の携帯電話口座に商品やサービスの代金

1. 貸付の流れ

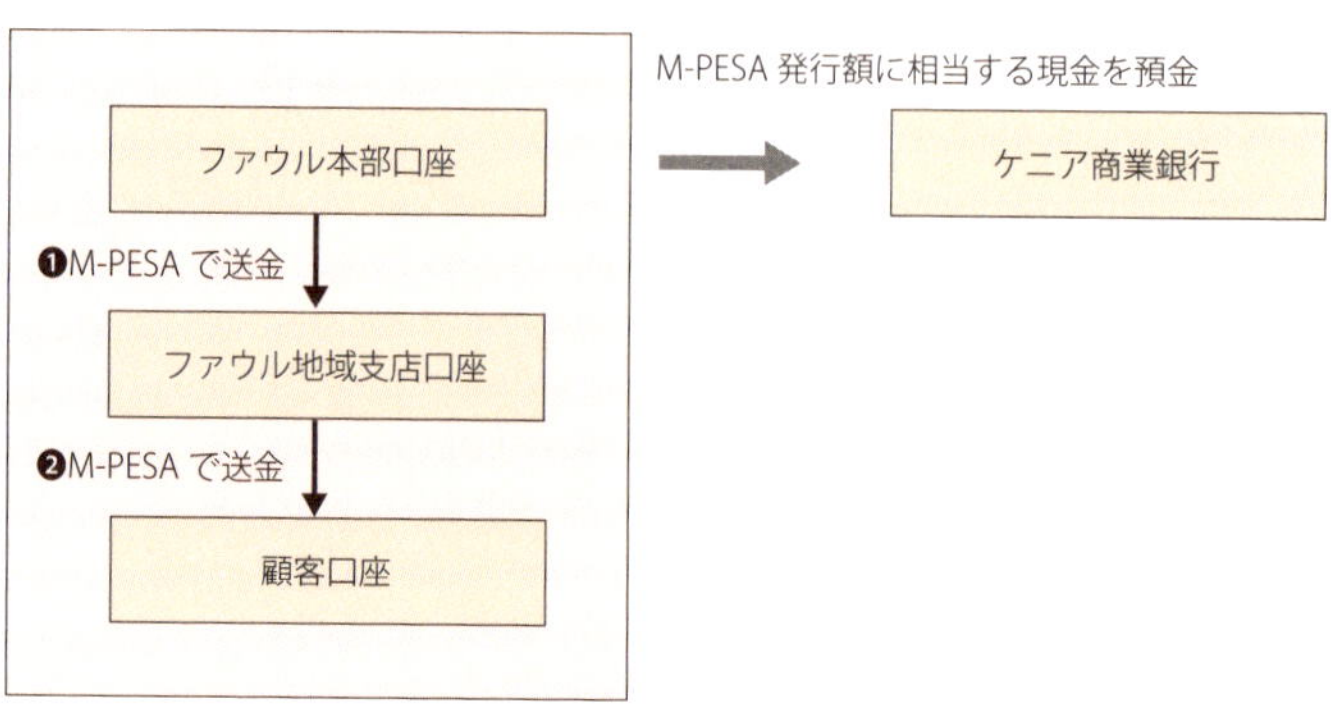

をM-PESAで送金。

③他の口座に送金する……顧客から家族が持つ別の携帯電話口座にM-PESAを送金。

3　返済の流れ

①顧客が代理店に現金を手渡し、同額のM-PESAを代理店から顧客の口座に送金。（顧客の口座にM-PESAが入金される＝預金機能）

②顧客がグループの携帯電話口座に返済額のM-PESAを送金する。

③グループの会計係が返済額のM-PESAをファウル本部口座に送金する。

【成果】

パイロットプロジェクトは成功し、以下の点が明らかになった。

- 現金を持ち歩く必要がなくなり、より安全になった。M-PESAの不正利用が疑われる場合は、すぐに口座を凍結するセキュリティ対策も取られている。
- 顧客・マイクロファイナンス機関ともに、取引にかかる時間とコストを節約できるようになった。
- 取引額の少ない低所得層にとって、妥当な手数料なので利用しやすい。
- 顧客が現金ではなくM-PESAで資金管理をする、つまり電子預金をする

2. 顧客の M-PESA の使い方

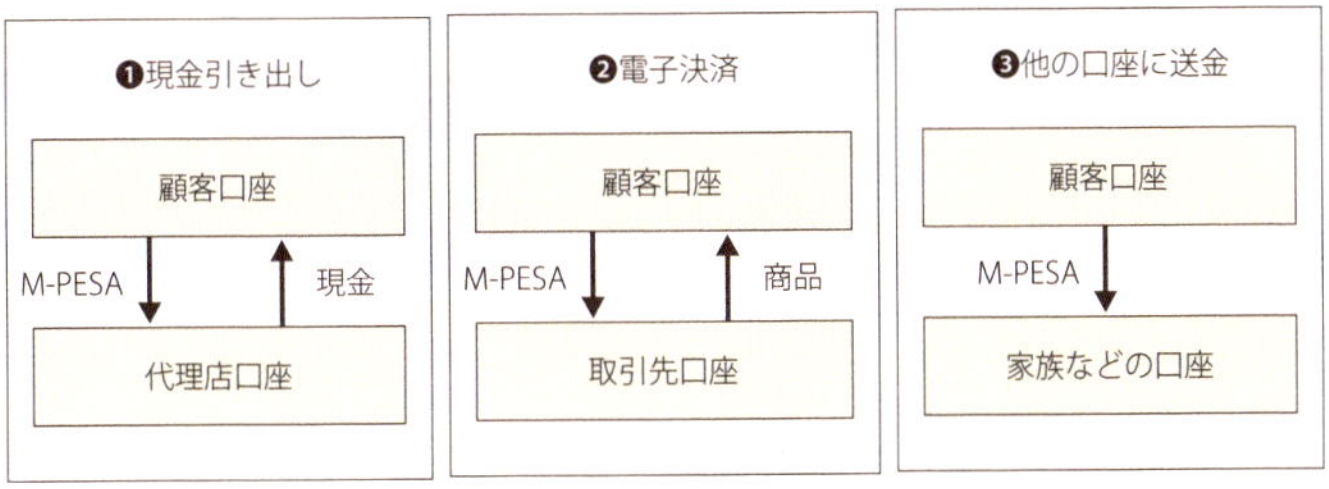

ようになったので、マイクロファイナンス機関はこれを貸付に運用できるようになった。

一方で、人々が携帯電話や銀行制度を使い慣れていないこと、携帯電話網がまだ一部の地域に限られていることなどが課題とされた。

パイロットプロジェクト終了後、サファリコムは商業ベースでＭ－ＰＥＳＡの全国展開を進めている。

3. 返済の流れ

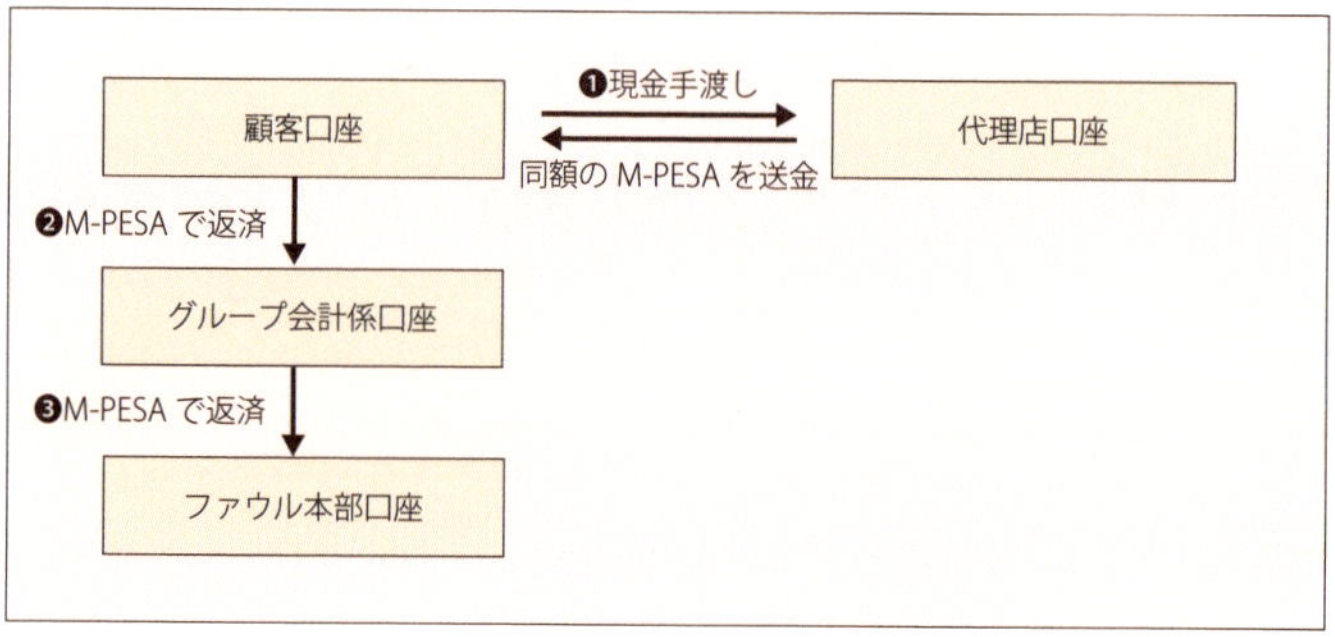

代理店で現金を引き出す際の携帯電話画面

❶現金引き出し（Wisdraw Cash）を選択

❷引き出したい口座の名義人の電話番号を入力

❸口座番号を入力

❹暗証番号を入力

❺詳細を確認。「OK」を押すと、SMS で M-PESA が送られる

❻M-PESA から現金引き出しの確認のため SMS が届く

❼M-PESA から代理店で現金を受け取れる旨 SMS が届く

CASE 05

持続可能な畜産プロジェクト

［ブラジル］

セクター	農業、バイオマス
貧困層の役割	生産者
ターゲット	養豚農家
事業者	サディア（現地大企業）

【ビジネスモデルの特徴】

家畜の排泄物を分解するバイオダイジェスターで温室効果ガスを削減し、カーボンクレジットを稼ぐ。

【背景】

サディア社は世界有数の冷蔵・冷凍食品会社で、パスタ、デザート等六〇〇を超える商品を扱うほか、食肉の最大輸出企業でもあり、ブラジル食品市場の最大手である。社名はポルトガル語で「健康」を意味し、教育、経営の透明性、社員・顧客の幸福・健康・安心をモットーとしている。

二〇〇四年に同社は、持続可能性を追求するための戦略委員会およびサステナビリティ研究所を発足させた。また、欧米の企業や市民社会が実施しているフードラボにも参加して、ブラジル国内の牽引役を担っている。このフードラボは、食物のサプライチェーンを生産者から消費者に至るまで健康的で持続的なものに再構築することを目的としている。

そして、同社のサプライチェーンを一新するイニシアチブである「持続可能な畜産プロジェクト（Sustainable Swine Production：３Ｓ）」を立ち上げ、養豚業界を取り巻くさまざまな環境、社会問題の軽減に乗り出した。

サディアは三五〇〇軒以上の養豚農家との取引があり、その九割は一〇〇〇頭以下の中小規模の農家である。中小規模の養豚農家は適切な排泄物管理をしておらず、土壌・水質汚染や悪臭等、さまざまな環境問題を引き起こしていた。加えて彼らは価格交渉力に乏しく収益は圧迫されており、また糞害等の悪印象から将来の担い手である若者が都市部へ流出し、失業率を引き上げる等の社会問題の原因にもなっていた。これらの状況を同社はサプライチェーンの潜在的危機ととらえ、持続可能なものに一新することを決意した。

【新たなビジネスモデル】

サディアのサステナビリティ研究所は、密閉保存容器の中でバクテリアを使って豚のし尿を分解する装置（バイオダイジェスター）を導入し、養豚農家に設置してもらうことにした。この装置は、し尿分解過程で生成されるメタンガスを、二酸化炭素に変化させることによって、温室効果ガスの排出を削減できる（メタンガスは二酸化炭素の二一倍の温室効果を持つといわれている）。京都議定書のクリーン開発メカニズム（ＣＤＭ）の枠組みでは、温室効果ガスを削減するとカーボンクレジット（排出削減証明）を稼ぐことができる。このクレジットは他の企業と取引できるので、クレジットを他社に販売して得られる利益で、バイオダイジェスター設置費用を充当できる。さらに、発生したバイオガスを密閉保管しておけば、燃料としても使えるので、生産者の費用削減につながる。また、し尿を発酵させる過程でできた生成物は、農業用肥料や魚のえさに使える。

　このプロジェクト遂行に際して、同社はさまざまな問題に直面した。たとえば、当初、養豚農家を地域毎に区分けし、順序良くプロジェクトを開始しようと考えたが、同意を得ることが難しかったため、農家一軒一軒と個別にやりとりすることになった。またバイオダイジェスターを設置する際にも、まず同社が装置を購入して各農家に支給し、約五年間にわたって分割払いで返済させるというシステムを設けることとなった。

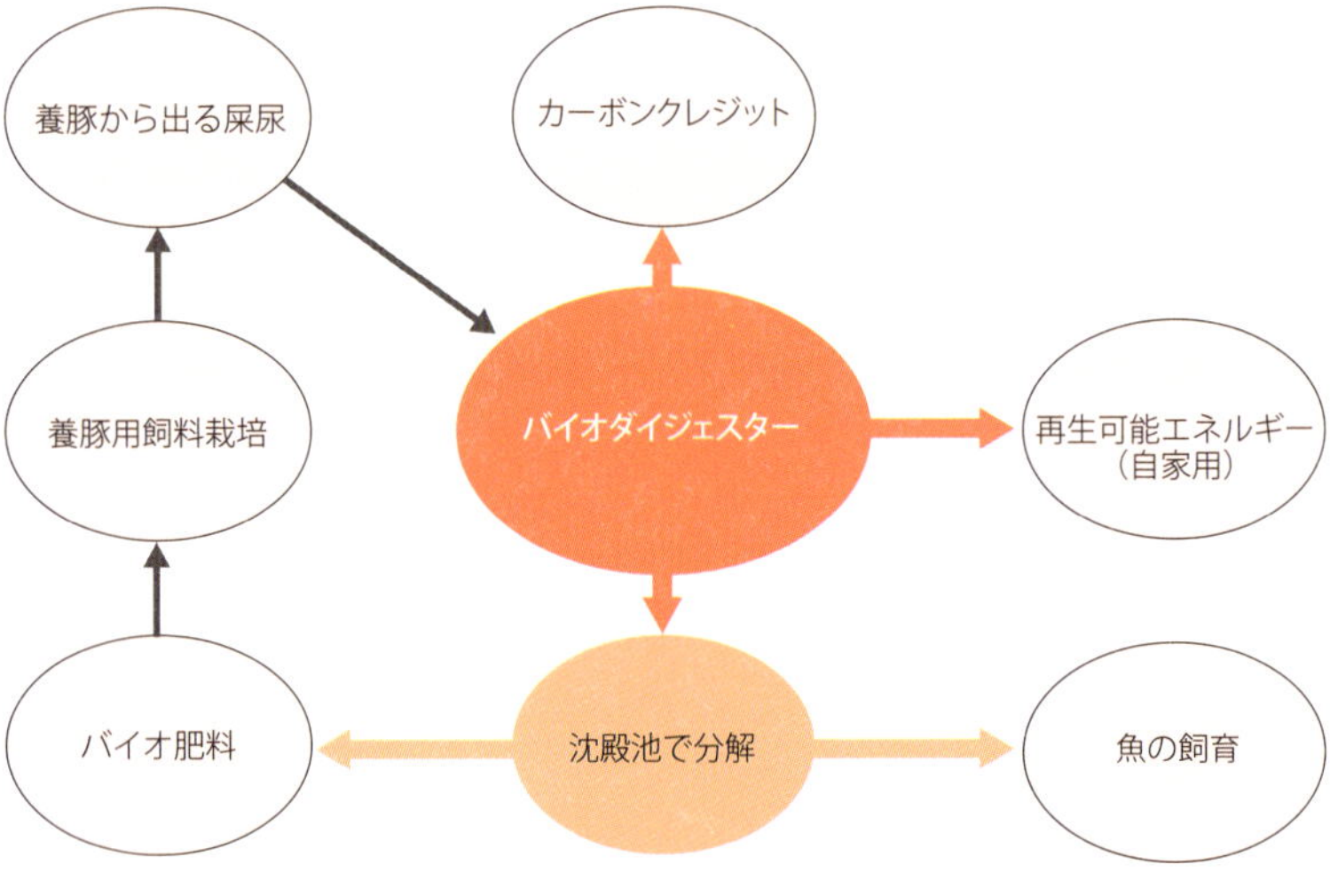

【成果】

個別の養豚農家だけでは成しえない包括的な取り組みを進めた結果、養豚農家を取り巻く労働環境、彼らの養豚や環境に対する意識は著しく向上した。またバイオダイジェスター導入により養豚農家は、無料の燃料、肥料を得て、操業費用を圧縮し、収入源を拡大させる機会を獲得した。

また、二〇〇六年五月、サディアと同研究所は、プロジェクトで得られたカーボンクレジットを初めて販売した。ただし、クレジットの価格変動が大きく、交渉にも時間がかかり、現金が入ってくるまでに時間がかかるので、同社はクレジット販売収入だけでなく、政府からの低利融資も活用している。

CASE 06

すべての人に医療を提供する方法

［インド］

セクター	医療
貧困層の役割	サービスの利用者
ターゲット	心臓病患者
事業者	ナラヤナ・ヒュルダヤラヤ（現地企業）

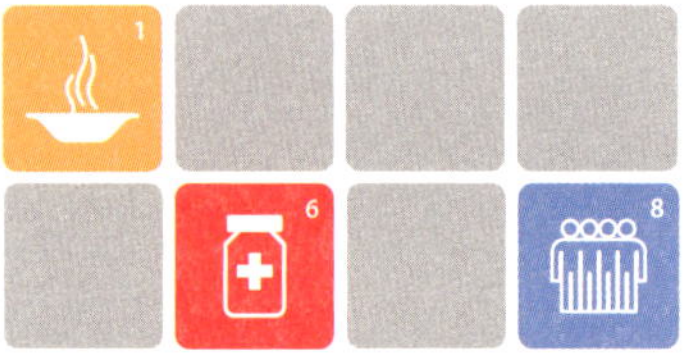

【ビジネスモデルの特徴】

高度な医療を提供し、富裕層が支払った料金と寄付で低所得層の治療費を補填する。

【背景】

ナラヤナ・ヒュルダヤラヤ（以下ＮＨ。ヒンディ語で「神のご加護の家」）は、質の良い医療を支払い可能な料金で提供することを目的に設立された民間企業である。

インドの医療制度には二つの課題がある。一つは、自費で治療を受ける人の八割は貧困層である。もうひとつは、政府の予算の大部分は高度医療に充てられており、貧しい人々が最初に治療に訪れる基礎的医療は軽視されている。インドの患者一〇〇〇人あたりの医師数は一人以下で、米国の二・五六人や中国の一・〇五人と比較しても少ない。農村部ではさらにひどく、地域よっては二万人に一人の割合である。

また、インドでは心臓病の罹患率が高い。遺伝学的に心臓病にかかりやすいこと、油分の多い食事、座った姿勢での仕事などが原因である。年間で二四〇万件の心臓手術が必要だが、実際に行われているのは六万件にすぎない。

【新たなビジネスモデル】

創始者のセティ博士は、インドの大学を卒業し、ロンドンの病院に勤務した後、帰国して病院設立支援団体（ＡＨＦ）を設立した。その後、二〇〇一年に義父の支援を受けて、心臓手術を専門とするＮＨをバンガロールに設立したが、それまでの経験から、寄付に頼った慈善的活動では規模の拡大が望めないと考え、新たなビジネスモデルを考えた。

ＮＨは、世界レベルの心臓手術を専門とする外科医を集めて、富裕層にとって魅力ある治療を提供することで手術料金を徴収し、支払い能力のない患者の治療費まで捻出する、という方法をとった。手術料金は医師の裁量で決められるのである。一件当たり一八〇〇ドルが損益分岐点だが、ある月の平均手術料金は二三〇〇ドルだった。

また、コスト削減も怠らず、高い技術を必要としない職務は看護師や支援スタッフに担当させて、医師ができるだけ多くの手術をこなせるようにしている。また三交代制で、一日一四時間の手術時間を確保している。そして、人件費を節約し、質の高いサービスを維持するため、自前の研修機関を設立し、貧しい村から若者を集めて看護師として育成して雇用している。このほか、資器材調達を長期契約にせず、週ごとに見直したり、企業と共同でコストの安い医療機器を開発したりしている。

ＮＨは貧困層へ医療を提供するために三つの手段をとっている。

第一に、ＮＨ病院での診察の場合、患者はまず三〇〇ルピーを支払って登録、検査を受ける。医師が治療方法を提案し、会計係が治療費の最安値を算出し、患者の支払い能力を審査する。不足分は慈善団体などに依頼して寄付してもらい、患者の自己負担分と合わせて、治療費が捻出され、手術が行われる。

第二が移動診療である。医師の乗った診療車が農村地域を訪問し、無償で検査を行う。その場で治療を行うが、さらに治療が必要な場合はＮＨの病院を紹介し、治療費について助言する。

第三が遠隔通信技術を利用した診察である。心臓病専門病院と連携してＮＨを患者に紹介してもらったり、公立病院を訪問した心臓病患者を遠隔通信でつながれたモニターを使って診察している。地方の家庭医ともつなぎ、心電図の測定を家庭医が担当し、ＮＨが診察する方法もある。

ＮＨは、物的インフラの不備を克服するため、移動診療車や遠隔通信を活用しているのである。

また、貧困層が病院に来やすくなるよう、新しい健康保険制度も設立した。一つは、企業の財団と保険会社と協力して設立したアロギャ・ラクシャで、月三ドルの掛け金で一六五〇種類の手術がカバーされる。もうひとつは、政府と協力して設立したイェシャスビニ保険（ＹＳ）で、カーナタカ・ミルク・フェデレーション（ＫＭＦ）の低脂肪スキムミルクの宣伝にセティ博士が協力する条件として、傘下の約二〇〇万の酪農家への加入を呼びかけたのが始まりである。月一一セントの掛け金で、無料の検診が受けられる。手術が必要な場合は料金交渉で最高二五〇〇ドルまでの手術を受けることができる。

【成果】

二〇〇一〜〇六年の間に患者数は着実に増加した。二〇〇六年一〇月の一カ月で、九五六七人の外来患者と一六〇八人の入院患者を診療した。二〇〇一〜〇七年五月の間に、ＮＨは二万三〇〇〇件の外科手術を行い、三万四〇〇〇件のカテーテル手術を行った。ほぼ半数に相当する患者に対して、二五〇万ドルの治療費の補助を行った。

イェシャスビニ保険（YS）の概況（2003〜2006年）

	1年目	2年目	3年目	4年目
新規加入者数	165万人	215万人	147万人	180万人
診療数	35,814	50,174	52,892	91,853
手術件数	9,039	15,206	19,072	11,747
心臓手術件数	674	1,036	1,847	n/a
保険料額	5ルピー／月	5ルピー／月	10ルピー／月	10ルピー／月

CASE 07

住民とともに公共サービスをつくる

［モロッコ］

セクター　電気・水道・下水

貧困層の役割　サービスの利用者・委託管理者

ターゲット　スラムの住民

事業者　LYDEC（多国籍企業の子会社）

【ビジネスモデルの特徴】

政府の公共事業を請け負った民間企業が住民との関係を強化し、より多くの世帯にサービスを提供する。

【背景】

カサブランカには住民が四五〇万人おり、そのうちの三〇％にあたる一二〇万人はスラム街に住んでいる。都市機能は年率二〜三％の人口増加に対応しきれず、スラム街の住民の生活環境は劣悪だ。一九九七年以前、モロッコ政府の公社が水や電気の供給を行っていたが、スラムでの水の入手方法は噴水や給水塔や井戸からで、電気は違法に電線につなぐ盗電が行われていた。

一九九八年、給水・汚水処理事業を行うフランスの巨大企業スエズの子会社であるリオネーゼ・デ・オクス・カサブランカ（ＬＹＤＥＣ）が、モロッコ政府からカサブランカ市内の電気・給水・汚水事業の営業権を三〇年契約で獲得した。同社の目標は、公共サービスの質を向上させること、ニーズに対応できるだけのインフラを建設すること、自治体や地元コミュニティとの官民連携のお手本となることであった。また、モロッコの政府公社の職員も活用して彼らの便益も保護しつつ、水質の向上、電気や汚水処理サービスの向上を図ることをめざした。

【新たなビジネスモデル】

❶ブルーコネクション・プロジェクト

● 電気……ＬＹＤＥＣは、低所得地域にサービスを提供するため費用対効果の高い手法を用いた。そのうちのひとつが、地域コミュニティから選ばれた住民代表（路上代理店）の雇用である。住民代表は管理や技術に対する研修を受けて、一人が二〇～三〇世帯を担当し、日常の運営管理や技術的サポートを行い、各世帯の使用量に応じた料金徴収も行う。住民代表は自分も電気を利用できる恩恵があるため報酬が少なくて済むので、専門職員を雇用するよりも人件費を低く抑えることができる。また、住民代表とＬＹＤＥＣとの関係が確立すれば、地域コミュニティとの関係も強まるので、接続費用の一部（約一三〇ドル）負担を住民に求めやすくなる。この手法で、同社は新規に三万世帯に対して正規の電気接続を行った。

● 下水……ＬＹＤＥＣは、六万五〇〇〇世帯が新規に下水道に接続し、普及率が九五％に達することをめざした。そして、七〇〇万ユーロを投じて四〇キロメートルの主な下水管と、二三〇〇キロメートルの二次下水管の堆積物を清掃した。この結果、洪水のリスクも軽減された。

● 漏水の削減……ＬＹＤＥＣは、地元の下請け業者と協力し、上水管の点検・補修やメーターの改良などの漏水削減プロジェクトを行った。これにより、年間二四〇〇万立方メートルの漏水が削減され、同社の収入を向上させた。

❷政府プログラムとの協力

二〇〇五年にモロッコ国王は、「人間開発のための国家イニシアチブ」を開始した。同プログラムは、貧困層に基礎的サービスを提供し、不法居住区をなくすこと（＝合法と認めること）を目的にしていた。この意味するところは、カサブランカ市が行政の責任として、スラム地区に公共サービスを供給していかなければならない、ということである。

それ以前、行政機関は不法居住区の住民を移転させたがっており、ＬＹＤＥＣはスラム住民にサービスを提供するために行政と交渉しなければならなかったが、このプログラムの開始で状況は一変した。カサブランカ市は、水や電気など複数の分野の問題を調整する機関を新設した。これに対応して、ＬＹＤＥＣもＩＮＭＡＥ（アラビア語で「開発」）プログラムをたちあげ、二〇〇九年までに一四万五〇〇〇世帯に対して電気と水を供給するという目標を設定し、政府機関と協働した。世界銀行からも資金協力を受けて約六二〇〇世帯に電気と水を供給した。

同社はまた、コミュニティとの連携を強化する部署を新設し、住民に情報提供を行い、信頼関係の強化を図った。

【成果】

●電気と水の利用者を二〇%増加させている。

●二五万世帯が上下水道に接続した。

●LYDECは六万五〇〇〇世帯に対する電気と水の供給サービスを管理している。

●六〇〇人の新規雇用が生まれた。

●一二五〇人の住民代表が料金管理を任されている。美容院などの間接雇用も生まれている。

●顧客の満足度は一九九七年の五〇%から二〇〇六年の七〇%にまで上昇した。

●月々一七ドルかかっていたスラム街の住人のエネルギー関連費用は六ドルへと抑えられ、間接的に彼らの収入を増加させることができた。

CASE 08

生産者が所有するコーヒーショップ・チェーン

［コロンビア］

セクター	食品生産販売
貧困層の役割	生産者
ターゲット	小規模農家
事業者	コロンビア全国コーヒー生産者連合、ファン・バルデス（現地企業）

【ビジネスモデルの特徴】

コーヒー生産者の組織が設立した企業が、フェアトレードのコーヒーショップをチェーン展開する。

【背景】

コロンビアは、ブラジル、ベトナムに次ぐ世界第三位のコーヒー生産国である。一九二七年に設立されたコロンビア全国コーヒー生産者連合（NFC）には五六・五万世帯を超えるコーヒー生産農家が加盟していて、そのうち九五％は農園面積が五ヘクタール以下の小規模農家である。コーヒーの生産地では、四〇〇万人の住民が直接的にコーヒー生産にかかわっている。しかし、この二〇年の間に、コーヒー市場は国際的な価格低下の危機に直面し、小規模な農家は深刻な打撃を受けた。NFCは、国際市場が高値の際に余剰利益を保持しておき、価格が低下したときに生産者の所得補填に充てた。しかし、この制度は二〇〇二年に廃止され、小規模農家は国際価格の変動を大きく受けることになった。

【新たなビジネスモデル】

コーヒー危機に対応するため、二〇〇二年にNFCが出資してコロンビアコーヒー・プロモーション（プロカフェコル）が設立された。同社は、直販を増やすことで生産者の利益増大を狙ったコーヒーショップのチェーンを立ち上げた。ブランド名には、一九五九年に米国市場にコロンビアコーヒーを売り込むために作られて世界的に有名になったファン・バルデスのキャラクターを冠し、ファン・ヴァルデス・コーヒーショップとした。

ブランドの戦略は、高品質のコーヒー、オーガニックで環境に優しいコーヒー、生産地域ごとに特色のあるコーヒー、生産地にまつわる記念日などの限定品、祝日限定商品、マイコーヒーバック、コーヒー入りドリンクなどを扱うことである。

このコーヒーショップ・チェーンの特徴は、NFCに代表される生産者と

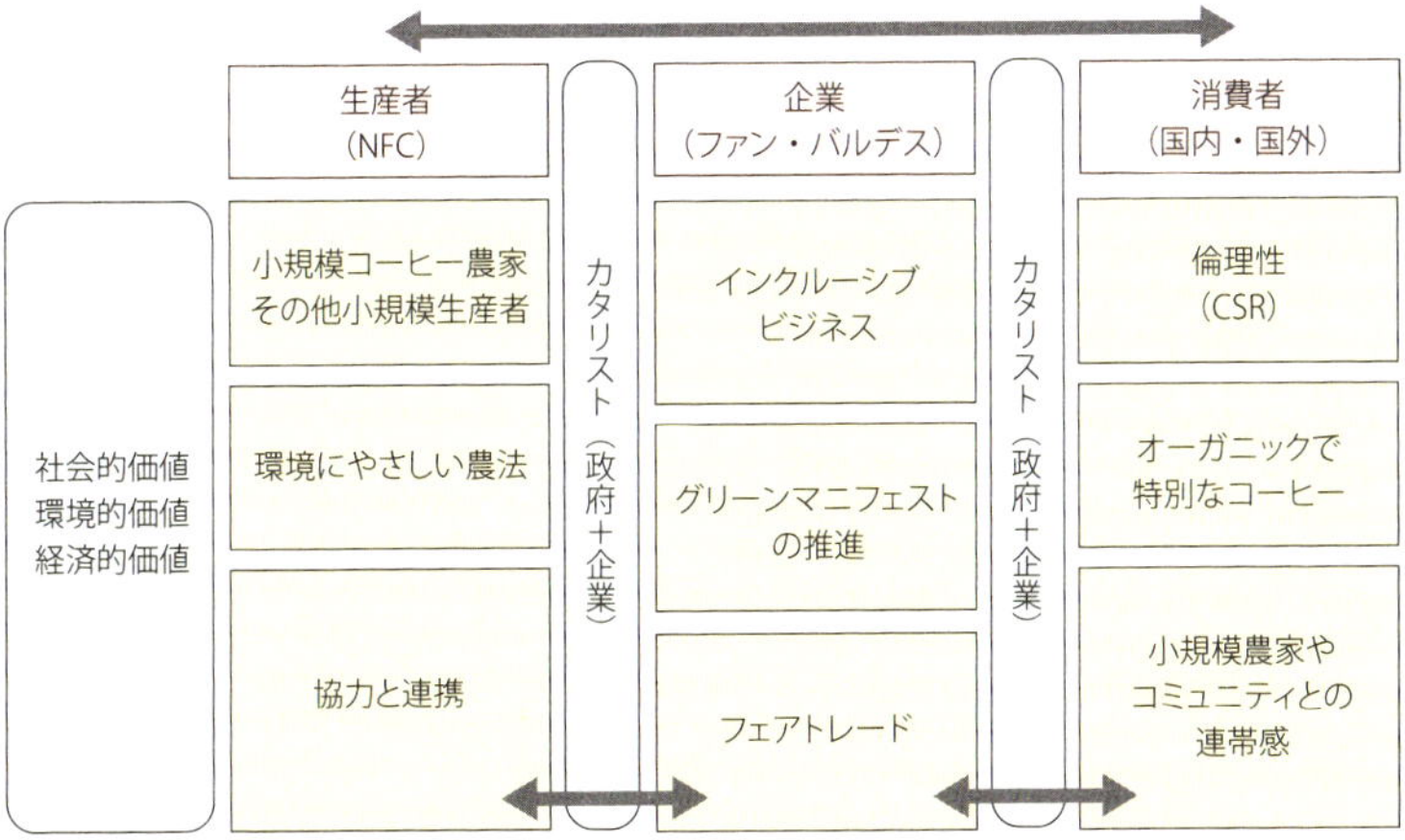

コーヒーショップを経営するプロカフェコルとがフェアトレード・チェーンで統合されて、社会経済的価値を最大化している点である。フェアトレードの認証を受けているわけではないが、国際フェアトレード協会とＦＩＮＥネットワークによるフェアトレードの基準に準じた活動を行っている。

このフェアトレード・チェーンにより、生産者は三つの恩恵を受けることができる。

まず、コーヒーショップは（フェアトレードの認証はないものの）プレミアムを支払うので、生産者は今までより高い収入を得ることができる。コーヒー一杯あたりにすると、従来のフェアトレードを通じて生産者が得られた収入の四〜五倍に相当する。

次に、個々の生産者が増やした売り上げは、ＮＦＣに還元され、コロンビアコーヒーのブランド戦略に再投資されたり、コーヒー生産地域の道路、学校、保健センター、住宅建設などの社会開発に投じられる。

またプロカフェコルの株式は、八割以上をＮＦＣが保有し、残りは二〇〇〇を超えるコーヒー農家が保有しており（最低価格は一株で八・五ドル）、五年の定期預金と同程度の配当を得られる。

【成果】

二〇〇六年現在、プロカフェコルは、コロンビア国内と米国、スペインに合わせて五七店舗のコーヒーショップを展開し、年間二〇〇〇万ドルを売り上げ、一二〇〇万人の顧客がいる。その活動は、生産者に従来より二五％も多く収入をもたらした。

【フェアトレードの定義】

1. IFAT（国際フェアトレード協会）の定義

1．貧困生産者のための機会創出

2．透明性と説明責任

3．生産者のキャパシティビルディング

4．フェアトレードの普及

5．公正な対価の支払い

6．女性の状況改善

7．安全で健康的な労働条件

8．環境配慮

2. FINE ネットワークの定義

「フェアトレードは、対話、透明性、敬意を基盤とし、より公平な条件下で国際貿易を行うことをめざす貿易パートナーシップである。特に「南」の弱い立場にある生産者や労働者に対し、より良い貿易条件を提供し、かつ彼らの権利を守ることにより、フェアトレードは持続可能な発展に貢献する。フェアトレード団体は（消費者に支持されることによって）、生産者の支援、啓発活動、および従来の国際貿易のルールと慣行を変える運動に積極的に取り組む事を約束する」

CASE 09

委託栽培でマンゴー農家を変える

［ガーナ］

セクター	農業
貧困層の役割	生産者
ターゲット	マンゴー生産農家
事業者	タマレフルーツ（現地中小企業）

【ビジネスモデルの特徴】

慣習法にもとづいて土地を利用する貧困農家とマンゴーの委託栽培契約を結び、生産財の長期低利融資と技術支援を行う。

【背景】

タマレフルーツ社は、一九九九年に設立された民間企業で、貧困に苦しむガーナ北部のサベルグ・ナントン地域で有機農法のマンゴー栽培を行っている。同社は、中心街から約一〇キロのディパルに一八〇ヘクタールの直営農場を保有し二五〇人を雇用している。これに加えて二〇〇一年、小規模農家との委託契約栽培スキームを開始した。

同社が委託契約栽培スキームを導入した理由は以下のとおりだ。まず、企業の社会的責任として、近隣農家の貧困削減を目的としたこと。また、輸出企業としては市場競争力強化のために生産量を増やす必要がある。農家二〇〇〇人と契約すると、一人一エーカーとして、約二〇〇〇エーカー（＝八〇〇ヘクタール）を確保でき、二万四〇〇〇トンの増産が見込めるのだ。これだけの土地を自社で購入すると大変なコストがかかる（ガーナでは土地は慣習法で使用権が認められているので、購入にあたっては、個人だけでなく、親族や首長などと交渉しなければならないからである）。加えて、生産量が増えれば、輸出に必要な梱包などで規模の利益を得ることができる。

しかし、委託栽培スキーム導入に当たっては、さまざまな課題があった。同地域の貧困世帯率は七〇％を超え、成人識字率は二〇％に満たなかった。読み書きのできない農家が新しい作物に取り組み、国際的な基準を満たす有機マンゴーを生産できるようになるためには、相当な時間と手間がかかる。また苗木を植えてから、実際に収穫して収益を上げられるようになるまで、一農家あたり七〇〇〇ドル近くの投入が必要になる。

【新たなビジネスモデル】

タマレが導入した委託栽培スキームの手順は以下のとおりである。

まず、各農家は委託栽培の契約料として、とうもろこし一袋（一五ドル相当）をタマレに支払う。これを受けて同社は無利子の融資を行う。融資は現金でなく、苗木や農具、肥料、水（タンクに給水）、技術支援などの現物で提供される。そして、農家が有機農作物認証機関（英国の土壌協会）から認証を得られるようタマレが支援し、生産したマンゴーはすべてタマレが買い上げる。融資は四年の据置期間があり、五年目から同社による買い取り額の三〇％が融資返済金として差し引かれる。返済が終わるまで、農家はすべてのマンゴーをタマレに売らなければいけないが、全額の返済を終えた後は、他社に売ってもよい。

タマレの試算では、約一エーカーの土地に一〇〇本のマンゴーの木を植えると、初期投資が二二三六ドル、年間管理費が九四四ドルかかる。苗木を植えて約三年後から一五〇ドル相当のマンゴーが収穫できるようになり、一〇年目以降は約三〇〇〇ドルになる。タマレへの返済は一四年目で終わり、その後は、年に約二〇〇〇ドルの純益を得られるようになる。近隣の一般農家の年収が三〇〇ドル程度なので、マンゴーが高い収入をもたらすのがわかる。

今後、発生しうる課題としては、タマレが収穫物を回収してから農家に代金の全額を支払うまでにタイムラグがあるため、現金で買い上げてくれる他社に収穫物を売ってしまうことが考えられる。この場合、融資の返済を現金でしてもらうという対応策がありうる。また、どこでも生産性の高い農家とそうでない農家がある。想定以上に生産性の低い農家が多ければ、融資の返済が滞ることもありえるだろう。

委託契約３年目のマンゴー園

【成果】

委託契約農家の数は、二〇〇六年に一三二七軒にまで増加した。

このスキームは、北部の低所得者層に対して、マンゴー栽培の機会を与え、彼らの家族に持続的な現金収入源をもたらした。一方で、タマレは農家から質の高いマンゴーを確実に得られるようになった。

また、同社はガーナ政府の進める森林化事業にも参画しており、伝統的に焼畑農法を行っていた同地域の環境保全にも貢献している。さらに、子どもを学校に送るプロジェクトも進行中で、各学校で五エーカーのマンゴー農園を設立し、そこから生み出される収入で生徒に食事を与え、学校の施設を整備する人材育成事業にも努めている。

同社はまた、同スキームに参加する農家に発言力を持たせるため、有機栽培マンゴー生産者協会を設立し、個々の農家とタマレとの橋渡し役をさせている。

CASE 10

低所得者のための教育ローン

［南アフリカ］

セクター	教育・金融
貧困層の役割	サービスの利用者
ターゲット	スキルアップをめざす教員や公務員
事業者	エデュ・ローン（現地起業家）

【ビジネスモデルの特徴】

人材のミスマッチに対応するため、現職公務員のスキルアップ負担を融資し、給与天引きで返済させる。

【背景】

南アフリカでは、アパルトヘイト時代に人種別の教育が行われており、黒人やカラードが高等教育を受ける機会が極端に制限されていた。新体制の下、黒人の雇用機会も増えたものの、技能のある人材は限られている。政府は高等教育の機会平等を掲げ、黒人やカラードの大学入学者を増加させる政策をとり、黒人学生の割合は増えている。企業に対しても企業内教育を訴えているが、企業は従業員に教育機会を与えても転職してしまえば企業の損失になるとして、まだ尻込みしている状態だ。

エデュ・ローンは、高等教育の学費の融資に特化した民間企業である。スキルアップをめざす黒人に対して、適切な金利で融資を行い、利益を得ている。同社が設立された背景は以下の通りである。

エデュ・ローンの二人の設立者、ジョアン・フッサーフォルとジャン・キッツオフは、銀行勤務経験があり、当時はＩＤＴ（Independent Development Trust）というＮＧＯのタッフとして農村部の学校建設に携わっていた。

問題は学校の教師をどう確保するかで、政府は独自に選んだ教師を派遣したがり、コミュニティは地元出身の教師を望んだのだ。だが、地元出身の教師の質は高くなかった。政府は公的教育機関の教員にスキルを向上させることを義務付けていたものの、そのための予算は設けていなかった。そこで、教員のスキルアップ・コースを開設していたノースウェスト大学と共同で研修目的のＮＧＯを設立し、同学のカリキュラムを活用して遠隔教育を行うことにしたのだが、受講者には研修費を支払う余裕がないことがわかった。マイクロファイナンス機関は数多くあったが金利が高すぎるし、一般銀行は低所得層の教育ローンは扱っていなかった。政府の奨学金は、最貧困層向け（月収一八〇ドル未満）で、低所得層（月

収一八〇～八四〇ドル）向けのものはなかった。そこでエデュ・ローンが設立されることになったのである。

【新たなビジネスモデル】

エデュ・ローンは現役の教師に対し、大学のスキルアップコース受講のための学費を融資する。融資の審査に合格すると、受講開始時に学費がエデュ・ローンから大学へ直接支払われる。そして、政府から受講者に支払われる月給からの天引きで毎月返済させる。この方法のメリットは、大学は学費未納などのトラブルを避けられること、政府は予算をかけずに教員の質を向上させられること、教員自身は教育ローンのおかげでスキルアップできることである。

エデュ・ローンは、民間銀行やフランスやドイツの援助機関から融資を受けて、活動を拡大している。また複数の大学と連携し、入学手続きの際に大学スタッフにエデュ・ローンを紹介してもらったり、ローン利用者にカードを提供して大学の書店での書籍購入にも融資が利用できるようにしている。政府からの支援も大きく、教員以外にも警察官や看護師などの公務員も利用している。

【成果】

一九九六年に設立されて以来、エデュ・ローンは四〇万人の学生に合計一億四〇〇〇万ドルの融資を行った。融資審査は厳格で、申請者の四割しか融資を承認されないので、返済不履行はほとんど発生せず、在学期間中のリピーターも多い。大学で資格をとった教員の給料は資格がないときの二倍になる。さらに経験を積んで上級の資格を積めば、給料は中間層の収入に相当する額になる。

ただし、エデュ・ローンの顧客は政府機関の職員に限られており、まだ民間企業の協力は得られていない。どうやって拡大していくかが今後の課題である。

奨学生の数

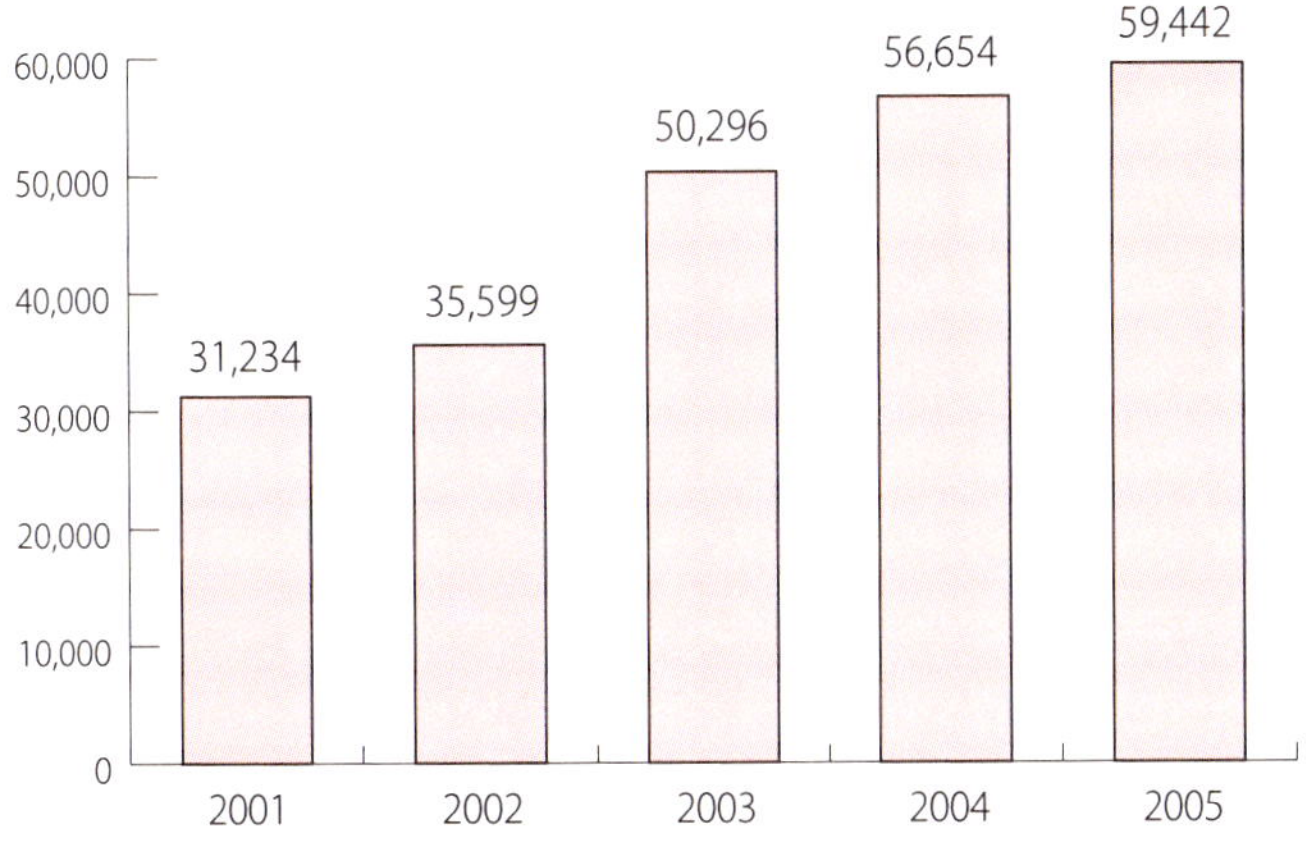

出典：Edu-Loan

CASE 11

現地企業を育てて電力サービスを提供

［マリ］

セクター	電力
貧困層の役割	消費者・従業員
ターゲット	農村の住民
事業者	フランス電力公社（先進国企業）

【ビジネスモデルの特徴】

現地の電力サービス会社を育成して、農村を電化する。

【背景】

電力の普及は社会経済の発展、ＭＤＧｓの達成にとっても不可欠だが、世界の二五億人は近代的な電力サービスへのアクセスがない。最貧国のひとつマリでは、住民一二〇〇万人の一〇％程度しか電力へのアクセスがなく、特に人口の八〇％が住む地方農村部での電力普及率は二〜三％に留まる。人々は灯油や車のバッテリーから動力を得て、ろうそくの明かりで暮らす生活を強いられている。マリの電力は主に石炭か水力発電によって供給されているため、電力が利用できる地域でも、人々はアフリカの中でも高額な利用料を支払っている。

マリ政府が作成した貧困削減ペーパー（ＰＲＳＰ）では、教育、水の供給、生産部門の強化という三つの重点分野を通じて年間五％の経済成長率を目標としているが、経済発展のためには地方農村部の電化が不可欠である。特に乾燥地域では地下水のくみ上げのための電力が必要である。

一九九〇年代半ば、フランス電力公社（ＥＤＦ）は、オランダのヌオン社、フランスのトタル社と協力し、マリの農村電化に関する調査を行った。ＥＤＦは農村電力サービス会社を育成することが必要だと提言し、マリ政府の鉱山エネルギー省がその設立を承認した。農村電力サービス会社の実務面での所管官庁は農村電化開発局である。同局は世界銀行を始めとする国際的なドナーの援助資金を管理し、電力サービスの民間オペレーターに関連する法律の整備も行っている。

【新たなビジネスモデル】

マリでの事業開始に当たってＥＤＦは、現地の人々が完全にオーナーシップを持つ企業に育てるため、採算性、持続可能性、他地域での展開可能性の三点を満たす戦略をとった。ＥＤＦが設立する現地サービス会社は、発電施設を設置・管理して、地元の経済活動を促進し貧困削減につなげることをめざすものである。経営者と職員はすべてマリ人で経営の自主権を持ち、商業ベースで活動する。ＥＤＦは、理事会を通じて影響力を持ち、職員の研修、ツールの開発および経営陣の支援を行う。

ＥＤＦが最初に設立したのは、フランスのトタルとの共同出資で一九九九年に設立したKoraye Kurumba（ソニンケ語で「新しい光」）社である。職員は一五人で、マリ東部の四村で事業を行っている。同社はフランス在住のマリ人移民の資金協力を得ていたので、彼らの要望を受けて事業を行う村が選定された。

Yeelen Kura（バンバラ語で「新しい光」）社はＥＤＦとオランダのヌオンの合弁で二〇〇一年に設立され、初期投資の三〇％はオランダ政府が提供した。同社はマリ南東部の綿花地帯の商業活動が活発な地域で、半径三〇〇キロの範囲の一二村、一七〇〇世帯に電気を供給している。本部以外の一五の営業所では、職員三三人を雇用している。このうち二五人は同社が電力供給している村の出身者で、彼らが発電機の設置、整備や修理のほかに集金なども担当している。

顧客は一世帯平均一五～二〇人（最大八〇人）の家族で、平均月収四〇～六八ドルである。Koraye Kurumba社の顧客数は五一〇世帯一万二〇〇人で、Yeelen Kura社は一七〇〇世帯三万人である。利用者は政府職員や職人、農民、事業者、学校、地域のコミュニティセンターや医療センターも含まれる。

料金は、最初に支払う保証金と接続料と、電力供給量に応じた定額の使用料で構成される。電力供給量は、電球二個から一八個まで、街灯用などで設定できる。使用料は通常月払いだが、収入が年に一回の農民は年払いでもよい。当初は、住民が事務所へ料金支払いに行っていたが、徴収率が悪くフランス在住の移民が損失穴埋めをしていた。そこで移民の送金から直接引き落としをする方式に切り替えたところ、徴収率はほぼ一〇〇％である。

料金を低く設定できたのは、需要に合わせて供給量を抑えたため設置費用も低く抑えられたこと、料金を定額にして管理を簡素化したこと、援助機関による新しい資金の導入の枠組みが得られたことによる。

ただし、現在の料金収入は運営管理費を賄うのにギリギリで、収益は出ていない。さらに拡大するためには、援助資金が必要で、農村電化開発局が管理する国際援助機関からの資金を活用する予定である。

電力源は、ディーゼルの発電機が九割、太陽光発電が一割である。ＥＤＦとしては、再生可能エネルギーは採算がとれて住民が料金を支払えるなら導入する、という方針である。Yeelen Kura社は当初、オランダ政府の意向で太陽光発電を個別世帯に一五〇〇件贈与する予定だったが入札なしだったこと、管理がきちんとできなかったことなどで、割高になったので、ディーゼル発電機に切り替えたのである。

この事業は、さまざまな問題に直面し、それに対する解決策を生み出してきた。当初、マリでは政府系電力会社の独占が続いていたが、世界銀行などの国際的な援助機関の支援と政府レベルでの対話と交渉によって、農村電力サービス会社の設立が承認されたのである。

また、人口が分散するマリでは、電力システムの設置にかかる費用が高くつくので、村単位での小規模電力ネットワークの方式をとり、職員を村から雇用して人件費を抑えたりした。

識字率の低さも課題で、幹部職員の育成には努力を要し、また村の有力者に電気が無料でないことを納得してもらうために説明するのも大変だった。電力サービスを持続的に提供するためには有料にしなければならないのだ（したがって料金を払えない貧困層には供給できないのだが、本事業で村の六〜七割の人々が初めて電力サービスを得られるようになった）。

また、初期費用節約のために自力で電力を接続しようとする人々もいたが危険だったため、初期費用を分割払いできるようにした。

【成果】

村単位での小規模低電力ネットワークは、人々に低価格で電力を供給することに成功し、マリの開発に非常に大きな影響を与えた。また、ジェネレーターによる発電は二酸化炭素の排出を削減し、環境への負荷も改善された。そして地方の人々は新たな収入源を得ることができ、生活水準だけでなく、健康や教育の水準も向上した。

ＥＤＦの最終的な目的は、事業の持続可能性が確保された時点で、同社が保有する株を現地企業に売却し初期投資費用を回収すること、そして現地のオーナーシップを育てることである。しかし、リスクを恐れる現地企業は、まだ様子見の状態である。ＥＤＦは、持続可能なビジネスモデルを育成する環境を醸成するためにリスクの高い事業を手がけ、現地のオーナーシップが育つことをめざしている。

この現地の電力供給会社を育成する事業は、アクセス・トゥ・エナジー＆サービシス（ACCESS）として他のアジア・アフリカ地域でも展開が検討されており、モロッコと南アフリカでは、すでに新たな現地の会社が設立されている。

CASE 12

すべての子供に栄養ある食品を

［ポーランド］

セクター	食品
貧困層の役割	消費者
ターゲット	低所得層の子供とその親
事業者	ダノン・ポーランド（多国籍企業）

【ビジネスモデルの特徴】

現地企業・団体とのパートナーシップによる商品開発・販売。

【背景】

世界を代表する食料品会社ダノン・グループの子会社として一九九二年に設立されたダノン・ポーランドは、二〇〇六年の総売上額が二億九七〇〇万ユーロ、同国内の乳製品と飲料のシェア一位の地位を築いている。この成功は、ポーランドの子供の栄養不良などの問題解決のために、同社が世界各国のビジネスで培ったイノベーションを生む能力や資金を投入したことが大きな要因である。
ポーランドは一九九〇年代、社会主義体制からの移行時期に、長期的な失業者が多く生まれ、貧困率が増加した。二〇〇五年度の国連児童基金の調査でも、一二％超の子供たちが相対的に貧しく、三〇％が栄養不良の状態にあった。
ダノン・ポーランドがまず取り組んだのが、NGOとともに実施した「食事を分けよう《シェア・ユア・ミール》」キャンペーンである。キャンペーンのロゴの入った商品の売り上げの一部を同社が寄付し、学校、保育施設、学校外クラブ等で低所得者層の子供たちに温かい食事を提供するというもので、二〇〇三年から二〇〇五年の間に同社は六五万ユーロを寄付した。これに加えて、ポーランドの国内フードバンク連盟と協力して、二日間の全国レベルの食料寄付キャンペーンを行い、ダノン職員もボランティアとして参加した。集まった食料はNGO七〇〇団体を通じて子供たちに配布した。これらの活動の成果は、子供たちの栄養問題が社会問題として認識されたことである。ダノンにも大きな影響があった。同社の経営陣は、企業が人々と協力して行う慈善活動はとても重要ではあるものの、それだけでは十分でないと認識した。より持続的に社会問題を解決していくためには、革新的なビジネスが必要だと考えたのである。

【新しいビジネスモデル】

世界各地でダノン・グループが行っていた「低価格の栄養食品」事業やポーランド国内の経験をもとに、ダノン・ポーランドは二〇〇六年に、セモリナ粉とミルクをベースにビタミンやそのほかのミネラルを付加した栄養価の高い朝食用ミルク粥「ミルクスタート」を開発した。

しかし、購買力の低い層に栄養のある食品を日常的に購入してもらうのに一般的な販売手法は通じない。そこで、同社は「健康のためのパートナーシップ」というソーシャル・パートナーシップを組むことにしたのである。パートナーは、知名度の高い国立機関「母子研究所（IMC）」、ポーランド最大のインスタント食品会社ルベラ、食料小売店ビエドロンカである。

IMCは、商品開発の段階で栄養に関するアドバイスをし、開発されたミルクスタートにお墨付きを与えた。ルベラは、ダノンのブランド名を使ってミルクスタートの製造を請け負い、ビエドロンカが専売権を獲得し全店舗で販売した。ダノンはルベラからブランドと本製品のコンセプト使用料を受け取るというモデルを構築した。各社の利益率は一個当たり〇・〇一二五ユーロ、卸値の約九％と決められ、IMCはダノンから年間売り上げの一％をアドバイス料として受け取ることになった。

ミルクスタートは、一食分の栄養を前面に出した個別包装になっており、フレーバーの種類が限定されていて、大量生産するため製造コストを低く抑えられる。また、広告費を抑えるために、パートナーシップを生かした啓蒙活動やキャンペーンを行った。「健康に必要な一二カ条」を設定し、栄養コンテストやポスターなどさまざまなメディアを使って、低所得層の母親たちの栄養への意識を高めたのである。保健省や国の保健委員会、食品健康研究所等のオピニオン・リーダーらにも商品やパートナーシップについての説明を行うことで、顧客と政府から認知されていった。

【成果】

ミルクスタートは二〇〇六年九月に販売が開始され、同年末までに一五〇〇万個を一五歳以下の子供のいる三万三〇〇〇世帯に販売した。子供にとって必要とされる一日あたりの奨励栄養摂取量の二五％を満たす同商品は、栄養不良状態にあった子供たちの身体、知能、情緒の発達等に寄与している。

ダノンはこれまでにも類似した「ミッション（使命）ある商品」の開発やマーケティングに取り組んでおり、ポーランドの本事業は、インドネシア、モロッコ、中国、南アフリカ、インド等さまざまな国での経験をもとに開始した。同社は二〇〇六年、バングラデシュのグラミン銀行と連携し、グラミン・ダノン・フーズという新しい事業を立ち上げた。これは貧困削減と栄養状態の回復をダノン独自のコミュニティ・アプローチでめざすもので、太陽光やバイオガス、また環境に優しい簡易包装を用い、環境の保護にも努めている。

CASE 13

現金の代わりに住宅を送金

［メキシコ］

セクター	住宅
貧困層の役割	消費者
ターゲット	在米メキシコ人移民
事業者	コンストラメックス（大手セメント企業セメックスの子会社）

【ビジネスモデルの特徴】

移民の送金を現金でなく建築資材に置き換えて、住宅建設をサポートする。

【背景】

アメリカ合衆国にはメキシコからの移民が大量に流入しており、ヒスパニック系移民の六割に当たる二〇〇〇万人がメキシコ出身と推定される。他のヒスパニック系移民は中流階級出身者が多いのに対し、メキシコ人は低所得層出身者が多く、八割近くが不法入国者である。

移民からの送金は、石油輸出に次いで大きな外貨収入をメキシコにもたらし、二〇〇五年の送金額は二一八億ドルに上った。しかし、移民からの送金がメキシコ国内の開発には生かされていないと言われている。

世界の第三位のセメント会社かつメキシコ最大の建築会社でもあるセメックスは、この送金をメキシコ国内の住宅建設に結びつければ、ビジネスチャンスが広がると考えた。

メキシコ国内の市場はセメックス全体の売り上げの二割を占めている。メキシコ市場の特徴は、低所得層が自分で家を建設するために小売店から少しずつセメントを購入する点で、国内需要の四割をこうした低所得層の個人顧客が占める。セメックスの製品は、正規代理店や中小規模の小売店を通じて販売されるが、同社は一九九〇年代後半から、低所得層の顧客とより直接的にかかわる事業を行っている。これは、「パトリモニオ・オイ」という事業で、低所得の家族に貯蓄グループを作らせて、住宅建設用の資材購入のための小規模融資を行うほか、設計や建設に関する技術的アドバイスを行うものである。この事業は、二〇〇五年までに一二万八〇〇〇世帯の住宅建設に貢献した。社会問題解決担当部長のヘクター・ウレタは振り返る。「この事業を通じて、私たちはコミュニティに恩恵をもたらすことができました。また、我が社のバリューチェーンや関係する中小規模の物流業者も利益を得ましたし、もちろん我が社自身も利益を上げました」

パトリモニオ・オイの経験を生かし、在米メキシコ移民が住宅建設目的で故郷の家族や親類に行っている送金を当て込んで、セメックスは二〇〇一年にコンストラメックスを設立した。しかし、在米メキシコ移民のニーズに応えるのは、予想よりも複雑で難しいことがわかった。移民たちが自由に使える手持ちの現金は、予想以上に少なかった。それに、移民をした当初から、出国のために法外な手数料を要求されたり、支払った金額に見合わない粗悪品を押しつけられたりといった詐欺まがいの商売で嫌な目にあってきたので、商業的なサービスに不信を抱いていた。住宅のための送金事業についても移民たちは心配していた。また別の問題として、住宅建設目的で移民が送金しても、受け手は日常の消費に回してしまうことがあり、ときには受け手が建築資材の代わりに現金を要求してトラブルになることさえあった。

【新たなビジネスモデル】

❶障害を克服する戦略

ビジネスを成功させるためには、在米メキシコ人のニーズや願望を知り、彼らから信頼を獲得する必要があった。コンストラメックスは在米メキシコ領事館と協力し、顧客の優先順位や同社の製品に対する満足度を調べた。

そして、メキシコ人好みのサービスを提供して親しみを持ってもらうため、販売店にはメキシコ出身のセールス担当者や設計士を配置した。さらに、出身州ごとの移民会のイベントのスポンサーとなったり、会合に出席したりした。また、移民会やメキシコ社会開発省と協力して、本国のコミュニティ改良事業を実施した。これは、コミュニティのインフラ整備事業に対して、社会開発省と同社とが同額ずつを支援するものであり、開発とビジネス両方の目的を達成するのに有効な手段だった。コンストラメックスは「同胞よ、やればできる《アスラ・パイサノ》！」というスローガンを使ってブランドを築き、人々の信頼を築いたのである。

また、送金の受け手がお金を消費に回したがる問題に対しては、建築資材のクレジット販売を導入した。これによって、移民は送金額の一部を建築資材に回すのではなく、今までの送金額にプラスして、米国で使ったり貯蓄していた分を住宅資材購入費に回すこととなった。

❷ビジネスモデル

コンストラメックスは、移民の故郷の住宅建設を助けるため、単にセメントを売るだけではなく、二〇〇〇種類以上の建築資材を地元の小売業者から入手できるようにした。またセメックスが持つメキシコ国内のネットワークを生かして、各地域の気候や住宅事情のデータをもとに、各地にあった低コストで質の良い住宅を設計する技術をも提供した。それにクレジットを組み合わせることで、移民の送金が確実に住宅建設に回るようになったのである。

【成果】

二〇〇六年末までに、コンストラメックスは、建築資材の発送の注文を一万八〇〇〇件受けた。顧客の二三％は女性である。同社の建築資材で建てた家は、丈夫で補修の必要がなくなるので、将来にわたって貯蓄をより多くできるようになる。同社によるコミュニティ開発の努力は、その地域のつながりを強めた。

コンストラメックスは、まもなく持続的に収益を上げられるようになるだろう。最初の四年で、一二二〇万ドルを建築資材の販売で稼ぎ、今後さらに拡大するにしたがって売り上げもさらに伸びることは間違いない。ウレタが言う。「社会事業によって、わが社はそれまで欠けていた低所得の顧客との直接的な関係を築くことができたのです」

CASE 14

ココナッツの殻をゴミから資源に

［フィリピン］

セクター	農業・環境保全
貧困層の役割	生産者
ターゲット	ココナッツ栽培農家
事業者	ココテック（現地起業家）

【ビジネスモデルの特徴】

廃棄されていたココナッツの殻から繊維をとる技術を開発し、農家の新しい現金収入源を創出する。

【背景】

フィリピンのココテック社は、廃棄されるココナッツの殻からジオテキスタイル（土壌保全強化用の繊維ネット）を製造している。同社の設立者で代表を務めるのがジャスティノ・アルボレダ博士で、「ボ」の名前でフィリピン中に知られている。ボは、ゼロから計画を立案して、信念の力でインクルーシブビジネスを成功させた地元起業家そのものである。

ボは海外の大学で科学と農業工学の博士課程を修了したのち、故郷のビコルに帰郷した。ビコルの主要産業はココナッツ生産なのだが、彼はそこでココナッツ生産農家の窮状を目の当たりにして衝撃を受けた。作物や農地は、定期的に起こる洪水や地滑りのせいで、恒常的に危機にさらされていたのである。また、世界第二のココナッツの生産国フィリピンでは、ココナッツの殻が毎年六〇億キロも廃棄されていることに気付いた。これは廃棄物と温室効果ガスの主要な原因になっている。農業学者であるボは、農業と環境には深いつながりがあることを理解していた。そこで、ココナッツの殻の使途を見つければ、自然災害の危険性を減らしつつ、農民の収入を増やす機会があると考えたのである。そのときは、ココナッツの殻に付加価値をつけるために何ができるかはまだ分かっていなかったが。

【新たなビジネスモデル】

❶商品開発

ココナッツの廃棄物を生産的に使用する方法を開発するというボのチャレンジが始まった。政府の研究開発活動は主に米とトウモロコシが中心で、他の農産物にはあまり関心がもたれていなかった。当初、政府が立ち上げ資金や市場調査の支援を行わなかったので、農民組合はボのプロジェクトにはあまり関心を持たなかった。

そこでボは、政府の主要な研究開発機構に働きかけて、数カ月の後、ココナッツの殻の有効な利用方法の研究に取り組んでもらった。この研究から、ココナッツ殻の三五%が繊維で、これを抽出して伝統的な織物の手法を使えばネットにできる可能性があることがわかった。さらに、生物的に分解されるので、土壌流出を防ぐため土に埋めて植生を安定させることがわかった。しかも、ココナッツ繊維のネットは、同じような目的で公共事業に用いられている輸入財よりもずっと安かったのだ。ボは、ココナッツ繊維のネットの長所を地方政府に説得し、ついに地元の農家との提携の支援をとりつけた。

❷製造方法

ボは私財を投じてココテックを設立した。同社のココナッツ繊維製品の製造過程には地元のコミュニティが深くかかわることになった。

①農家からココナッツの殻を一個〇・〇三ドルで買い上げる。
②殻むき機を使って、繊維を分離する。殻むき機の担当者は一日三〜五ドルを稼ぐ。
③繊維を袋詰めしてコミュニティに配送する。袋詰と配送をする労働者は平均三ドルの稼ぎ、配送用の車はココテックが提供。
④繊維をよる。家族の手作業で日に五ドル程度の収入。月に換算すると一〇〇ドルで、平均的なココナツ農家の収入三〇ドルを大きく上回る。
⑤ココナツの紐をネットに編み上げる。一つの機織り機を使って二人で織り、それぞれの収入は二ドル。

❸販売方法

ココテックがココナッツ繊維のネットを作れるようになると、次のチャレンジは、市場作りである。ココナッツ繊維のネットへの国際的な需要は大きいし、十分な供給があるわけではないが、輸送費がかかるうえに販売価格が安いので収益性は高くないと考えられた。そこで国内市場を開拓する必要があった。研究結果が良好だったので、政府がココナッツの殻の製品を推奨するようになれば国内市場を開拓できると考え、ボは大統領の覚書を起草してアドボカシーを行った。これが採択されて、すべての政府のインフラ事業にはココナッツ繊維を使うことが義務付けられた。これは安定的な市場ではあるが、商品納入から代金支払いまで時間がかかる。そこでココテックは収入源の多様化策として、土壌保全のコンサルティング業務などにも手を広げている。

【成果】

ココテックは、コミュニティに基盤をおく小規模なプロジェクトから始まり、一九九三年当時の最初の資本金は七〇〇〇ドル、従業員は五名にすぎなかったが、二〇〇六年には、二五人を雇用し、年間三〇万ドルをかせぐ中規模の企業に成長した。

ココナッツ繊維マットの製造に携わる会員は、六〇〇〇世帯以上でほとんどが女性である。

ボは、二〇〇五年に世界チャレンジ賞を受賞した。ボは言う。

「私にとっては、受賞そのものよりも、受賞によってココナッツ繊維製品を世界中に広めやすくなったことの意味が大きいのです。そうなればココナッツ生産国でもっと多くの仕事を生み出すことができ、貧困の削減に役立つからです」

CASE 15

インフォーマル金融と大銀行が連携

［ガーナ］

セクター	マイクロファイナンス
貧困層の役割	サービスの利用者
ターゲット	露天商や商人
事業者	バークレイ銀行（多国籍企業）

【ビジネスモデルの特徴】

地元の伝統的な預金業者と連携して、貧困層向けの新たな金融サービスを提供する。

【背景】

ガーナでは、銀行や貸付組合といった正規の金融機関へのアクセスは限られていて、口座保有率は全国レベルで二六％、農村では一七％に過ぎない。銀行は都市に集中しているし、預金口座を開設するにも最低預入額が高く、それを下回れば口座維持手数料がかかってしまう。そのうえ、商業銀行の資金運用の大部分は国債や政府系企業に回るので、手間もコストもかかる貧困層向けの個人融資は行わない。農村には農村コミュニティ銀行もないわけではないが、そこまで行く交通費や時間がかかり、融資申請も一度行くだけでは済まない。

そこで、零細事業者や商人などの多くが、「スス集金業者」と呼ばれる預金業者や金貸しなどのインフォーマル金融を利用している。正規の金融機関で求められるような面倒な手続きが不要なので、利用しやすい。インフォーマル金融では、法的な書類の代わりに、個人的な人間関係や取引関係をベースに取引が行われる。

スス集金は顧客から現金を預かるインフォーマルな仕組みである。あらかじめ決めておいた金額を毎日または毎週、スス集金業者が顧客のところへ集金に行く。スス集金業者は、自宅の金庫などで集めた金を保管し、一カ月後に積み立てた合計額を顧客に戻す。このとき、一日分の貯金額を手数料として差し引き、これがスス集金業者の収入となる。零細事業主や露天商の収入は少なく、預金額も五〇セントから二ドル程度だが、大量の顧客を相手にすることによって、スス業者の利益が確保できる。ガーナには約四〇〇〇のスス金業者がいて、一つの業者が毎日二〇〇人から八五〇人の顧客を回って集金している。

ただし、問題がないわけではない。預金に対して金利が支払われず、インフレがあれば預金の価値は目減りしてしまう。また、貸付も行われるが、金利が高く、預金額を超える利用はできない。とはいえ、利用しやすいからこそ、アフリカで三〇〇年以上前から行われてきたのである。

【新たなビジネスモデル】

バークレイ銀行は植民地時代からガーナで営業している商業銀行で、中上流層を主な顧客としており、低所得層の顧客獲得は進んでいなかった。二〇〇五年、近代的な金融と伝統的なスス集金制度とを連携させる新しいパイロットプロジェクトが始まった。

ガーナ・マイクロファイナンス機関ネットワーク（ＧＨＩＭＦＩＮ）が、バークレイ銀行とスス集金業者を仲介してプロジェクトが始まった。スス集金業者協会（ＧＳＣＡ）によって選定されたスス集金業者は、バークレイ銀行とＧＨＩＭＦＩＮが行う融資管理研修を受けた。

バークレイ銀行は、スス集金業者のためにドウェティリと呼ばれる口座サービスを始めた。スス集金業者は、この口座に顧客からの預金を預けることができる。スス集金業者は、顧客のビジネスに合わせて昼過ぎから集金に回るため、ドウェティリでは通常より二時間遅く午後五時まで預金を受け付けている。

この口座はバークレイ銀行が低所得層に融資を提供するチャネルにもなる。スス集金業者の顧客が融資を申請すると、ＧＳＣＡが審査を行う。融資が認められれば、バークレイ銀行からスス集金業者のドウェティリに金利月二・一％で資金が振り込まれ、同じ金利で顧客に融資が行われることになる。

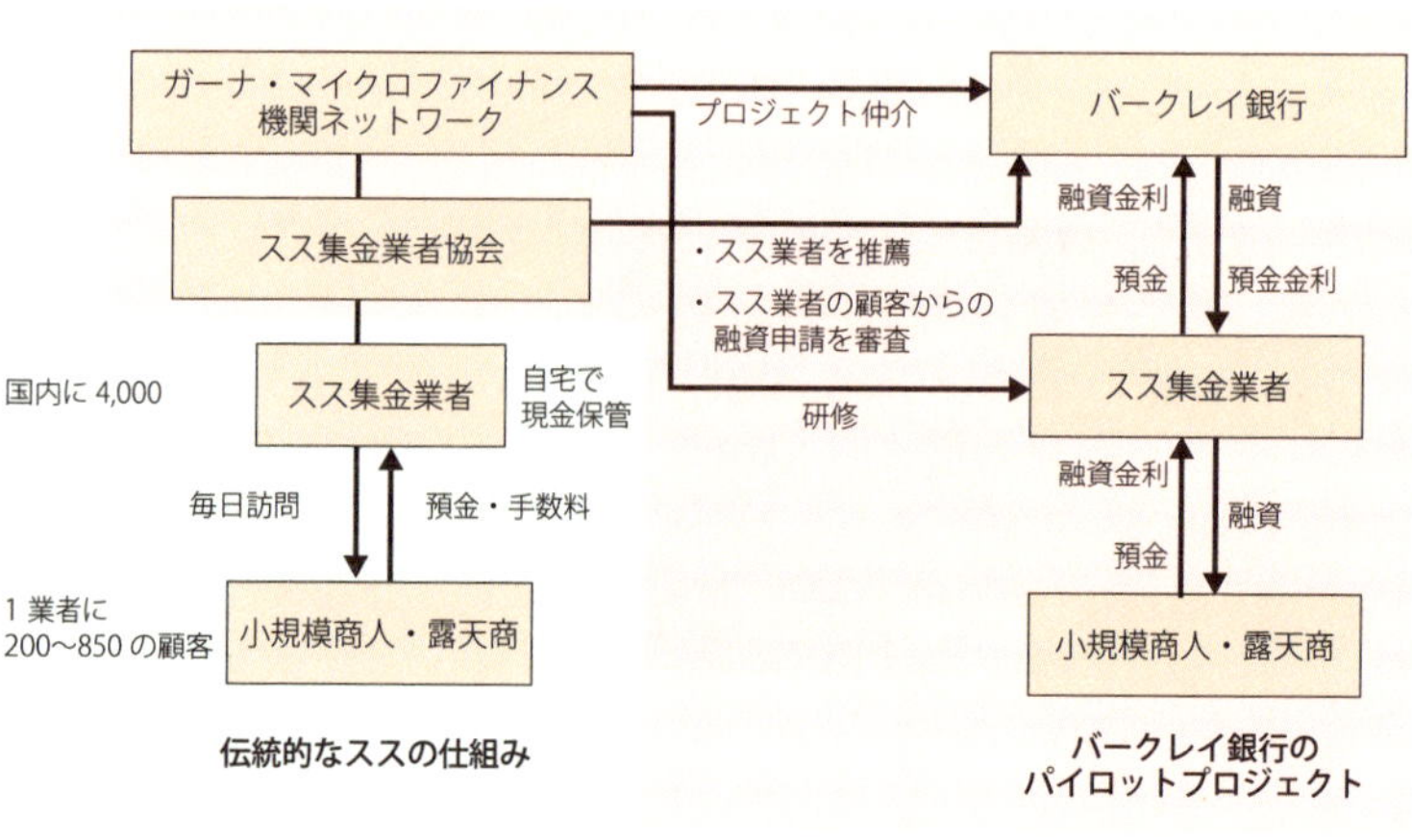

【成果】

- 小規模商人や露天商は、より安全な貯金サービスと融資へのアクセスが拡大し、収入向上、資産拡大に結びつく。長期的には正規の金融機関を利用できるようになる。
- バークレイ銀行は、うまく機能しているスス集金制度を活用して貧困層にサービスを提供できた。預金額も増加させた。
- スス集金業者は、毎日銀行に預金しているわけではない。彼らが利用しやすいように、バークレイ銀行はモバイル・バンキングなどのサービスを提供する必要があるかもしれない。

CASE 16

民間企業が水インフラを整備

［南アフリカ］

セクター	水
貧困層の役割	サービスの利用者、実施者
ターゲット	元黒人居住区の住民
事業者	アマンザバンツ（現地中小企業）

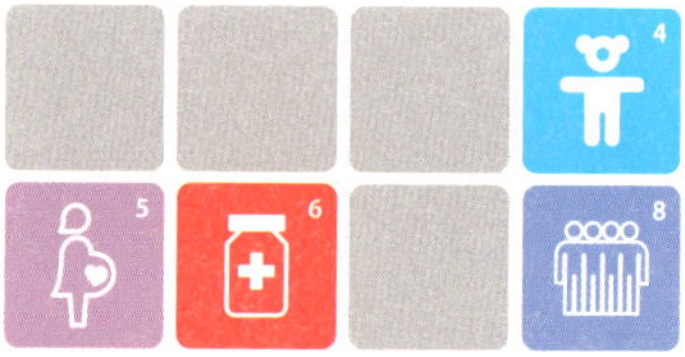

【ビジネスモデルの特徴】

民間企業が地方政府と住民と協働し、上水の供給とトイレの建設・管理を実施する。

【背景】

南アフリカでは、水政策は極めて政治的である。アパルトヘイト時代には少数の白人地主に水利権が集中していたため、黒人に上水道や汚水処理を供給する資源も組織も存在しなかった。

一九九四年に誕生したアフリカ国民会議（ANC）による新政権は、新生南アフリカの最大の脅威が貧困であり、水と公衆衛生の改善が社会経済の発展に不可欠な要素であると考えた。

そして、新憲法で「水は人権である」と明文化した。政府は、「すべての南アフリカ人が、住居から二〇〇m以内の場所で一日二五リットルの水を無料で入手できる」ことを目標に掲げた。

南アフリカは周辺諸国と比べ経済力があるので、資金は外国に頼らなくてもよかったが、この資金を実際に活用してサービスを提供する能力が新政府の役人にはなかった。

そこで、当時の水・森林大臣のカデル・アスマルが、一九九七年に官民連携方式（Build, Operate Train Transfer：ＢＯＴＴ）を導入した。四〇企業連合が参加する競争入札で四つの州をそれぞれ担当する四連合体が選定された。イースタンケープ州の四一コミュニティの水供給を請け負ったのが、アマンザバンツ社である。

【新たなビジネスモデル】

❶ＢＯＴＴ

アマンザバンツ（現地の言葉で「水を人々に」の意）は、水事業で好業績を上げていたＷＳＳＡ（南アフリカ水と公衆衛生サービス）が中心となって設立した共同事業体であり、民間企業、政府、市民社会、コミュニティを含む複雑な構造でＢＯＴＴ事業に取り組むことになった。事業費は政府の基金や予算で賄われた。

同社では、水道に関する設計や建設などのハード分野の活動と同時に、地方政府やコミュニティでの意見交換や教育・研修といったソフト分野の活動、つまり組織作りや能力育成にも力を注いだ。水道建設の完了後に、コミュニティが自信と責任を持って管理できるように、そのエンパワーメントをめざしたのである。これはＢＯＴＴを発注した側の政府にとっては予想外の成果で、従来ＮＧＯの活動領域だったコミュニティ開発やスキルトレーニングを営利目的の民間企業がやってのけたのである。水道が建設されると、地方政府に所有・管理が移管され、同社や他の企業がメンテナンスを受注することになる。

水道料金は、当時一キロリットル当たり五七セント（一世帯当たり月に一・四ドル）だったが、二〇〇二年の法改正で二五リットルまで無料とされた。料金支払いは、ＩＣチップを搭載したスマートカードを使って行われる。これは水道建設後に各人に配布されるもので、地元の商店でチャージすることができる。利用者は水道栓に設置されたカードリーダーにスマートカードを挿入して、水を容器に汲んでいくのである。

❷ＢＯＴＴ以降

政府によるＢＯＴＴ推進の時期が終わると、今度は地方政府が水や衛生施設のサービスを提供する計画を立案して、民間企業に発注することになった。アマンザバンツは、専門性を生かして、地方政府向けのサービスを行った。その中には、政府向けの能力強化研修、事業の事前・事後評価、社会開発（コミュニティのニーズ調査など）などが含まれる。

二〇〇六年の段階で、上水へのアクセスが大幅に改善されたにもかかわらず、衛生的なトイレへのアクセスは進展が遅れていたので、同社は保健・衛生教育と住民を巻き込んだトイレ建設事業も地方政府から受注するようになった。まず、同社のスタッフがコミュニティに出向いて事業について説明し、信頼関係を築くためにリーダーたちにプロジェクト運営委員会を組織してもらう。そして、共同トイレ建設や衛生教育に携わる人を推薦してもらい、研修を受講させる。研修を受けた人が同社の事業を下請けして、トイレ建設やベースライン調査などに携わる。これが住民の主体的参加や施設の管理に不可欠なオーナーシップにつながるのである。また、研修で身につけた技能は、政府の他の公共工事を受注する際にも役立つのだ。

【成果】

同社による政府と地域コミュニティとを連携させる方法は成功をおさめ、安全な水にアクセスのなかった地域の公衆衛生は改善し、女性たちはこれまでのように、何時間も水汲みに労力を費やす必要がなくなった。それに伴い、農村部では、女性を含む多くの人々が雇用に必要な職業能力を習得することができるようになった。

水事業に民間企業がどうかかわるかについては論争が繰り広げられている。南アフリカでは特に政治的色彩が濃く、現政権がとっている水道料金の無料政策が今後のどれだけ維持できるかは議論が分かれるところである。にもかかわらず、同社は社会的目的と経済的利益の両立を掲げ、経営をできるだけ柔軟にし、異なるステークホルダーと連携をとることで、成功を収めている。

CASE 17

マラリアを防ぎ、雇用を生み出す

［タンザニア］

セクター	保健
貧困層の役割	援助の対象、消費者、従業員
ターゲット	タンザニアの一般住民
事業者	A to Z テキスタイル・ミルズ、WHO、住友化学、エクソン・モービル、ほか

【ビジネスモデルの特徴】

国際機関と先進国企業のパートナーシップで蚊帳を開発し、途上国企業が生産、政府や非営利団体と協力して流通させる。

【背景】

マラリアは、ＨＩＶ／ＡＩＤＳや結核と並び世界三大感染症の一つに数えられている。蚊が媒介する寄生虫によって悪寒・発熱・大量の発汗を伴い、重篤な場合は死に至る。世界のマラリア患者は三億人と推定され、年間一〇〇万人が命を落としている。患者の大半はサハラ以南のアフリカの人々であり、五歳未満の子供の死亡要因の一つである。貧しい者ほど治療へのアクセスがなくて命を落とし、罹患すれば教育や労働の機会を失ってさらに貧困に陥ってしまう。

一九九〇年代、マラリアは既存の薬や殺虫剤への耐性が高まって深刻化していた。特に貧困層が利用する低価格の抗マラリア薬の効き目が弱まり、殺虫剤のDDTも世界的に使用できなくなった。このため、アフリカ各国の政府は新たなマラリア対策を模索せざるをえなくなった。

一九九八年、世界保健機構（WHO）をはじめ国連開発計画（UNDP）、ユニセフ（UNICEF）、世界銀行は、ロールバックマラリア（マラリア撲滅作戦）を開始し、アフリカ各国政府の取り組みを支援した。二〇〇〇年にはアフリカ五三カ国の首脳がナイジェリアのアブジャに集まって、アブジャ・マラリア撲滅宣言に署名し、二〇一〇年までにマラリアによる死亡率を半減させること、政府レベルの取り組みを開始して予算措置をとること、マラリアの兆候が出てから八時間以内に適切な価格で治療を受けられるようにすること、マラリアへの抵抗力の弱い妊婦や五歳以下の子供が殺虫剤を塗布した蚊帳を使用できるようにすることなどを行動目標に設定した。

【新たなビジネスモデル】

❶新しい蚊帳の開発

マラリアの予防策としてWHOが推奨しているのが殺虫剤を塗布した蚊帳を使用して、蚊に刺される機会を減らすことである。

しかし古くから使われている普通の蚊帳に殺虫剤を塗ったものは、破れやすくて、半年ごとに殺虫剤を再塗布しなければいけない。この問題を解決したのが、五年間の使用に耐えるオリ

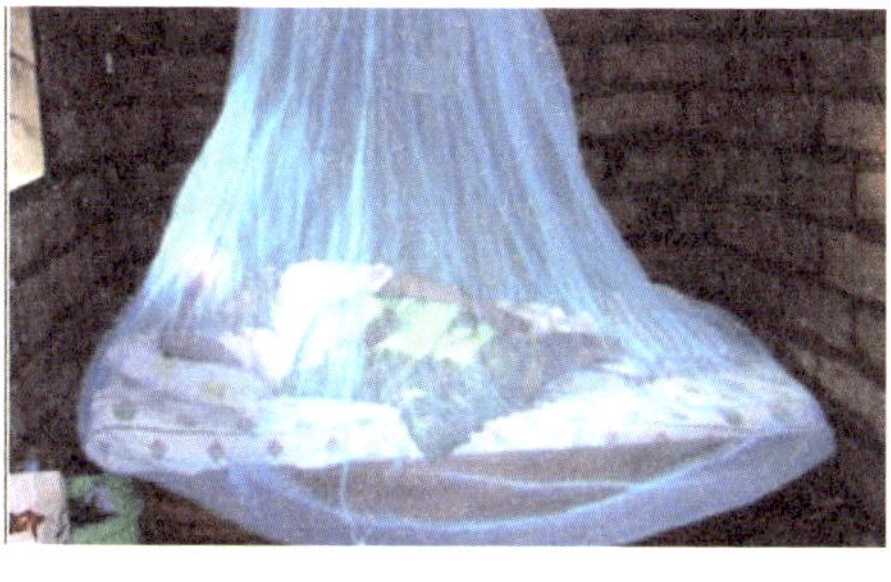

セットである。除虫菊と同じ分子構造の科学物質をプラスチックに練りこんでいるため、効果が長持ちし、丈夫で破れにくいのだ。

オリセットの開発は、ＷＨＯの科学者ピエール・ギエが企業とパートナーシップをとることで推進された。

ギエは、住友化学が一九七四年に開発した殺虫剤を練りこんだ蚊帳に注目して技術提供を求めた。エクソン・モービルからは素材のプラスチックを提供してもらい、蚊帳の製造は現地企業に担当させることにした。オリセットがＷＨＯのお墨付きを得ると、タンザニア最大の蚊帳製造会社であるＡｔｏＺテキスタイル・ミルズが関心を示し、アメリカのアキュメンファンドから三二・五万ドルの融資を受けて、二〇〇三年に製造に乗り出した。

❷流通方法

オリセットの販路は二つあり、一つはユニセフをはじめとする国際機関やＮＧＯなどの援助機関向けで、もう一つは国内の一般市場向けで一般の小売店と代理店契約を結び販売している。前者の価格は二・一五ドル、後者の価格は五ドルである。

妊婦にオリセットを配布するためにとられたのがバウチャー方式である。妊娠した女性が初めてクリニックを受診したときに渡され、これを使って妊婦は代理店でオリセットを二・一五ドルで購入する。代理店は次回の仕入れの際に手数料を受け取る。

また、一般の低所得層向けにオリセットの販売を拡大するために、ＡｔｏＺは担当者を各地において、地元の小売店などと代理店契約を結び、販売網を築いた。また非営利団体も協力し

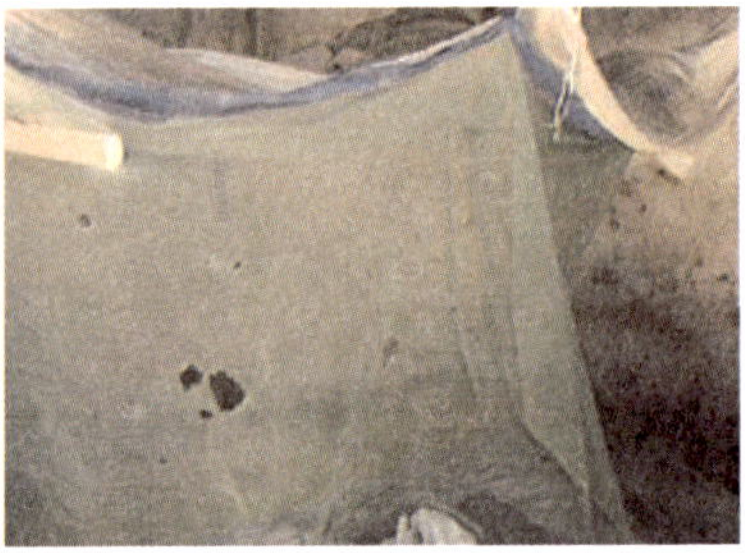

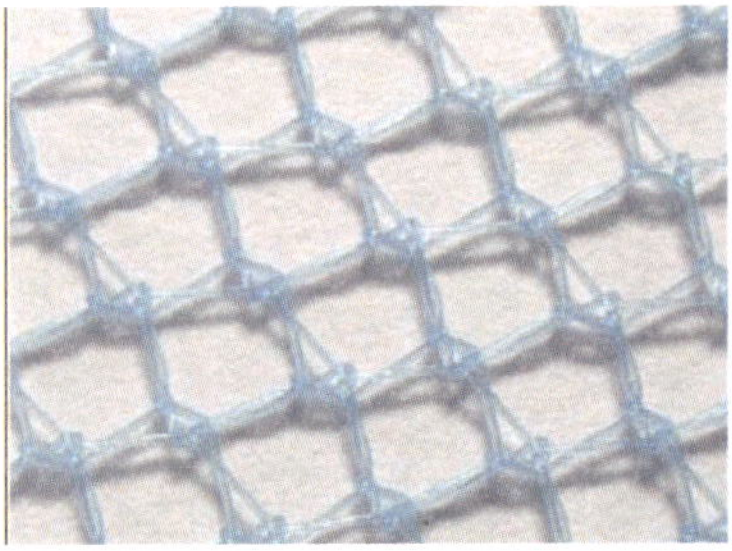

て、蚊帳の使用の重要性を訴えるキャンペーンを展開した。

【成果】

●オリセットは、バウチャー制度方式を採用したことで、都市から遠く離れた農村の最も貧しい妊婦や子供たちにも届けられた。

●オリセットを継続して使うと、重篤なマラリアが四五％、早産が四二％削減され、幼児死亡率が六三％から一七％に低下したことが明らかになった。二〇〇四年にアメリカの医療雑誌が、殺虫剤入りの蚊帳はＤＤＴの散布と同レベルでマラリア抑制効果があると発表した。

●五ドルは既存の蚊帳の販売価格より高めだが、五年間使用できることを考えれば費用対効果は高い。

●オリセットの製造のために新規に三二〇〇人の雇用が生まれた。その大部分は女性の未熟練労働者である。

●ＡｔｏＺは、販売網を通じて顧客のニーズを把握し、新たな商品（家の窓につけるネットなど）も開発している。

一方で、配布のためのバウチャーや啓蒙キャンペーンの費用は援助資金に頼っているため、ＡｔｏＺが販売規模を拡大するには、外部からの援助資金に頼らざるをえない（＝援助ビジネスの域を出ていない）というのが、課題として指摘されている。

訳者あとがき

本書は国連開発計画（ＵＮＤＰ）の「包括的な市場育成イニシアチブ」調査報告書（二〇〇八年版）の日本語版である。本文のすべてと、本文の下地となった事例研究五〇点の中からセクターなどを配慮して選んだ一七点の要訳を掲載している。

国際機関の報告書を手に取るのは、援助関係者や研究者、学生などごく少数の読者に限られているのが普通だが、この報告書が想定している読者層はもっと幅広い。民間企業関係者が主なターゲットである。最終章でも企業に参入を呼び掛けているように、途上国の貧困削減に企業が貢献してほしい、という執筆陣の熱い期待が伝わってくる。それを日本にも伝えるためには、日本語版を作り、援助関係者以外にも手にとってもらう工夫が必要だと考えた。そこで、『ネクスト・マーケット』など類似分野での実績のある英治出版から商業出版することになったのである。そして、国際機関の報告書としては例を見ない、ユニークな日本語版が出来上がった。本書を手にしているのが、これまで援助分野とは縁のなかった読者だとすれば、この意図は成功したといえよう。

ＵＮＤＰは、国連システムの開発機関であり、途上国の開発を支援している。その活動分野は、ミレニアム開発目標に象徴される貧困削減、民主的な政府づくり、紛争予防、地球環境、ＨＩＶ／ＡＩ

DSなどであり、企業がビジネスの対象としにくい、いわばグローバルな公共問題である。したがって、UNDPが従来パートナーとしてきたのは、途上国の政府やNGO、先進国の援助機関やNGOなど、非営利組織だった。そのほかの国連組織、たとえば国連児童基金《ユニセフ》（UNICEF）や、国連難民高等弁務官事務所（UNHCR）も同様で、先進国の民間企業が関与するとすれば、これらの機関に寄付をして企業イメージを高めることが中心だった。

民間企業と国連との実質的な協働関係は、環境分野への取り組みが先行したといえよう。一九七二年に創設された国連環境計画（UNEP）は、カナダ人の企業家モーリス・ストロング氏が初代事務局長を務めた。ストロング氏は一九九二年のリオの国連地球サミットの事務局長も務め、このときに彼の呼びかけで設立された「持続可能な開発のための世界経済人会議」（The World Business Council for Sustainable Development：WBCSD）は、環境とビジネスを両立させる企業の取り組みを後押ししている。

貧困削減の分野で国連と企業との積極的な連携を推進したのは前国連事務総長のコフィ・アナン氏である。一九九九年の「世界経済フォーラム」で、経済界のリーダーに対してグローバルコンパクト（Global Compact：GC）の設立を呼び掛けた。これは、各企業の最高経営責任者が国連事務総長に書簡を送ってGCに参加し、人権、労働、環境保全、腐敗防止の四分野一〇原則を取り込んだ経営をすることを約束するという形態をとり、「企業市民」として自主的に社会的責任（Cooperate Social Responsibility：CSR）を果たすことを促している。

さらに二〇〇〇年の国連総会で採択されたミレニアム開発目標（MDGs）では、企業とのパートナーシップが明確に掲げられ、二つの具体的分野（安価な薬品の提供、情報・通信などの新技術の利益提供）に企業と協力して取り組むとしている。

これに応えて、ＷＢＣＳＤでも開発問題に取り組み、企業がＭＤＧｓに貢献している事例を集めた報告書『開発のためのビジネス――ミレニアム開発目標を支えるビジネス・ソリューション』☆を二〇〇五年に刊行した。この報告書では、企業が途上国でビジネスを行う障害を取り除くには政府や市民社会との共同作業が必要であると訴えており、官民双方が相互補完的な役割を期待してパートナーシップを重視していることが分かる。

以上のような、主に先進国の大企業がＣＳＲの延長線上でＭＤＧｓに取り組む流れとは別に、現地の民間企業を育成する動きもある。ＵＮＤＰが一九九〇年代から積極的に携わってきたのがマイクロファイナンスである。

マイクロファイナンスのもっともよく知られた事例はグラミン銀行であろう。一九七〇年代にバングラデシュで始まり、農村の貧しい女性たちの収入創出活動に対して無担保の少額融資を行ったものである。貧しい女性に融資をするという画期的な発想、その返済率の高さ、驚異的な利用者数などが注目を集め、世界各国で類似事業が行われた。主にＮＧＯが援助機関から資金を得て、グラミン銀行のグループ連帯保証制度をまねて貧困層に融資をしていったのである。ところが、返済率が低く、活動が滞る事例も少なくなかった。マイクロファイナンスの本質は「市場原理」を使って貧困層に必要な金融サービスを持続的に提供することだと、今日では広く理解されているが、一九九〇年代には、慈善活動の延長で「かわいそうな貧困層に援助機関からもらったお金を貸してあげる」という発想で始めて、「いかに返済率を高めて持続性を確保するか」という発想が弱い団体が少なくなかったから

☆以下のサイトから日本語版もダウンロードできる。
http://www.wbcsd.org/web/publications/biz4dev-japanese.pdf

である。

このような経験から、UNDPやいくつかの援助機関は、融資を提供するだけの「マイクロクレジット」ではなく、総合的な金融サービスを持続的に提供できる「マイクロファイナンス」機関の育成を重視するようになった。これはすなわち、援助資金に頼らずに預金や借り入れを原資に融資を行い、金利収入を得て事業を継続する機関のことであり、マイクロファイナンス機関の商業化を意味する。

さらにこれを突き詰めていくと、貧困層だけを視野に入れた援助の発想を脱して、その国の金融制度との整合性までを考えた支援が必要になってくる。貧困層も貧困でない層も利用しやすい金融制度という意味で「インクルーシブ・ファイナンス」という表現が二〇〇六年頃から使われるようになってきた。そして、今や「インクルーシブな開発（=貧困層も参加できる開発）」などの用語が日本の援助機関でも使われている。

こうしてUNDPなどの援助機関は、マイクロファイナンス支援を皮切りに、地場の零細・中小企業の育成、貧しい生産者の販路拡大支援などへと、市場開発支援の範囲を広げてきたのである。

日本では二〇〇九年から急速にBOPビジネスへの関心が高まっている。経済産業省が日本企業のアジア・アフリカでのビジネス展開を後押しする制度を設けたり、国際協力機構（JICA）が民間企業との連携制度を設けており、BOPブームが起きているとさえいわれる。ただし、日本ではBOP理論のうち、「サービスや商品の販売対象としての貧困層」の面が強調されすぎている感が否めない。

本書が提示しているインクルーシブビジネスは、もっと幅広く貧困層をとらえている。ひとくくりに「貧困層」として論じられているが、彼らは消費者であるばかりでなく、生産者であり、従業員であり、小売店であるのだ。彼らの個々の状況を踏まえずに、ＢＯＰ市場という切り口でとらえるだけでは、一過性のブームで終わってしまうかもしれない。

ＢＯＰ理論でよく強調されるのは、企業がその土地に「土着化」することだが、それはただ単にその社会を理解してニーズにあった商品を開発するのに有用だという意味ではない。

各事例で紹介されているように、それぞれの国には固有の社会的課題があり、企業は本業を成立させるために取り組まざるをえずして取り組んで、革新的な方法を生み出してきたのだ。

地元企業の事例では、タマレ社が土地所有権の明確化されていないガーナで事業を拡大するために貧しい農民に委託栽培する方式をとった。ＶＣＰ社は土地争議が深刻なブラジルで、新規事業地で市民権を得るために元土地なし層とユーカリ栽培の委託契約を結んだのである。このような必然性に取り組むことが革新をもたらし、社会と企業のｗｉｎ-ｗｉｎの関係が築けたのだ。

また、社会的課題の解決を当初の活動目標に掲げつつビジネスとして活動を展開した地元の社会起業家から学ぶことも多い。ココテック社のボ氏は、環境と貧困の問題を目の当たりにしてココナッツ繊維産業を起こした。スラブ・インターナショナルのパサック氏は、不可触民の解放をめざす運動から衛生的なトイレ建設事業に乗り出した。こうした地元の社会起業家は、短期的な利益に目を奪われず、試行錯誤を重ねて事業を拡大してきた。彼らこそが自分たちの問題を自分たちで解決していく主役であり、我々は敬意を表し、学んでいくべきである。

先進国企業がインクルーシブビジネスに参入するには、現地の社会状況を深く理解しているステイクホルダーとの連携が欠かせない。住友化学は地元企業のＡｔｏＺ社や国際機関であるＷＨＯとの協力があってこそ、目覚ましい成果を上げることができた。ボーダフォンも、地元の企業やマイクロファイナンス機関、マイクロファイナンス支援経験の豊富な団体（マイクロセイブ・アフリカ）と協力して、画期的なサービスを展開できたのである。したがって、自社が途上国で展開している本業の中で、ＣＳＲを実践していくことが、地に足のついたインクルーシブビジネスにつながるのではないかと考える。本書の事例には含まれていないが、日本企業でも、自動車メーカーの現地工場労働者に対するＨＩＶ／ＡＩＤＳ予防教育、商社の地元取引先と協力した綿栽培農家のオーガニック化支援など、様々な取り組みが成果を上げつつある。取り組む必然性のある地元の社会問題と取り組んで、企業と現地の人々が相互に利益を得られるビジネス、それがインクルーシブビジネスの本質ではないだろうか。

最後に、本書の刊行の経緯を簡単に紹介したい。

訳者は法政大学人間環境学部のゼミで、企業のＣＳＲや社会起業家による途上国の貧困削減について学生と学んでいる。初年度の二〇〇八年度には、前述のＷＢＣＳＤの報告書の原文を講読し、二〇〇九年度には本報告書の本文と事例を取り上げた。彼らはそれまで勉強してきたＯＤＡやＮＧＯとは異なる新しいテーマに戸惑いつつも、関心を深めて、積極的に各事例について調べて発表してくれた。その中で、ＧＩＭのウェブサイトに関してＵＮＤＰ本部に問い合わせをしたところ、翻訳に関するやり取りが始まったのである。

本書の刊行にご協力をいただいた方々にこの場を借りてお礼を申し上げる。

「より多くの日本の読者に手にしてもらうために、編集も加えて商業出版する」という訳者の願いは、UNDP本部のサバ・ソバニ氏、UNDP東京事務所の西郡俊哉氏、本田賀子氏が調整に奔走して下さり実現した。そして、国際機関の報告書がこれほど手に取りやすい形になったのは英治出版の高野達成氏の手腕によるところが大きい。

マイクロファイナンス分野の同志である岡本真理子、粟野晴子両氏には出版の見通しがまだたたない早い段階で原稿に目を通し、的確なコメントをいただいた。

そして、法政大学のゼミ生諸君へ。就職先をわずか一カ月で退職し、保健分野のビジネスの可能性を考えて看護学部に入りなおしたSさん。商社に勤務しつつNGO活動に奔走するTさん。アフリカのBOPビジネスにかなり近い位置にある企業に就職したY君。卒業生はそれぞれの道を歩んでいて、彼らの進路はいわゆる援助業界ばかりではなく、一般企業が大半である。彼らが目前の利益追求ばかりでなく、グローバル社会の一員として公共問題に関心を持ち続け、企業人としてあるいは一市民として、途上国の問題に取り組んでくれるならば、教員冥利に尽きる。

吉田　秀美

二〇一〇年一〇月

———. 2002b. *Information and Communication Technologies: a World Bank Group Strategy.* Washington, D.C.

———. 2002c. *World development report 2002. Building institutions for markets.* Washington, D.C.

———. 2003a. "Guatemala Poverty Assessment." Washington, D.C.

———. 2003b. *World Development Report 2004: Making Services Work for the Poor.* Washington, D.C.

———. 2006a. *Delivering on the Promise of Pro-Poor Growth.* Washington, D.C.

———. 2006b. *Where is the Wealth of Nations? Measuring Capital for the 21st Century.* Washington, D.C.

———. 2006c. *Scaling Up Innovation and Entrepreneurship in Developing Countries: The Role of Private Sector Finance.* Washington, D.C.

———. 2007a. *Finance for All? Policies and Pitfalls in Expanding Access.* Washington, D.C.

———. 2007b. *The Business of Health in Africa: Partnering with the Private Sector to Improve People's Lives.* Washington, D.C.

———. 2007c. *World Development Report 2008: Agriculture for Development.*Washington, D.C.

———. 2008. *Global Economic Prospects: Technology Diffusion in the Developing World*. Washington, D.C.

The World Bank Institute. 2005. *Business Action for the MDGs: Private Sector Involvement as a Vital Factor in Achieving the Millennium Development Goals.* Washington, D.C.

World Business Council for Sustainable Development. 2004. *Doing Business with the Poor: A Field Guide.* Washington, D.C.

———. 2005. *Business Solutions in Support of the Millennium Development Goals.* Washington, D.C.

World Business Council for Sustainable Development and International Business Leaders Forum. 2004. *Introducing Company Managers to the Development Community.* Washington, D.C.

World Business Council for Sustainable Development and SNV Netherlands Development Alliance. 2007. "Enabling a favorable environment for inclusive business to take root: the case of Ecuador."

World Economic Forum. 2005. *Partnering for Success: Business Perspectives on Multistakeholder Partnerships.* Global Corporate Citizenship Initiative Report. Geneva

———. 2006. *Harnessing Private Sector Capabilities to Meet Public Needs: The Potential of Partnerships to Advance Progress on Hunger, Malaria and Basic Education.* Geneva

———. 2008. The Business Role in Achieving a Green Revolution for Africa. Geneva

WRI (World Resources Institute), UNEP (United Nations Environment Programme), and WBCSD (World Business Council for Sustainable Development). 2002. *Tomorrow's Markets: Global Trends and Their Implication for Business.* Washington, D.C.

Yates, S. 2007a. *Designing PCs for the Third World.* Cambridge, Mass.: Forrester Research.

———. 2007b. *Worldwide PC Adoption Forecast*, 2007 to 2015. Cambridge, Mass.: Forrester Research.

Yin, R.K. 1994. *Case Study Research: Design and Methods.* Second edition. Newbury Park, Calif.: *Sage Publications.*

Yunus M. 2003a. *Banker to the Poor.* New York: Public Affairs.　ムハマド・ユヌス『ムハマド・ユヌス自伝――貧困なき世界をめざす銀行家』（猪熊弘子訳、早川書房、1998 年）

———. 2003b. "Halving Poverty by 2015– We Can Actually Make it Happen." Commonwealth Lecture, London, England, March 11.

Antananarivo, Madagascar.
UNDP (United Nations Development Programme) and the UN Global Compact. 2005. *Growing Sustainable Business for Poverty Reduction.* New York.
UNEP (United Nations Environment Programme). 2001. *Consumption Opportunities—Strategies for Change.* Geneva.
UNESCO (United Nations Educational, Scientific and Cultural Organization). 1999. *Best Practices on Indigenous Knowledge.* Paris.
———. 2005. *Towards Knowledge Societies.* Paris.
UNFPA (United Nations Population Fund). 2007. *State of the World Population.* New York.
UN Global Compact. 2007. *Enhancing Partnership Value: A Tool for Assessing Sustainability and Impact.* New York: United Nations Development Programme.
UNICEF (United Nations Children's Fund). 2006. P*rogress for Children: a Report Card on Water and Sanitation* (No. 5). New York.
UNIDO (United Nations Industrial Development Organization). 2001. *Integrating SMEs in Global Value Chains: Towards Partnership for Development.* Vienna.
———. 2005. *Economic Development and UN Reform: Towards a Common Agenda for Action.* Vienna.
———. 2006. *Responsible Trade and Market Access: Opportunities or Obstacles for SMEs in Developing Countries?* Vienna
United Nations, 2007. *The Millennium Development Goals Report 2007.* New York: United Nations Development Programme.
USAID (United States Agency for International Development). 2006. *The Global Development Alliance: Public- Private Alliances for Transformational Development.* Washington, D.C.
Vaitheeswaran, V. 2007. Special Report on Innovation. *The Economist.* October 11.
Virtanen, P., and D. Ehrenpreis. 2007. *Growth, Poverty and Inequality in Mozambique.* Country Study 10. International Poverty Centre. New York
Von Hippel, E. 1986. "Lead Users: A Source of Novel Product Concepts." *Management Science* 32 (32, 7): 791-805.
Walsh, J. P., Kress, J. C., and Beyerchen, K. W. 2005. "Book Review Essay: Promises and Perils at the Bottom of the Pyramid." *Administrative Science Quarterly* 50 (3): 473–82.
Warnholz, J. 2007. "Poverty Reduction for Profit? A Critical Examination of Business Opportunities at the Bottom of the Pyramid." Working Paper 160. Queen Elizabeth House, University of Oxford, Oxford.
Waverman, L., M. Meschi, and M. Fuss. 2004. *The Impact of Telecoms on Economic Growth in Developing Countries.* Vodafone and the Leverhulme Trust. London
WBCSD (World Business Council for Sustainable Development). 2007. *Doing Business with the World.* Washington, D.C.
Wheeler, D., K. McKague, J. Thomson, R. Davies, J. Medalye, and M. Prada. 2005. "Creating Sustainable Local Enterprise Networks." *MIT Sloan Management Review* 47 (1): 33-40.
WHO (World Health Organization). 2004. *Equitable Access to Essential Medicines: A Framework for Collective Action.* WHO Policy Perspectives on Medicines. Geneva
Wise, H., and S. Shytlla. 2007. *The Role of the Extractive Sector in Expanding Opportunity.* CSRI Report 18. Cambridge: Corporate Social Responsibility Initiative.
The World Bank. 2002a. *Globalization, Growth and Poverty—Building an Inclusive World Economy.* World Bank Policy Research Report. Washington, D.C.

Shell Foundation. 2005b. *Enterprise Solutions to Poverty: Opportunities and Challenges for the International Development Community and Big Business*. London.

Simanis, E., S. Hart, and others. 2008. *BoP Protocol: Toward Next Generation BOP Strategy.* New York: Center for Sustainable Global Enterprise.

Slater, J., and J. Tacchi. 2004. "ICT Innovations for Poverty Reduction." United Nations Educational, Scientific and Cultural Organization, New Delhi.

Stott, L. ed. 2003, 2004, 2005, 2006. *Partnership Matters: Current Issues in Cross-Sector Collaboration.* London: The Partnering Initiative.

Sull, D. N., A. Ruelas-Gossi, and M. Escobari. 2004. "What Developing-World Companies Teach us About Innovation." Harvard Business School, Cambridge, Mass.

Sullivan, N. P. 2007. *You Can Hear Me Now: How Microloans and Cell Phones are Connecting the World's Poor to the Global Economy*. New York: Jossey-Bass. ニコラス・P・サリバン『グラミンフォンという奇跡――「つながり」から始まるグローバル経済の大転換』（東方雅美、渡部典子訳、英治出版、2007年）

Svensson, J., and R. Reinikka. 1999. "Confronting Competition Investment Response and Constraints in Uganda." World Bank Policy Research Working Paper 2242. Development Research Group, The World Bank, Washington, D.C.

Tennyson, R. 2003. *The Partnering Toolbook*. The Partnering Initiative. London.

The Economist. 2007. "A Bank in Every Pocket?" November 15.

The Indian Express. 2005. "Forerunners in Corporate Social Responsibility." March 16.

Tooley, J. 2007. *Educating Amaretch: Private Schools for the Poor and the New Frontier for Investors.* Gold Prize Essay. Washington, D.C.: International Finance Corporation and Financial Times.

Townsend, R. 1995. Consumption insurance: An evaluation of riskbearing systems in low income economies." *Journal of Economic Perspectives* 9 (3): p 83-102.

UNCDF (United Nations Capital Development Fund). 2006. *Blue Book: Building Inclusive Financial Sectors for Development*. New York

UNCTAD (United Nations Conference on Trade and Development). 2006a. *Business Linkages Programme Guidelines*. UNCTAD/ITE/TEB/ 2005/11. New York and Geneva.

———. 2006b. *Deepening Development through Business Linkages*. New York and Geneva.

———. 2006c. *FDI from Developing and Transition Economies: Implications for Development.* World Investment Report. New York and Geneva.

———. 2007a. *Least Developed Countries Report*. New York and Geneva.

———. 2007b. *Transnational Corporations, Extractive Industries and Development. World Investment Report*. New York and Geneva.

UNDESA (United Nations Department of Economic and Social Affairs). 2007. *Industrial Development for the 21st Century: Sustainable Development Perspective*. New York.

UNDP (United Nations Development Programme). 2001. *Driving Information and Communications Technology for Development: a UNDP Agenda for Action 2000-2001*. New York.

———. 2005. *Making Infrastructure Work*. New York.

———. 2006. *Partnering for Development— Making it Happen*. New York.

———. 2007. "Building Security for the Poor: Potential and Prospects for Microinsurance in India." United Nations Development Programme, New York.

UNDP (United Nations Development Programme) Madagascar. 2007. "Enterprises Solutions to Poverty: Examples of Success in Madagascar." United Nations Development Programme,

Prahalad, C. K., and S. Hart. 2001. "The Fortune at the Bottom of the Pyramid." *Business and Strategy* 26: 1–14.

Prata, N., D. Montagu, and E. Jefferys. 2005. "Private Sector, Human Resources and Health Franchising in Africa." *Bulletin of the World Health Organization* 83. Geneva.

Price Waterhouse. 1997. *Financial Services to the Rural Poor and Women in India: Access and Sustainability- Demand and Supply Analysis: Client Survey.* A study for The World Bank, New Delhi, India.

Progressive Policy Institute. 2006. Connecting the Poor: How Selling Technology in Emerging Markets Can Help Bridge America's Trade Gap. Washington, D.C.

Rademacher, R. 2004 "Krankenversicherung fur arme Bevolkerungsgruppen—Beispiele aus Indien. " University of Cologne, Cologne.

Rajivan, A. 2007. "Engaging the Private Sector to Insure the Poor." *UN-Business Focal Point, Issue* 5.UNDP Regional Centre in Colombo.

Rangan, K., and R. D. Thulasiraj. (2007). "Making Sight Affordable—Innovations Case Narrative: The Aravind Eye Care System." *Innovations.* 2 (4, fall): 35–49.

Ray, D., P. Ghosh, and D. Mookherjee. 2000. "Credit Rationing in Developing Countries: An Overview of the Theory." In D. Mookherjee and D. Ray, eds., *A Reader in Development Economics.* London: Blackwell.

Reyaz, A. A., ed. 2005. *Southern Multinationals: A Rising Force in the World Economy.* Proceedings of a conference held in Mumbai, India, November 2005. Washington, D.C.: International Finance Corporation and *Financial Times.*

Rodrik, D. 2004. "Industrial Policy for the Twenty-First Century." Faculty Research Working Papers Series. Kennedy School of Government, Harvard University, Cambridge, Mass.

Rosenzweig, M., and H. Binswanger. 1993. "Wealth, Weather Risk and the Composition and Profitability of Agricultural Investments." *The Economic Journal* 103: 56–78.

Rosenzweig, M., and K. Wolpin. 1993. "Credit Market Constraints, Consumption Smoothing and the Accumulation of Durable Production Assets in Low-Income Countries: Investments in Bullocks in India." *Journal of Political Economy* 101 (2) 223-44.

Roth, J., and V. Athreye. *Micro-Agent Model: Tata-AIG's New Distribution Methodology of Microinsurance in India.* CGAP Working Group on Microinsurance Good and Bad Practices, Case Study. Microfinance Gateway.

Ruffing, L. 2006. "Deepening Development through Business Linkages." Paper for United Nations Conference on Trade and Development. Paper no. UNCTAD/ITE/ TEB/2006/7. United Nations, Geneva.

Sauvant, K. P. 2007. "Africa: The FDI Opportunities are Local." *International Trade Forum Issue* 1 29-30

Schmukler, S. L. 2004. "Financial Globalization: Gain and Pain for Developing Countries." *Federal Reserve Bank of Atlanta Economic Review* (second quarter) 39–66.

Schwabe, C. 2004. "Fact Sheet: Poverty in South Africa." Fact Sheet No. 1. Human Sciences Research Council. Pretoria, South Africa. [www.sarpn.org.za/documents/d0000990/].

Sen, A. 2001. *Development as Freedom.* Oxford: Oxford University Press.

Shakeel H., M. Best, B. Miller, and S. Weber. 2001. "Comparing Urban and Rural Telecenters Costs." Report EJISDC 4,2, 1-13. MIT Media Laboratory, Massachusetts Institute of Technology, Cambridge, Mass.

Shell Foundation. 2005a. *Aid Industry Reform and the Role of Enterprise.* London.

Markets can Help Bridge America's Trade Gap. Washington, D.C.: Progressive Policy Institute.

Morduch, J. 2004. "Micro-insurance: the Next Revolution?" New York University, New York.

Mosely, P., and J. Rock. 2004. "Microfinance, Labour Markets and Poverty in Africa: A Study of Six Institutions." *Journal of International Development* 16 (2004): 467–500.

Narayan, D., R. Chambers, M. Kaul Shah, and P. Petesch. 2000. *Voices of the Poor: Crying Out for Change*. New York: Oxford University Press. ディーパ・ナラヤン『私たちの声が聞こえますか？——貧しい人々の声』（世界銀行東京事務所監訳、世界銀行東京事務所、2000 年）

Nelson, J. 2007. *Building Linkages for Competitive and Responsible Entrepreneurship*. New York and Cambridge, Mass.: United Nations Industrial Development Organization and Kennedy School of Government, Harvard University.

Nelson, J., and D. Prescott. 2003. *Business and the Millennium Development Goals*. New York: United Nations Development Programme and the Prince of Wales International Business Leaders Forum.

Noguera, F. 2008. "Medellin's Promising Transformation: Cultura E (as in Entrepreneurship)". *NextBillion.net*. March 10. World Resources Institute and Acumen Fund.

Norris, P. 2003. *Social Capital and ICTs: Widening or Reinforcing Social Networks?* Cambridge, Mass.: Harvard University.

ODI (Overseas Development Institute). 2007a. "Can tourism offer pro-poor pathways to prosperity? Examining evidence on the impact of tourism on poverty." ODI Briefng Paper 22. London, Overseas Development Institute.

———. 2007b. "Global Health: Making Partnerships Work." ODI Briefing Paper 15. Overseas Development Institute, London.

Organisation for Economic Co-operation and Development (OECD) and DAC (Development Assistance Committee). 2004. *Accelerating Pro-Poor Growth through Support for Private Sector Development*. Paris.

OECD (Organisation for Economic Cooperation and Development) and IEA (International Energy Agency). 2006. *World Energy Outlook 2006*. Paris.

Overholt, A. 2005. "A New Path to Profit." *Fast Company* 90 (25): 167-88.

Palacio, A. 2006. "Legal Empowerment for the Poor: An Action Agenda for The World Bank." The World Bank, Washington, D.C.

Peachey, S., and A. Roe. 2006. *Access to Finance: What Does It Mean and How Do Savings Banks Foster Access*. Brussels: World Savings Banks Institute.

Porteous, D. 2004. "Making Financial Markets Work for the Poor." FinMark Trust. October 31.

Porteous, D., and N. Wishart. 2006. "M-Banking: A Knowledge Map". The World Bank, Washington, D.C.

Porter, M. E. 1998. *Competitive Advantage: Creating and Sustaining Superior Performance*. New York: The Free Press. M・E・ポーター『競争優位の戦略——いかに高業績を持続させるか』（土岐坤ほか訳、ダイヤモンド社、2000 年）

Prahalad, C. K. 2004. *The Fortune at the Bottom of the Pyramid: Eradicating Poverty through Profits*. Upper Saddle River, N.J.: Wharton School Publishing. C・K・プラハラード『ネクスト・マーケット——「貧困層」を「顧客」に変える次世代ビジネス戦略』（スカイライトコンサルティング訳、英治出版、2005 年）

Prahalad, C. K., and A. Hammond. 2002. "Selling to the poor, profitably." *Harvard Business Review* 80 (9): 48–57.

Lingelbach, D., L. de la Vina, and P. Asel. 2005. "What's distinctive about growth-oriented entrepreneurship in developing countries?" Center for Global Entrepreneurship Working Paper 1. Center for Global Entrepreneurship UTSA College of Business, San Antonio, Texas.

Littlefield, E., B. Helms, and D. Porteous. 2006. "Financial Inclusion 2015: Four Scenarios for the Future of Microfinance." *Consultative Group to Assist the Poor Focus Note No.39*. Washington, D.C.

London, T. 2007. *BOP Perspective on Poverty Alleviation*. Growing Inclusive Markets Working Paper Series. Washington, D.C.: United Nations Development Programme.

London T., and S. Hart. 2004. "Reinventing Strategies for Emerging Markets: Beyond the Transnational Model." *Journal of International Business Studies* 35(5): 350-70.

Loyola, J. 2007. "Telecom, Energy Firms Top List of Money Makers." *Manila Bulletin*. January 8.

Lyman, P., and D. Porteous. 2008. "Regulating Transformational Branchless Banking." *Consultative Group to Assist the Poor Focus Note 43*. Washington, D.C.

Mair, J., and C. Seelos. 2005. "Social Entrepreneurs as Competitors and Partners in Global Markets." Paper presented at Social Entrepreneurs as Competitors and Partners in Global Markets, September 19, International Graduate School of Management, Barcelona.

———. 2006. "Profitable Business Models and Market Creation in the Context of Extreme Poverty: A Strategic View." IESE Occasional Paper, OP 07/6. International Graduate School of Management, Barcelona.

Majid, N. 2001. "The Size of the Working Poor Population in Developing Countries." Employment Paper 2001/16. Employment Sector Employment Strategy Department, Geneva.

Marker, P., K. McNamara, and L. Wallace. 2002. *The Significance of Information and Communication Technology for Reducing Poverty*. London: U.K. Department for International Development.

McNamara, K. S. 2003. *Information and Communication Technologies, Poverty, and Development: Learning From Experiences*. Geneva: InfoDev.

Melzer, I. 2004. "Back to the Unbanked." Eighty20 Consulting. Cape Town.

———. 2007. "Access to Savings in LSMs 1-5." Eighty20 Consulting. South African Savings Institute and FinMark Trust. Midrand, South Africa.

Mendes, S., E. Alampay, E. Soriano, and C. Soriano. 2007. *The innovative use of mobile applications in the Philippines—lessons for Africa*. Swedish International Development Cooperation Agency, Stockholm.

Mendoza, R. U. Forthcoming. "Why Do the Poor Pay More? Exploring the Poverty Penalty Concept." *Journal of International Development*.

Mendoza, R.U. and N. Thelen. Forthcoming. "Innovations to Make Markets More Inclusive for the Poor." *Development Policy Review*.

Meyer-Stamer, J. 2006. Making Market Systems work? For the Poor? *Small Enterprise Development* 17 (4): 21-32.

———. 2007. "Integrating Developing Country SMEs into Global Value Chains." United Nations Conference on Trade and Development, Duisburg.

Meyer-Stamer, J., and F. Waltring. 2007. *Linking Value Chain Analysis and the "Making Markets Work Better for the Poor" Concept*. Duisburg and Dortmund: GTZ (Deutsche Gesellschaft fur Technische Zusammenarbeit).

Mohiuddin, S., and J. Hutto. 2006. *Connecting the Poor: How Selling Technology in Emerging* in Developing Countries: A Cross- Country Analysis." *World Development.* 35 (1): 87-103

Jenkins, B. 2007. "Expanding Economic Opportunity: The Role of Large Firms." CSRI Report 17. Corporate Social Responsibility Initiative. Kennedy School of Government, Harvard University, Cambridge, Mass.

Jenkins, B., A. Akhalkatsi, B. Roberts, and A. Gardiner. 2007. *Business Linkages: Lessons, Opportunities and Challenges.* Washington D.C.: International Finance Corporation, International Business Leaders Forum, and the Fellows of Harvard College.

Jensen, R. 2007. "The Digital Provide: Information (Technology), Market Performance, and Welfare in the South Indian Fisheries Sector." *The Quarterly Journal of Economics* CXXII (3) 879-924.

Jichuan, H. E. W. 2001. Minister of Information Industry. *Connect World ICT Magazine, Asia Pacific* III (13). London.

Joost Teunissen, J., and A. Akkerman. *Africa in the World Economy: The National, Regional and International Challenges.* The Hague, Netherlands: Forum on Debt and Development

Kahn, J. 2008. "Third World First." *Boston Globe*, January 20.

Karlan, D. S. 2007. "Social Connections and Group Banking." *The Economic Journal* 117 (517): F52–F84.

Karlan, D., N. Ashraf, and W. Yin. 2006. "Female Empowerment: Impact of a Commitment Savings Product in the Philippines." CGD Discussion Paper 949. Center for Global Development, Washington, D.C.

Karnani, A. G. 2006. "Fortune at the Bottom of the Pyramid: A Mirage." Ross School of Business Paper 1035. Ann Arbor, University of Michigan.

Kearney, A. T. 2008. "Serving the Low-Income Consumer: How to Tackle This Mostly Ignored Market." *Executive Agenda* 51.

Khan, J. H, and Ghani, J. A. 2004. "Clusters and Entrepreneurship: Implications for Innovation in a Developing Economy." *Journal of Developmental Entrepreneurship* 9(3): 221-38

Khandker, S. 2005. "Microfinance and Poverty: Evidence Using Panel Data from Bangladesh." *World Bank Economic Review* 19 (2): 263–86.

Klein, M., and B., Hadjimichael. 2003. *The private Sector in Development: Entrepreneurship, Regulation and Competitive Disciplines.* The World Bank, Washington, D.C.

Koch, J. L., and T. M. Caradonna. 2006. "Technologies and Business Models that Work in Developing Countries." Paper presented at 2006 International Conference on Information and Communication Technologies and Development, May 25–26, University of California, Berkeley.

Kramer, W. J., B. Jenkins, and R. S. Katz. 2007. *The Role of the Information and Communications Technology Sector in Expanding Economic Opportunity.* Corporate Social Responsibility Report 2. Economic Opportunity Series. Cambridge, Mass.: Kennedy School of Government, Harvard University and World Resources Institute.

Lall, S. V., H. Selod, and Z. Shalizi. 2006. *Rural- Urban Migration Developing Countries: A Survey of Theoretical Predictions and Empirical Findings.* The World Bank, Washington, D.C.

Laquian, A. A. 2004. "Who are the Poor and How Are They Being Served in Asian Cities?" Paper presented at the Forum on Urban Infrastructure and Public Service Delivery for the Urban Poor, June 24-25, India Habitat Centre, New Delhi.

Lartigue, L., and J. Koenen-Grant. 2003. "Replacing Conflict Diamonds with Peace Diamonds in Sierra Leone."U.S. Agency for International Development Washington D.C.

Environment Programme and Global Resources Information Database, Arendal, Norway.
Hoff, B., and M. Hussels. "On the Frontiers of Finance: Investing in Sustainable SMEs in Emerging Markets."" A discussion paper for the Geneva Private Capital Symposium, September 24–25, 2007.
Hoff, K., and J. Stiglitz. 1993. "Imperfect Information in Rural Credit Markets: Puzzles and Policy Perspectives." In K. Hoff, A. Braverman, and J. Stiglitz eds., *The Economics of Rural Organization: Theory, Practice and Policy*. London: Oxford University Press.
Hoffman, K., C. West, K. Westley, and S. Jarvis. 2005. Enterprise Solutions to Poverty: Opportunities and Challenges for the International Development Community and Big Business. A Report by Shell Foundation. London.
IBLF (International Business Leaders Forum) and UNDP (United Nations Development Programme). 2003. *Business and the Millennium Development Goals: A Framework for Action*. New York.
IBM (International Business Machines Corporation). 2007. *Expanding the Innovation Horizon: The Global CEO Study 2006*. Somers, New York
IFC (International Finance Corporation). 2007a. *Stakeholder Engagement: A Good Practice Handbook for Companies Doing Business in Emerging Markets*. Washington, D.C.
———. 2007b. "The Business of Health in Africa: Partnering with the Private Sector to Improve People's Lives." International Finance Corporation, Washington, D.C.
IFC (International Finance Corporation) and SustainAbility. 2007. *Market Movers: Lessons From a Frontier of Innovation*. Washington, D.C.
IFC (International Finance Corporation) Innovations in Emerging Markets Blog. May 21, 2007. "The Two Cs of Success in South- South Investing."
IDB (Inter-American Development Bank). 2005. "Haiti: Proposal for a Loan for an Urban Rehabilitation Program." Washington, D.C.
———. 2006. "*Building Opportunity for the Majority*." Presented at "Building Opportunity for the Majority Conference", June 13, Washington D.C.
Institut Haitien de Statistique et d'Informatique. 2001. *Enquete sur les conditions de vie en Haiti*. Port-au-Prince.
Instituto Nacional de Estadistica de Guatemala. 2000. *Encuesta nacional de condiciones de vida*. Guatemala City.
IRC (International Water and Sanitation Center). 2007. "Lifebuoy Sells Handwashing along with 2.6 Billion Bars of Soap across Africa and Asia." *Source Features—IRC News* May 14. [www.irc.nl/page/36132].
Iskandar, L. 2007. "Business Solutions for Human Development." Cairo, Egypt, United Nations Development Programme.
ITU (International Telecommunication Union). 2007. *World Information Society Report 2007*. Geneva.
Ivatury, G. 2006. "Using Technology to Build Inclusive Financial Systems." Consultative Group to Assist the Poor Focus Note 32. Washington, D.C.
Ivatury G., and M. Pickens. 2006. *Mobile Phone Banking and Low-Income Customers. Evidence from South Africa*. Consultative Group to Assist the Poor. UN Foundation and Vodafone Group Foundation.
Jalilian, H., and C. Kirkpatrick. 2002. "Financial Development and Poverty Reduction in Developing Countries." *International Journal of Finance and Economics* 7: 97–108.
Jalilian, H., C. Kirkpatrick, and D. Parker. 2007. "The Impact of Regulation on Economic Growth

Tropics. Cambridge, Mass.: MIT Press. ウィリアム・イースタリー『エコノミスト南の貧困と闘う』（小浜裕久、織井啓介、冨田陽子訳、東洋経済新報社、2003 年）

ECCP (European Centre for Conflict Prevention). 2005. "Position paper on Micro Health Insurance for the Poor in India." Submitted by the ECCP project Strengthening Micro Health Insurance Units for the Poor in India. New Delhi, India.

Economic Policy Institute. 2005. *Good Jobs, Bad Jobs, No Jobs: Labor Markets and Informal Work in Egypt, El Salvador, India, Russia, and South Africa*. Washington, D.C.

Edwards, S. 2002. "Information Technology and Economic Growth in Developing Countries." *Challenge* 45 (3): 19-43.

Eisenhardt, K., and Schoonhoven, C.B. 1996. "Resource-based View of Strategic Alliance Formation: Strategic and Social Effects in Entrepreneurial Firms." *Organization Science* 7 (2): 136–50

Fay M., and M. Morrison. 2005. "Infrastructure in Latin America and the Caribbean: Recent Developments and Key Challenges." The World Bank, Washington, D.C.

FinScope. 2006. *FinScope South Africa Survey 2006*. Vorna Valley, South Africa.

Flor, A. G. 2001. *ICT and Poverty: the Indisputable Link*. SEARCA. Bangkok: Asian Development Bank.

Ford Foundation. 2005. *Part of the Solution: Leveraging Business and Markets for Low Income People*. New York.

Forstater, M., J. MacDonald, and P. Raynard. 2002. *Business and Poverty: Bridging the Gap*. London: Prince of Wales International Business Leaders Forum.

Gibson, A., H. Scott and D. Ferrand. 2004. *Making Markets Work for the Poor: An Objective and an Approach for Governments and Development Agencies*. Woodmead, South Africa: ConMark Trust.

Gruner, K.E. and C. Homburg. 2000. "Does Customer Interaction Enhance New Product Success?" *Journal of Business Research*.

Hammond, A. L., J. William, R. Kramer, S. Katz, J. T. Tran, and C. Walker. 2007. *The Next 4 Billion: Market Size and Business Strategy at the Base of the Pyramid*. Washington, D.C.: World Resources Institute and International Finance Corporation.

Harris, R. 2002. "A Framework for Poverty Alleviation with ICTs." Roger Harris Associates, Hong Kong.

Hart, S. 2004. *Capitalism at the Crossroads: The Unlimited Business Opportunities in Solving the World's Most Difficult Problems*. Upper Saddle River, N.J.: Wharton School Publishing. スチュアート・L・ハート『未来をつくる資本主義——世界の難問をビジネスは解決できるか』（スカイライトコンサルティング訳、英治出版、2008 年）

Hasan Khan, M. 2001. *Rural Poverty in Developing Countries, Implications for Public Policy*. Washington, D.C.: International Monetary Fund.

Hausman, R., and D. Rodrik. 2002. *Economic Development as Self-Discovery*. NBER Working Paper 8952. Cambridge, Mass.: National Bureau of Economic Research.

Hellman, J. S., G. Jones, D. Kaufmann, and M. Schankerman. 2000. "Measuring Governance, Corruption, and State Capture: How Firms and Bureaucrats Shape the Business Environment in Transition." Policy Research Working Paper 2313. The World Bank, Washington, D.C.

Helms, B. 2006. *Access for All: Building Inclusive Financial Systems*. Washington, D.C.: The World Bank.

Henninger, N., and M. Snel. 2002. "Where are the poor? Experiences with the development and use of poverty maps." World Resources Institute, Washington, D.C. and United Nations

———. 2008. "Regulating Transformational Branchless Banking: Mobile Phones and Other Technology to Increase Access to Finance." Consultative Group to Assist the Poor Focus 43. Washington, D.C.

CGAP Working Group on Microinsurance. 2005. *Good and Bad Practices Case Study 14.* India: TATA-AIG Life Insurance Company Ltd.

Chambers, R. 1994 "Participatory Rural Appraisal (PRA): Analysis of Experience." World Development 22 (9): 1253-68

Chen, S., and M. Ravallion. 2004. "How Have the World's Poorest Fared since the Early 1980s?" World Bank Policy Research Working Paper 3341. The World Bank, Washington, D.C.

Christensen, C. 1997. *The Innovator's Dilemma: When New Technologies Cause Great Firms to Fail.* Boston, Mass.: Harvard Business School Press. クレイトン・クリステンセン『イノベーションのジレンマ——技術革新が巨大企業を滅ぼすとき』（伊豆原弓、玉田俊平太訳、翔泳社、2001 年）

Christensen, C., and S. Hart. 2002. "The Great Leap." *MIT Sloan Management Review* 44 (1): 51–56.

Christensen, C., T. Craig, and S. Hart. 2002. "The Great Disruption." *Foreign Affairs* 80 (2): 80–97.

Chu, M. 2007. "Commercial Returns at the Base of the Pyramid." *Innovations: Technology, Governance, Globalization* 2 (1-2): 115-146.

CIESIN (Center for International Earth Science Information Network). 2006. *Where the Poor Are: An Atlas of Poverty.* New York: the Earth Institute at Columbia University.

Constance, P. 2007. "A New House for US$530?" Inter-American Development Bank, Washington, D.C.

Corbett, S. 2008. "Can the Cellphone Help End Global Poverty." *New York Times.* April 13.

Dahlman, C. 2007. "Issues Paper: Innovation in the African Context." Paper presented at Innovation in the African context: A forum for policymakers, March 6-8. Ireland Development Cooperation/The World Bank, Washington, D.C.

Dahlman, C. and A. Utz. 2007. "Promoting Inclusive Innovation." World Bank Working Paper 37273. The World Bank, Washington, D.C.

Daley-Harris, S. 2006. *State of the Microcredit Summit Campaign Report.* Washington, D.C.: Microcredit Summit Campaign.

Damas, P., and Md. I. Rayhan. 2004. "Vulnerability and Poverty: What are the causes and how are they related?" Zentrum fur Entwicklungsforschung, Universitat Bonn.

Day, B. 2007. "Innovation in Mozambique." *Non- Zero-Sum Development.* Pretoria, South Africa.

De Silva, H., and A. Zainudeen. 2007. *Teleuse on a Shoestring: Poverty Reduction through Telecom Access at the 'Bottom of the Pyramid'.* Colombo: Center for Poverty Analysis.

De Soto, H. 2000. *The Mystery of Capital.* New York: Basic Books.

DFID (U.K. Department for International Development) and Gates Foundation. 2005. "Financial Deepening Challenge Fund: Strategic Project Review."

Dilek. A., and A. Goldstein. 2006. *Developing Countries Multinationals: South South Investment Comes of Age.* Working Paper 257. Organisation for Economic Co-operation and Development, Paris.

Donohue, P. 2006. "Partnering with Poverty." BoP Learning Lab Network.

Easterly, W. 2002. *The Elusive Quest for Growth: Economists' Adventures and Misadventures in the*

30–31, Washington, D.C.

Belk, R. W. 1986. "Macro Consumer Behaviour Issues in Developing Countries." In K. Erdogan, and others, eds., *The Role of Marketing in Development. Global, Consumer and Managerial Issues.* Muncie, Indiana: Ball State University.

Besley, T., and L. J. Cord, eds. *Delivering on the Promise of Pro-Poor Growth.*Washington, D.C.: Palgrave Macmillan and The World Bank.

Besley, T., R. Burgess, and B. Esteve-Volart. 2007. "The Policy Origins of Poverty and Growth in India." In T. Besley and L. J. Cord, eds., *Delivering on the Promise of Pro-Poor Growth.* Washington, D.C.: Palgrave Macmillan and The World Bank.

Biggs, T., and M. K. Shaha. 2006. "African SMES, networks, and manufacturing performance." World Bank Policy Research Working Paper 3855. The World Bank, Washington, D.C.

Binder, A., M. Palenberg, and J. M. Witte. 2007. "Engaging Business in Development: Results of an International Benchmarking Study". Research Paper 8. Global Public Policy Institute, Washington, D.C.

Birley, S. 1985. "The Role of Networks in the Entrepreneurial Process." *Journal of Business Venturing* 1: 107–18.

Bosma, N., and Harding R. 2007. *GEM 2006 Summary Results.* London: London Business School and Babson, Park, Mass.: Babson College.

Boston Consulting Group. 2007. *The Next Billion Banking Consumers.*

Briceno-Garmendia, C., A. Estache, and N. Shafik. 2004. "Infrastructure Services in Developing Countries: Access, Quality, Costs and Policy Reform." World Bank Policy Research Working Paper 3468. The World Bank, Washington, D.C.

Brown, J. S. and J. Hagel. 2005. "Innovation Blowback: Disruptive Management Practices from Asia." *McKinsey Quarterly* 1: 35–45.

Brunetti, A., G. Kisunko, and B. Weder. 1997. "Institutional Obstacles for Doing Business: Data Description and Methodology of a Worldwide Private Sector Survey." Policy Reseach Working WPS 1759. The World Bank, Washington, D.C.

Business Partners for Development. 2002. *Putting Partnering to Work: 1998-2001 Tri-sector Partnership Results and Recommendations.* Report for The World Bank and the U.K. Department for International Development. Washington, D.C.

Business Week. 2007. "Upwardly Mobile in Africa." September 24.

Cassar, A., L. Crowley, and B.Wydick .2007. "The Effect of Social Capital on Group Loan Repayment: Evidence from Field Experiments." *Economic Journal* 117 (517): F85-F106.

Castro-Leal F., J. Dayton, L. Demery, and K. Mehra. 2000. "Public Spending on Healthcare in Africa: Do the Poor Benefit?" *Bulletin of the World Health Organization* 78 (1): 66-74. Geneva.

CEDLAS (Centro de Estudios Distributivos Laborales y Sociales) and The World Bank. 2008. SEDLAC: Socio-economic Database for Latin America and the Caribbean.

Centre for Urban Studies 2006. *Slums of Urban Bangladesh: Mapping and Census.* National Institute of Population Research & Training and U.S. Agency for International Development. Dhaka.

CEPII (Centre d'Etudes Prospectives et d'Informations Internationales). 2006. "The Economics of Outsourcing." *Asia-Pacific Trade and Investment Review* 2 (1).

CGAP (Consultative Group to Assist the Poor). Portfolio (Savings). Washington, D.C. March 2007

参考文献

Abed, F. H., and I. Matin. 2007. "Beyond Lending How Microfinance Creates New Forms of Capital to Fight Poverty." *Innovations* 2 (1-2): 3-17. MIT Press.

Acosta, P., I. Melzer, R. Mendoza, N. Kim, and N. Thelen. 2008. "Are Markets Inclusive for the Poor?" Working Paper. Office of Development Studies, United Nations Development Programme, New York.

Advanced Bio-Extracts Limited. 2007. "Advanced Bio-Extracts Limited Project Status Report."

Akinlo, A. E. 2005. "Impact of Macroeconomic Factors on Total Factor Productivity in Sub-Saharan African Countries." *International Research Journal of Finance and Economics* 1.

Alderman, H., J. Behrman, V. Lavy, and R. Menon. 2001. "Child Health and School Enrollment: A Longitudinal Analysis." *Journal of Human Resources* 36: 185–205.

Allianz, GTZ (Deutsche Gesellschaft fur Technische Zusammenarbeit), and UNDP (United Nations Development Programme). 2006. *Microinsurance: Demand and Market Prospects—India/Indonesia/Lao PDR.* United Nations Development Programme and Bureau of Development Policy.

Angel, S. 2000. *Housing Policy Matters: A Global Analysis.* New York: Oxford University Press.

Asian Development Bank. 2007. Microfinance Development Strategy. Manila.

Associated Press. 2006. "Microcredit Campaign Launches New Goal of Reaching 175 Million of World's Poorest by 2015." *International Herald Tribune.* November 1.

Austin, J. E. 1990. *Managing in Developing Countries: Strategic Analysis and Operating Techniques.* New York: The Free Press.

———. 2000. *The Collaboration Challenge: How Nonprofits and Business Succeed through Strategic Alliances.* New York: Jossey-Bass.

Aykut, D. and A. Goldstein. 2006. "Developing Countries Multinationals: South South Investment Comes of Age." Working Paper 257. OECD Development Centre.

Ayyagari, M., A. Demirguc-Kunt, and V. Maksimovic. 2006. "How Important are Financing Constraints? The Role of Finance in the Business Environment." World Bank Policy Research Working Paper 3820. The World Bank, Washington, D.C.

Ayyagari, M., T. Beck, and A. Demirguc-Kunt. 2003. "Small and Medium Enterprises across the Globe: A New Database." Mimeograph. The World Bank, Washington, D.C.

Bali Swain, R. 2006. Microfinance: A Catalyst for Development at Macroeconomic Level? *Finance for the Common Good* 25 (June/July). Switzerland: Observatoire de la Finance.

Banerjee, A. V., and E. Duflo. 2007. "The Economic Lives of the Poor." *The Journal of Economic Perspectives* 21 (1): 141–67.

Beck, T., and A. de la Torre. 2006. "The Basic Analytics of Access to Financial Services." World Bank Policy Research Working Paper 4026. The World Bank, Washington, D.C.

Beck, T., A. Demirguc-Kunt, and M. S. Martinez Peria. December 2006. "Banking Services for Everyone? Barriers to Bank Access and Use around the World." World Bank Policy Research Working Paper No. 4079. The World Bank, Washington, D.C.

Beck, T., A. Demirguc-Kunt, and R. Levine. 2006. "Finance, Inequality and Poverty: Cross-Country Evidence." Paper presented at the Global Conference on Access to Finance, May

事例研究執筆者

本報告書の事例研究は、以下の執筆者による貴重な貢献で完成した。

◆ Farid Baddache　ESSEC 欧州交渉教育研究機構（フランス）
◆ Claudio Boechat　Dom Cabral Foundation（ブラジル）
◆ Juana de Catheu　ESSEC 欧州交渉教育研究機構（フランス）
◆ Pedro Franco　パシフィコ大学（ペルー）
◆ Elvie Grace Ganchero　（フィリピン）
◆ Mamadou Gaye　African Institute of Management（セネガル）
◆ Dr. Tarek Hatem　カイロ・アメリカン大学（エジプト）
◆ Dr. Prabakar Kothandaraman　ハーバード・ビジネス・スクール Indian Research Center（インド）
◆ Winifred Karugu　Institute for Human Resources Development（ケニア）
◆ Professor Li Ronglin　ピーターソン国際経済研究所、Center for World Trade Organization Studies（中国）
◆ Robert Osei　統計社会経済研究所（ガーナ）
◆ Melanie Richards　Arthur Lock Graduate School of Business（トリニダード・トバゴ）
◆ Boleslaw Rok　Kozminski Academy of Entrepreneurship and Management（ポーランド）
◆ Loretta Serrano　Tecnológico de Monterrey Social Enterprise Knowledge Network（メキシコ）
◆ Dr. Shi Donghui　上海大学（中国）
◆ Courtenay Sprague　ウィットウォータースランド大学経営大学院（南アフリカ）

資金提供者

本報告書はフランス開発庁、日本国政府、米国国際開発庁の資金援助を受けて作成された。

執筆関係者

諮問委員会とそのメンバー

GIM 報告書作成の核となったのがマルチステークホルダー・アプローチであり、諮問委員会は多彩な顔ぶれで構成されている。メンバーの助言、洞察、見解は GIM および本報告書にとって大変有益なものとなった。諮問委員会の構成は以下のとおりである。

- Eduardo Aninat　元チリ財務大臣、Anisal International Consultants　最高経営責任者
- Rolph Balgobin　西インド諸島大学　Institute of Business　所長
- Kathryn Bushkin Calvin　国連財団　エグゼクティブ・バイスプレジデント兼最高執行責任者
- Jean-Marc Châtaigner　フランス開発庁　戦略計画部長（2007 年 6 月まで）
- Eric Cornuel　欧州経営開発協会　ディレクター
- Aron Cramer　Business for Social Responsibility　チーフ・エグゼクティブ・オフィサー
- Lisa Dreier　世界経済フォーラム Global Institute for Partnership and Governance　アソシエイトディレクター
- Shona Grant　持続可能な開発のための世界経済人会議　「持続可能な生活プロジェクト」　開発フォーカスエリアディレクター
- Stuart Hart　コーネル大学ジョンソン経営大学院　サミュエル・C・ジョンソン Sustainable Global Enterprise 寄附研究部門教授および経営学教授
- Adrian Hodges　インターナショナル・ビジネスリーダーズ・フォーラム　マネジングディレクター
- Bruce Jenks　国連開発計画　事務次長補兼パートナーシップ局長
- Louise Kantrow　国際商業会議所　国連常駐代表
- Georg Kell　国連グローバルコンパクト　ディレクター
- William Kramer　世界資源研究所　副所長（2007 年 8 月まで）
- Rachel Kyte　国際金融公社　環境社会開発局　ディレクター
- Alain Lempereur　エセック経済商科大学院大学（ESSEC）欧州交渉教育研究機構　ディレクター
- Ted London　ミシガン大学ウィリアム・デビッドソン研究所 Base of the Pyramid Initiative　シニアリサーチフェロー兼ディレクター
- Jane Nelson　ハーバード大学ケネディ行政大学院 Corporate Social Responsibility Initiative　シニアフェロー兼ディレクター、インターナショナル・ビジネスリーダーズ・フォーラム　戦略ディレクター
- Daniel Runde　米国国際開発庁グローバル開発アライアンス　ディレクター（2007 年 5 月まで）
- Jerry O'Brien　米国国際開発庁グローバル開発アライアンス　副ディレクター
- Kasturi Rangan　ハーバード・ビジネス・スクール　マルコム・P・マクネアー・マーケティング学教授兼 Social Enterprise Initiative 共同議長
- Harold Rosen　国際金融公社「草の根ビジネス強化イニシアティブ」　ディレクター
- Michael Warner　海外開発研究所 Programme on Business and Development Performance ディレクター（2008 年 3 月まで）
- David Wheeler　ダルハウジー大学　経営学部長
- Yiping Zhou　国連開発計画　南南協力特別ユニット　ディレクター

● 編者

国連開発計画（UNDP）

United Nations Development Programme

国連システムのグローバルな開発機関。「貧困削減とミレニアム開発目標の達成」、「民主的ガバナンス」、「危機予防と復興」、「環境と持続可能な開発」の 4 つの重点分野において、人々がよりよい生活を築けるよう、各国が知識・経験・資金にアクセスできるよう支援を行っている。本部はニューヨーク。世界 135 カ国に常駐事務所を設置し、他の国連機関や政府、NGO 等と協力しながら 166 の国や地域で年間 6000 件以上のプロジェクトを実施している。また近年は世界 100 カ国以上で民間セクターとの連携を推進しており、年間 530 件以上、総額 1 億ドル以上のプロジェクトを実施している。

● 訳者

吉田 秀美

Hidemi Yoshida

1991 年、慶應義塾大学文学部史学科卒業。1996 年埼玉大学大学院政策科学研究科修了。民間企業、NGO、財団、コンサルティング会社を経て、2008 年より法政大学大学院環境マネジメント研究科准教授。学生時代に恩師や友人の影響を受けて放浪したのがアジアとの出会い。カンボジアでの NGO 活動を皮切りに国際協力業界に足を踏み入れ、実務・調査研究に携わってきた。最近の研究テーマは、先進国企業や途上国の社会起業家によるビジネスを通じた貧困削減。主著に『マイクロファイナンス読本』（明石書店、1999 年、編著）、『マイクロファイナンスへの JICA の支援事例分析』（国際協力機構、2004 年）がある。

● 英治出版からのお知らせ
本書に関するご意見・ご感想を E-mail (editor@eijipress.co.jp) で受け付けています。
また、英治出版ではメールマガジン、ブログ、ツイッターなどで新刊情報やイベント情報を配信しております。ぜひ一度、アクセスしてみてください。

メールマガジン：会員登録はホームページにて
ブログ：www.eijipress.co.jp/blog/
ツイッター ID：@eijipress
フェイスブック：www.facebook.com/eijipress
Web メディア：eijionline.com

世界とつながるビジネス
BOP市場を開拓する5つの方法

発行日　2010年11月25日　第1版　第1刷
　　　　2019年10月20日　第1版　第3刷
編者　国連開発計画
訳者　吉田秀美（よしだ・ひでみ）
発行人　原田英治
発行　英治出版株式会社
　　　〒150-0022 東京都渋谷区恵比寿南 1-9-12 ピトレスクビル 4F
　　　電話　03-5773-0193　FAX　03-5773-0194
　　　http://www.eijipress.co.jp/
プロデューサー　高野達成
スタッフ　藤竹賢一郎　山下智也　鈴木美穂　下田理　田中三枝
　　　安村侑希子　平野貴裕　上村悠也　桑江リリー　石崎優木
　　　山本有子　渡邉吏佐子　中西さおり　関紀子　片山実咲
印刷・製本　Eiji 21, Inc., Korea
装丁　英治出版デザイン室

ISBN978-4-86276-095-1　C0030　Printed in Korea

世界を変えるデザイン

ものづくりには夢がある

シンシア・スミス編　槌屋詩野監訳　北村陽子訳

世界の90%の人々の生活を変えるには？　シンプルだが、考え抜かれたデザインが、人々の生活を大きく変える。夢を追うデザイナーや建築家、エンジニアや起業家たちのアイデアと良心から生まれたデザイン・イノベーション実例集。

定価：本体 2,000 円＋税　ISBN978-4-86276-058-6

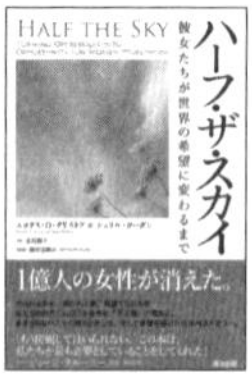

ハーフ・ザ・スカイ

彼女たちが世界の希望に変わるまで

ニコラス・D・クリストフ、シェリル・ウーダン著　北村陽子訳

売られる少女、焼かれる妻、見捨てられる母……私たちの時代にはびこる驚愕の「不正義」の真実と、あきらめない人々の強さと美しさ、そして希望を描いた全米ベストセラー。（解説：藤原志帆子）

定価：本体 1,900 円＋税　ISBN978-4-86276-086-9

ブルー・セーター

引き裂かれた世界をつなぐ起業家たちの物語

ジャクリーン・ノヴォグラッツ著　北村陽子訳

理想に燃えて海外へ向かった著者が見た、「貧困」の現実と「人間」の真実とは。「忍耐強い資本主義」を掲げる注目の女性社会起業家が、引き裂かれた世界のリアルな姿と、それを変革していく方法を語った全米ベストセラー。

定価：本体 2,200 円＋税　ISBN978-4-86276-061-6

アフリカ　動きだす９億人市場

ヴィジャイ・マハジャン著　松本裕訳

いま急成長している巨大市場アフリカ。数々の問題の裏にビジネスチャンスがあり、各国の企業や投資家、起業家が続々とこの大陸に向かっている！　豊富なケーススタディからグローバル経済の明日が見えてくる。

定価：本体 2,200 円＋税　ISBN978-4-86276-053-1

チョコレートの真実

キャロル・オフ著　北村陽子訳

カカオ農園で働く子供たちは、チョコレートを知らない。――カカオ生産現場の児童労働や、企業・政府の腐敗。今なお続く「哀しみの歴史」を気鋭の女性ジャーナリストが危険をおかして取材した、「真実」の重みが胸を打つノンフィクション。

定価：本体 1,800 円＋税　ISBN978-4-86276-015-9

グラミンフォンという奇跡

「つながり」から始まるグローバル経済の大転換

ニコラス・P・サリバン著　東方雅美他訳

アジア・アフリカの途上国に広がる「携帯電話革命」！　通信によって生活が変わり、ビジネスが生まれ、経済が興り、民主化が進む。貧困層として見捨てられてきた30億人が立ち上がる。世界の劇的な変化をいきいきと描いた、衝撃と感動の一冊。

定価：本体 1,900 円＋税　ISBN978-4-86276-013-5